国家自然科学基金项目（71173250）
浙江理工大学人文社会科学学术著作出版资金(2016年度)

The Study of Industry Clusters Upgrading Promoted by Human Capital

人力资本
促进产业集群升级研究

陆根尧　柴新淋　褚汉杰　著
胡　杉　陆霄霞

科学出版社

北　京

内 容 简 介

本书从人力资本新视角研究产业集群升级问题。首先,对"生产集群"和"创新集群"等相关概念进行界定,构建集群创新系统;其次,从理论和实证方面分析集群升级中的人力资本效应,并从微观、中观、宏观层次研究集群升级的途径;然后,从理论和实证方面研究企业家人力资本对集群企业创新绩效的影响和专业型人力资本促进技术密集型集群升级的效应,并分析集群网络资源、先验知识对集群企业自主创新的影响;最后,提出了人力资本促进产业集群升级的思路和对策。

本书可供高等院校师生、科研机构人员,实业界尤其是产业集群地、各类开发区及功能区的企业管理人员、技术人员和知识员工,以及政府相关部门管理人员、行业协会、中介机构等使用。

图书在版编目(CIP)数据

人力资本促进产业集群升级研究/陆根尧等著. —北京:科学出版社,2016.11

ISBN 978-7-03-050187-5

I. ①人… II. ①陆… III. ①人力资本-影响-产业结构升级-研究-中国 IV. ①F249.21 ②F121.3

中国版本图书馆 CIP 数据核字(2016)第 240901 号

责任编辑:杨婵娟 乔艳茹/责任校对:高明虎
责任印制:李 彤/封面设计:铭轩堂

编辑部电话:010-64035853
E-mail:houjunlin@mail.sciencep.com

科学出版社 出版
北京东黄城根北街 16 号
邮政编码:100717
http://www.sciencep.com

北京凌奇印刷有限责任公司 印刷
科学出版社发行 各地新华书店经销
*

2016 年 11 月第 一 版　开本:B5(720×1000)
2022 年 1 月第三次印刷　印张:13 3/4
字数:261 000
定价:70.00 元
(如有印装质量问题,我社负责调换)

前言
Preface

经济全球化已经成为世界经济发展的一个重要特征,而要素在全球范围内更加自由地流动则是经济全球化最显著的表现。"集群""工业园区""产业集聚区""产业集群"等现象的出现,以及这些集聚区所表现出的强劲的经济活力,使学术界和政府开始思考"产业集群"这一经济现象。综观全球范围内的产业集群,如美国的硅谷、意大利萨索罗瓷砖产业集群、印度班加罗尔软件产业集群,以及北京的中关村、宁波的服装产业集群等,无一不是当地经济发展的增长极。

产业集群研究已经成为当前国内外学术研究的一个热点。国外早期产业集群理论分别从外部经济、区位因素、规模报酬理论、集聚规模效应等角度分析产业集群的生成动力。20世纪七八十年代以来,随着国际上出现了一些新的集聚现象和一批飞速发展的产业集群,产业集群理论更关注集群发展的动力机制,提出了正反馈系统、中心—外围模型、钻石模型、动力机制动态模型、灵活专业化模型和集体效率模型等,产业集群的定量分析也得到了重视。从20世纪90年代初开始,国内学者们也开始关注产业集群的研究。国内研究大都集中于对国外理论和案例的总结,以及根据中国的个案经验探讨产业集群的发展条件、主要特征、发展模式、形成机理等。最近,关于集群创新系统、集群与区域经济和城市化的关系、集群发展战略、集群在全球价值链中的升级等问题的研究,也引起了更多的关注。

但是,近年来国外一些学者开始对产业集群进行反思,超越集群的呼声不断出现。有关超越硅谷、超越好莱坞的论著已经出版。国内最早研究集群现象的学者王缉慈也出版了《超越集群:中国产业集群的理论探索》[1]。王缉慈的这本著作,在广义产业集群概念的基础上,将集群划分为基本的两大类:一类是在北美和西欧等地的经济增长中起重要作用的基于创新的集群,即"创新集群";另一类是普遍存在于发展中国家的"生产集群",如我国东部沿海的制造业集群。魏后凯认为,我国东部沿海这类产业集群的发展主要依赖要素成本优势,发展层次低,缺乏持续竞争力[2]。

上述两大类产业集群中,创新集群是产业集群发展的高级阶段,而生产集群

---

[1] 王缉慈, 等. 2010. 超越集群: 中国产业集群的理论探索. 北京: 科学出版社.
[2] 魏后凯. 2008. 中国产业集聚与集群发展战略. 北京: 经济管理出版社.

是诱发创新集群的核心诱因和内在依据。2008年，全球性的金融危机对我国东部沿海的制造业集群产生了极大的冲击，这些集群普遍面临着要素价格上涨、市场需求萎缩、融资困难、汇率上升等压力，企业的生存举步维艰。因此，企业如何通过创新来获得新的竞争优势，生产集群如何通过提升自主创新能力，加快向创新集群升级，是我国当前十分紧迫的重大课题。

在知识经济时代，人力资本在经济发展中的地位日渐突出。自从诺贝尔经济学奖获得者T. W. Schultz提出人力资本概念[1]后，人力资本在经济增长中的重要作用已经被许多经济学家的研究所论证。20世纪80年代中后期以来形成的新增长理论更是将人力资本及由此衍生的创新活动作为独立变量引入经济增长模型，并使之内生化，以此来解释国际经济增长中出现的新问题和长期经济增长的可能前景。许多学者也将产业集群的发展与人力资本联系起来进行研究。比如，迈克尔·波特（M. Porter）认为，产业集群对于吸引优秀人才集聚起到重要作用，并以意大利萨索罗地区瓷砖产业为例，分析了产业集群的成长繁荣如何吸引有技术的工人和工程师涌入成功的企业中工作，为集群发展做出贡献[2]。W. Cohen和D. Levinthal曾指出，后进国家特定产业集群能否不断升级，与本土企业的技术学习和吸收能力密切相关[3]。本土企业的技术学习和吸收能力，则进一步取决于企业（或集群）中人才的数量和质量，即人力资本水平。王缉慈也认为一些集群难以成为真正的创新集群，缺乏关键技术和人才是主要原因[4]。

然而，国内外学者关于产业集群升级的研究，更多是从全球价值链视角和集群生命周期视角来分析产业集群的升级问题，而对于在产业集群发展过程中起重要推动作用的人力资本及由人力资本推动产业集群升级的问题，学者们的研究还较少。因此，从人力资本这个视角出发，深入研究产业集群升级，即"生产集群"向"创新集群"升级的问题，已经成为产业集群升级研究中的一项迫切课题。

本书是由笔者主持的国家自然科学基金面上项目"人力资本促进'生产集群'向'创新集群'升级研究"（71173250）的主要研究成果之一。这项成果主要是围绕"人力资本"与"产业集群升级"展开讨论的。全书的思路是，在综述相关文献和对产业集群分类的基础上，首先界定"生产集群"与"创新集群"的内涵与特征，构建集群创新系统与集群人力资本共生系统；其次，对产业集群升级中的人力资本效应进行理论与实证两个方面的分析，并提出人力资本促进产业集群升

---

[1] Schultz T W. 1961. Investment in human capital. The American Economic Review: 1-17.

[2] Porter M. 1990. The Competitive Advantage of Nations. New York: Free Press.

[3] Cohen W, Levinthal D. 1990. Absorptive capacity: A new perspective on learning and innovation. Administrative Science Quarterly, 35(1): 128-152.

[4] 王缉慈，等. 2010. 超越集群：中国产业集群的理论探索. 北京：科学出版社.

级的途径；再次，从促进产业集群升级的重要人力资本和人力资本的显著特性是知识这个角度，先后分析企业家人力资本对集群企业创新绩效和专业型人力资本对技术密集型集群升级的影响，集群企业人力资本所承载的先验知识在网络资源异质性、资源识别对集群企业自主创新影响上的调节作用；最后，提出了运用人力资本促进产业集群升级的思路与对策。上述内容共分为七章。

第一章为相关概念界定与集群创新系统构建，在对相关文献进行综述的基础上，对产业集群进行定义和分类，界定"生产集群"与"创新集群"的内涵与特征，并构建集群创新系统和集群人力资本共生系统。第二章为产业集群升级中的人力资本效应，在分析产业集群发展与人力资本关系的基础上，对人力资本在产业集群升级中所具有的各种效应进行理论分析，并以较为典型的浙江省产业集群为例，运用调研所得的样本数据和多元典型相关模型，对产业集群升级中的人力资本效应进行实证检验。第三章为人力资本促进产业集群升级的途径，主要从微观、中观、宏观三大途径分析人力资本如何促进产业集群升级。第四章为企业家人力资本对集群企业创新绩效的影响，因为企业家人力资本是产业集群产生和创新发展的核心，为此，首先从理论上分析企业家人力资本对集群企业创新绩效的影响，其次以浙江省典型产业集群为例，对企业家人力资本对集群企业创新绩效的影响进行实证检验。第五章为人力资本视角下技术密集型集群升级研究，对专业型人力资本对产业集群升级的影响进行理论分析，并以杭州软件集群为案例进行实证检验。第六章为网络资源识别、先验知识对集群企业自主创新的影响，本章以人力资本体现出知识的特性为依据，从理论上分析网络资源异质性、资源识别、先验知识对集群企业自主创新的影响，并以技术密集型的杭州软件集群和劳动密集型的湖州织里童装集群为例，对网络资源异质性、资源识别、先验知识对集群企业自主创新的影响进行了实证检验。第七章为人力资本促进产业集群升级的思路与对策，首先以浙江省为例，分析产业集群升级和集群人力资本的现状与存在的问题，然后提出运用人力资本促进产业集群升级的思路与对策。

从人力资本视角所进行的上述探索，可以弥补现有对产业集群升级研究的不足，拓展对产业集群升级规律的认识，丰富产业集群升级理论和人力资本理论，并可以为我国产业集群的加快促进集群升级提供实践上的指导和参考。

本书内容融汇了笔者和笔者研究团队的有关研究成果。笔者按照主持的国家自然科学基金项目的研究内容，首先设计出全书的总体写作框架，然后第一章至第三章由柴新淋、第四章由褚汉杰、第五章由胡杉、第六章由陆霄霞编写而成，最后笔者撰写第七章内容。

书稿付梓之际，对国家自然科学基金委员会管理科学部对本项目研究和浙江理工大学对本书出版的资助，杭州市、永康市、乐清市、温岭市、慈溪市、湖州市、桐乡市等市相关部门领导、行业协会、公共服务平台、专业市场、集群企业负责人和企业相关部门人员对本研究调研工作的大力支持和帮助，编写过程中所参阅的大量中外文献的作者，以及大力支持本书出版的科学出版社科学人文分社侯俊琳社长、杨婵娟编辑，表示衷心的感谢。

  此外，由于时间、精力和水平所限，书中难免会有不足之处，敬请读者不吝指正。

陆根尧

2016 年 4 月于杭州

Contents 目录

前言

第一章　相关概念界定与集群创新系统构建 ························· 1
　　第一节　相关研究综述 ····································· 1
　　第二节　产业集群的定义及分类 ······························· 9
　　第三节　生产集群与创新集群的内涵与特征 ······················ 10
　　第四节　集群创新系统的构建 ································ 12
　　第五节　集群人力资本共生系统 ······························ 14
　　参考文献 ··· 17

第二章　产业集群升级中的人力资本效应 ························· 21
　　第一节　产业集群发展与人力资本 ···························· 21
　　第二节　产业集群升级中的人力资本效应：理论分析 ··············· 22
　　第三节　产业集群升级中的人力资本效应：实证分析 ··············· 30
　　第四节　结论与启示 ····································· 53
　　参考文献 ··· 54

第三章　人力资本促进产业集群升级的途径 ························ 56
　　第一节　微观途径：人力资本促进集群主导企业升级为创新型企业 ···· 56
　　第二节　中观途径：人力资本促进集群创新系统（网络）构建 ········ 58
　　第三节　宏观途径：人力资本有利于集群创新环境的形成 ············ 60
　　参考文献 ··· 62

第四章　企业家人力资本对集群企业创新绩效的影响 ················· 63
　　第一节　概念界定与研究回顾 ······························· 63
　　第二节　企业家人力资本对集群企业创新绩效的影响：理论分析 ······ 70
　　第三节　企业家人力资本对集群企业创新绩效的影响：实证分析 ······ 77
　　第四节　结论与启示 ····································· 91
　　参考文献 ··· 92

第五章　人力资本视角下技术密集型集群升级研究 …… 98
第一节　相关研究综述 …… 98
第二节　人力资本视角下技术密集型集群升级：理论分析 …… 104
第三节　人力资本视角下技术密集型集群升级：以杭州软件产业集群为例的实证分析 …… 117
第四节　结论与启示 …… 138
参考文献 …… 138

第六章　网络资源异质性、资源识别、先验知识对集群企业自主创新的影响 …… 144
第一节　相关研究综述 …… 144
第二节　网络资源异质性、资源识别、先验知识对集群企业自主创新的影响：理论分析 …… 149
第三节　网络资源异质性、资源识别、先验知识对集群企业自主创新的影响：实证分析 …… 155
第四节　结论与启示 …… 178
参考文献 …… 179

第七章　人力资本促进产业集群升级的思路与对策 …… 183
第一节　产业集群升级、集群人力资本的现状与存在的问题 …… 183
第二节　运用人力资本促进产业集群升级的思路与对策 …… 185
参考文献 …… 194

附录1　专家意见征询表 …… 195
附录2　浙江产业集群企业调研问卷 …… 200
附录3　产业集群企业家调查问卷 …… 203
附录4　杭州软件产业集群企业调查问卷 …… 204
附录5　典型的技术密集与劳动密集两大集群企业调查问卷 …… 207

第一章　相关概念界定与集群创新系统构建

本章在综述相关研究和对产业集群进行分类的基础上，首先界定"生产集群"与"创新集群"的内涵与特征，然后构建集群创新系统（网络）和集群人力资本共生系统，以便为后续研究提供理论基础。

第一节　相关研究综述

一、产业集群研究综述

（一）国外研究综述

经济学诞生之初，就包含着对产业集群的萌芽性研究。如今，在经济学领域，产业集群研究已经越来越深入和丰富，成为产业经济学、区域经济学、经济地理学的重要研究领域，有人甚至认为产业集群研究已经成为经济地理学的核心内容（Overman et al.，2001）。

马歇尔是第一个较为系统地研究产业集群现象的经济学家，他提出了"产业区"概念及外部规模经济和内部规模经济，并认为产业集群是由外部规模经济所致。他认为："雇主们往往到他们会找到他们所需要的有专门技能的优良工人的地方去；同时，寻找职业的人，自然到有许多雇主需要像他们那样的技能的地方去，因而在那里技能就会有良好的市场。""行业的秘密不再成为秘密，而似乎是公开了……机械、制造方法和企业一般组织上的发明和改良，得到迅速的研究。如果一个人有了一种新思想，就为别人所采纳，并与别人的意见结合起来，因此，它就成为新思想之源泉。"[①]后来的学者将马歇尔的思想归为劳动市场共享、中间产品投入和技术外溢三个因素，用来解释产业集群现象。

德国经济学家韦伯是工业区位理论的创立者，他从微观企业的区位选择角度，阐明了企业是否靠近（集聚）取决于两方面：一是成本因素，主要包括运输成本

---

① 马歇尔.1964.经济学原理（上卷）.朱志泰译.北京：商务印书馆：284.

和劳动力成本；二是集聚因素，如果集聚使上述成本进一步下降，相关企业将会向特定区域集合，形成产业集聚。他认为，产业集聚分为两个阶段。第一阶段是企业通过自身规模的扩张，从而引起产业集中化，这是产业集聚的低级阶段；第二阶段是高级阶段，即相关企业通过相互联系的组织方式集中在某一区域。他进一步将产业集群的形成归于四个方面的因素：技术设备的发展、劳动力组织、市场化因素、经常性开支成本。其中，市场化因素是最重要的因素。

克鲁格曼利用"中心—边缘"模型证明了工业活动倾向于空间集聚的一般性趋势，阐明了由于外在环境的限制，产业区集聚的空间格局可以是多样的，特殊的历史事件将会在产业区形成的过程中产生巨大的影响力，也就是说现实中产业区的形成具有"路径依赖性"，而且产业空间集聚一旦建立起来，就倾向于自我延续下去[①]。他还实证考察了规模报酬递增对制造业区域空间集聚的作用机理，提出制造业支出份额、产品替代弹性和运输成本三个因素是决定制造业地域空间集聚的关键影响因素。

波特最早提出了产业集群的概念，并用来解释国家竞争力。他将产业竞争优势决定因素与地理集中因素结合起来研究，从组织变革、价值链、效率和柔性方面所创造的竞争优势等角度来阐述产业集群的形成机理和价值。他提出了著名的"钻石模型"，认为生产要素、需求条件、企业战略、结构与同业竞争四个关键要素影响着集群的形成和发展，产业集群通过提高企业生产率、促进企业创新效率及鼓励新企业成立来获得集群竞争力。

自从科斯提出交易成本这一概念后，威廉姆森等人在科斯交易成本理论的基础上，又提出了人的有限理性和机会主义行为、资产专用性等观点，并于20世纪70年代中期逐步形成了交易成本经济学理论。这一理论对产业集群的解释为：在介于纯市场组织和纯层级组织之间，存在大量的不同种类的中间性组织，而企业选择不同的企业组织形式，是组织本身从效率的角度内生决定的，目的是使交易成本最小化。产业集群这种中间性组织形态的形成就是为了获得一种使交易成本最低的制度安排。

除了以上几个经典的理论外，还有一些理论对产业集群形成机理等做出了解释，包括：强调极化效应和扩散效应的增长极理论；20世纪70年代的新产业区理论——强调意大利式的信任和灵活及柔性专业化；新经济增长理论——强调主导企业发展的技术创新对产业集群的关键作用；强调创新的区域创新环境理论和区域创新系统理论。

（二）国内研究综述

国内对产业集群研究最早、影响最大的是北京大学的王缉慈教授。在产业集

[①] 陈柳钦. 2005. 产业集群与产业竞争力. 南京社会科学, (5): 16-17.

群理论研究方面，她研究了产业集群的内涵及其创新体系，注重创新性的传统产业集群、高技术产业中的创新集群的研究；在实证研究方面，她依托全球化和知识经济的背景，通过地理学、管理学、经济学、社会学等跨学科的视角较为全面地介绍了国外产业集群、新产业区理论的研究状况，并对我国江浙一带、珠江三角洲及中关村的产业集聚区进行了实证探讨。针对各地政府大力推行"开发区""高新区"建设的热潮，她不失时机地指出国内集群发展的问题，并认为国内的集群建设要注重"创业、创新和创造力，要有长远的观点，真正投入到发展创新集群的努力中去，投资到促进产业联系和技术创新中去"。

学者仇保兴于1999年出版的《小企业集群》的研究也具有代表性，他的研究对象主要是当时的小企业集群。在书中，他从历史与现实、理论和实践的多视角，分析其形成过程、制约因素及其创新意义和深化趋势，这是我国第一部系统探讨集群问题的著作。国务院发展研究中心的钱平凡（2003）比较全面地研究了国内产业集群的整体状况和特点，进而指出集群发展中存在着诸如对产业集群认识不清、重视不够，绝大多数的产业集群规模较小、档次偏低等问题。

基于新经济增长理论中的关于知识溢出理论，叶建亮（2001）分析了浙江省的企业集群现象。魏守华等（2002）从区域经济发展的角度分析产业集群的发展，强调了区域分工的重要性。盖文启（2002）则运用交易成本、规模经济和范围经济、竞争优势、创新等理论来分析产业集群，并强调区域创新网络对区域经济发展的重要性。金祥荣和朱希伟（2002）以浙江中小企业在特定地理空间大规模集聚为实证背景，从一个历史与理论的视角考察了专业化产业区的起源与演化，并认为专业化产业区是浙江经济发展和产业组织发展的一种最为重要的形式。

综观各种文献，国内学者对产业集群的研究范围和研究视角都在不断扩大。最初，对产业集群的研究集中在概念、分类、主要特征、发展条件、发展模式、形成机理与演化等方面；近来，逐步扩展到产业集群创新系统和技术学习（魏江，2003；黄忠平和梁琦，2007；陆根尧等，2011）、集群与区域经济和城市化的关系（王珺，2004；徐维祥等，2005；陆根尧等，2014）、集群发展战略（魏后凯，2008）、集群在全球价值链中的升级（张辉，2006；魏丽华，2009；梅丽霞，2010）等。当然，基于产业集群强大的经济能量，许多政府也开始积极构建产业集群，这也推动了学者们对产业集群政策和个案的研究。

二 人力资本的研究综述

（一）国外对人力资本理论的研究

人力资本理论的产生和发展大致分为三个阶段，第一阶段是西奥多·舒尔茨之前的人力资本思想，即早期人力资本理论，此阶段是人力资本思想的萌芽期。第二阶段是现代人力资本理论阶段。20世纪50年代末，舒尔茨提出了人力资本理论，加里·贝克尔构建了现代人力资本理论框架。最后阶段是20世纪80年代后期至今，随着人力资本被保罗·罗默和罗伯特·卢卡斯的新经济增长理论正式纳入经济增长模型，人力资本研究进入鼎盛时期。与此同时，人力资本理论也被引入中国，引起国内学者的研究热情。

1）早期人力资本理论

人力资本思想的萌芽最早可以追溯到古希腊时期的著名思想家柏拉图，他在《理想国》中提到了教育和训练具有经济价值。后来古典经济学的各个经济学家，如威廉·配第、弗朗斯瓦·魁奈、亚当·斯密、大卫·李嘉图、马歇尔等，都在其著作或思想中强调了人的劳动在财富创造中的决定性地位，以及人的能力、技术是经济增长的源泉，这可以说是人力资本思想的萌芽。但是，由于当时主流经济学家都关注物质资本在财富创造中的作用，所以人力资本这一思想并没有引起关注，也没有形成相应的理论体系。其中，马歇尔对人力资本的理解，被"人力资本之父"——舒尔茨认为是人力资本理论的重要思想来源。马歇尔不仅强调国家对教育投资的作用，也指出家庭和个人在这种投资中的重要作用。他的人力资本思想进一步拓宽了对"资本"的理解，将人力资本纳入资本概念之中。

2）现代人力资本理论

1960年，舒尔茨在美国经济学第73届年会上发表了一篇题为"人力资本投资"的演讲，标志着人力资本理论的诞生。他首次明确地提出了人力资本的概念，肯定了人力资本在经济增长中的重要意义，并运用一般均衡分析方法对包括收益递增和人力资本的经济增长做出研究。他还进一步解释了人力资本的形成途径和方式，并对教育的贡献率做出了定量分析，在经济增长领域构建起人力资本理论的基本框架。

贝克尔的《人力资本理论：关于教育的理论和实证分析》被视为现代人力资本理论最终确立的标志。在书中，他指出：人力资本投资是通过增加人的资源影响未来货币和心理收入的活动，包括正规教育、在职培训、医疗保险、迁移，以及收集价格与收入的信息等形式。贝克尔系统研究了人力资本及其投资等相关问题，并对人力资本的投资行为做出合理解释。他注重从微观层面对人力资本的影响进行分析，强调效用最大化、市场均衡和稳定偏好，弥补了舒尔茨的人力资本理论只重视宏观层面研究的缺陷；将人力资本投资理论与收入分配理论和家庭经济决策相结合，使其研究更具现实意义。但同时，贝克尔的研究缺乏对人力资本本质的分析，也并未对人力资本在地区经济增长中的作用机制给予足够关注。

明塞尔着重从收入分配领域构建人力资本理论，将人力资本视为劳动收入分配和工资结构的决定因素。他对人力资本投资与个人收入之间的关系进行了系统的分析，建立了人力资本的收益率模型——明塞尔收益率分析法，被理论界广泛采用，成为分析个人收入分配的重要工具。

肯尼斯·阿罗（Arrow，1962）发表的《干中学的经济含义》一文中提出了"干中学模型"，这是对现代人力资本理论的有力补充。他认为人们是通过学习而获得知识的，技术进步是知识的产物、学习的结果，而学习又是经验的不断总结，经验来自行动，经验的积累就体现于技术进步之上。

爱德华·丹尼森的贡献在于对人力资本要素作用的计量分析，他在舒尔茨结论的基础上对人力资本要素在国民收入中的作用进行了计量分析，论证了1929~1957年美国经济增长中23%的份额归因于美国对教育的投资。

总的来说，现代人力资本理论对人力资本发展的主要贡献是对人力资本概念的界定，且用人力资本进行的经济学分析，有效解答了"增长残差"之谜、"里昂惕夫"之谜，并对个人收入差距问题做出了合理的解释。

3）当代人力资本理论

20世纪80年代后，人力资本的发展转向研究与经济增长的关系。当代人力资本理论主要以新增长理论为代表，其主要贡献在于构建了人力资本投资收益和技术内生化增长计量模型，提出了人力资本的外部效应和外溢效应。

新增长理论是20世纪80年代兴起的现代经济增长理论的一个重要分支，又被称为"内生经济增长理论"，所谓"内生"是指不依赖经济外部力量（如外生的技术进步）的推动，主要由经济的内在动力（如人力资本、内生技术变化）推动长期经济增长。其代表人物有罗伯特·卢卡斯（Lucas，1988）和保罗·罗默（Romer，1990）。内生经济增长理论的诞生标志着现代经济增长理论进入了一个新的发展阶段，同时也标志着人力资本理论应用于分析经济增长进入了一个新的阶段，因为新增长理论的一个突出特征就是把人力资本因素作为一个独立内生变量纳入经济增长模型。

罗默的内生技术变化模型将知识作为一个独立要素纳入了经济增长模式。他把人力资本区分为一般知识和具有专业知识的人力资本两类，指明知识的外溢性，不仅使自身形成递增收益，而且能使资本等要素投入产生递增收益，从而使整个经济的规模收益是递增的，这就修正了传统经济增长中收益递减或不变的假定。

卢卡斯以干中学模型为基础，建立了人力资本积累（溢出）模型，强调了外部溢出效应对人力资本积累的作用，并把人力资本的获得途径分为学校教育和干中学两类。通过人力资本积累（溢出）模型，他指出经济增长是人力资本不断积累的结果。

（二）国内对人力资本的研究

国内人力资本理论研究始于20世纪80年代后期，研究主要集中在以下几个方面。

1）人力资本的定义、特征、分类等

周其仁（1996）在《市场里的企业——一个人力资本与非人力资本的特别合约》中分析了人力资本的各种不同于物质资本的特征，如人力资本与其载体不可分、人力资本只能激励而不能强迫等。李建民（1999）系统阐述了人力资本理论的形成发展、人力资本的内涵及其供求、投资等方面，并分别从个人和群体角度来给人力资本下定义。莫志宏（2004）在给人力资本下定义时结合了人力资本产生的背景，认为人力资本是继工业经济之后与新的社会经济形态相对应的新的资本形式，它意味着向人投资而不是向物投资，成为社会经济领域的主导现象，并且这种现象成为社会生产力发展的微观动力机制。我国其他许多学者的定义大多沿袭了舒尔茨等的观点。

2）人力资本在经济增长中的贡献

周天勇（1994）采用舒尔茨的教育收益率法对人力资本的贡献进行了测算，得出1953~1990年中国人力资本的平均增长速率为13.43%，对经济增长的贡献为22%的结论。沈利生等（1999）建立了人力资本开发与经济增长的宏观经济计量模型，重点分析了教育对经济增长的贡献，得出：增加教育经费支出的投入产出比大于增加资产投资的投入产出比，前者为后者的2~2.5倍。王金营（2001）对1978~1998年中国整体的实证研究表明，我国人力资本与经济增长有着很密切的关系，人力资本外部模型比有效劳动模型更能说明人力资本在经济增长中的作用。陆根尧（2002）运用普适生产函数，估计得出1982~1990年，中国东部经济增长中人力资本的产出弹性为0.3186，人力资本要素对经济增长的贡献份额为22.7%。李全生和解志恒（2008）构建了人力资本水平评价指标体系，通过因子分析建立回归模型，定量分析了人力资本水平与经济发展的相关性，指出人力资本能促进经济发展，并根据模型进一步提出了提高我国人力资本水平的措施。

3）人力资本水平的测量、估算

国内学者对人力资本水平的测量研究可分为三类。一是直接估算人力资本的货币价值，其中累计成本法在国内研究中被广泛运用（周天勇，1994；叶飞文，2004；孙景蔚，2005）。二是利用代理变量来估算人力资本存量，其中平均受教育年数和总受教育年限是两个最常用的替代指标，如王金营（2001）根据我国教育体系关于普通教育和成人教育的分类，对平均受教育年数的计算标准的确定等做了详细解释，并估算得出1978~1998年中国从业人员的受教育年数，以此来衡量从业人员人力资本存量。其他学者也采用诸如成人识字率（蔡昉和都阳，2000）、文盲率（王绍光等，2000）、入学率（赖明勇等，2002）等指标来反映人力资本存量。三是利用综合指标法，借助统计和计量方法来测量人力资本水平，如彭荣（2006）在教育水平、健康水平、技术创新水平三个方面选择了17个原始指标或生成指标组成了人力资本水平评价指标体系，并在此体系的基础上利用主成分分析法对我国各地区的人力资本水平进行评价，得出我国地区人力资本分布不均的结论。

4）特殊（异质性）人力资本，主要是专业人力资本和企业家人力资本

国内学者对企业家人力资本关注的程度更高，研究往往集中于企业家人力资本的内涵特征（丁栋虹，1998；李忠民，1998；焦斌龙和王路军，2000；冯子标和焦斌龙，2001；崔建华，2002；陈鹏飞，2003）、产权（盛乐和包迪鸿，2001；赵杰，2002；张同全，2003；刘文，2003；姚先国和盛乐，2003；张志华，2006；李芸和朱明伟，2006；侯锡林，2006；吴伟，2006）、形成及成长机制（贺方方，2011；郁婷，2006；曾建中和李明生，2010）、与企业经营绩效的关系（黄群慧，2000；程承坪，魏明侠，2002；付维宁，2003；谢雅萍，2008；刘英和赵晶晶，2009）、定价（赵曙明，2001；冯子标和焦斌龙，2001；陈鹏飞，2003；程妍和刘莉，2005；刘善球和何继善，2005；杨在军和窦天娇，2009；兰玉杰和孙海燕，2009）等方面。

在新形势下，除以上几个主要的基本方面外，国内学者也开始注重对人力资本与产业集群的关系、人力资本的空间集聚等方面的研究（朱杏珍和朱彩虹，2012；张玉兰，2005；李刚和牛芳，2005；牛冲槐，2006；王锐兰和刘思峰，2006；顾加宁，2006；张西奎和胡蓓，2007；刘思峰和王锐兰，2008；孙健和尤雯，2008；张同全，2009；胡蓓，2009；张榉榉，2010）。

三 产业集群与人力资本关系的研究综述

对于产业集群与人力资本的关系，国内外一些学者的研究结果表明，两者之间存在着相互影响、相互促进的关系。

首先，人力资本可以促进产业集群发展、增强集群的创新能力和竞争力。

一方面，人力资本可以促进产业集群发展。不同类型的人力资本在产业集群发展的各个阶段发挥着不同的作用（张一，2010；李永华等，2006），各个发展阶段的产业集群对不同类型的人力资本的需求依赖程度也不同。一般来说，在产业集群的形成初期，对企业家人力资本和一般人力资本的需求依赖程度比较高；在发展和成熟阶段，对专业人力资本和企业家人力资本的需求依赖程度比较高（谭建军，2010）。武勇和陈剑（2011）分析了创新型（企业家型）人力资本、知识型人力资本和一般人力资本影响区域产业集群和产业结构的不同机理，并指出人力资本结构会对产业集群和产业结构产生影响。

另一方面，人力资本可以增强集群的竞争力和创新能力。陶子毓（2005）研究了企业家人力资本，得出企业家人力资本对产业集群竞争力具有一定的提升、促进效应。陆根尧（2008）认为，产业集群竞争力与人力资本水平具有显著的相关性，人力资本可以通过提升集群生产率、增强集群创新、激励集群企业竞争性

等途径，提升产业集群的竞争力。孙熠和张静（2008）在新古典主义生产函数的基础上，建立测算人力资本的经济增长模型，并应用回归的方法分别测算影响集群经济的各个因素对其增长的贡献程度，通过对比分析结果得出人力资本对提高产业集群竞争力、保持其高速增长是非常必要的。人力资本可以从制度、管理和技术三个方面来保证产业集群创新及其持续性。陆根尧和李勇军（2009）从制度、管理及技术三个维度探讨了产业集群创新过程中人力资本作用的机理。张国民等（2011）基于人力资本视角，分析了产业集群的演化路径，得出人力资本主要通过增强产业集群制度创新和变迁、管理创新和发展、技术创新和进步三个途径来保证产业集群创新及其持续性。王海鹰（2009）深入分析了人力资本对产业集群技术创新的影响，并认为集群企业人力资本状况影响和决定了集群企业的技术创新水平，政府部门人力资本状况影响和决定了政府参与集群创新和制度环境构建的能力。集群企业人力资本和政府部门人力资本构成了集群人力资本，共同推动产业集群技术创新不断发展。

其次，产业集群有利于人力资本的成长和空间集聚。Porter（1990）认为产业集群对于吸引优秀人才集聚起到重要作用，并以意大利萨索罗地区的瓷砖产业为案例，分析了产业集群的成长繁荣如何吸引有技术的工人和工程师涌入成功的企业中工作，为集群发展做出贡献。徐光平（2007）深入分析了人力资本空间集聚与产业集群的相互作用机理，认为产业集群发展一方面为人力资本空间集聚提供需求拉力，另一方面其高收益率为人力资本空间集聚提供引力。胡蓓（2009）研究认为：产业集群的人才集聚不是简单增加人才资源数量优势，而是形成以集聚引发创新，以创新带动集群发展的良性循环和互动。

最后，对于企业家人力资本与产业集群发展之间的关系，国内一些学者也进行了研究。

一方面，企业家通过创业、创新及社会网络等来促进产业集群的演化发展（吴志霞和潘松挺，2005；林慧丽，2009）。朱华晟（2004）着重研究了浙江产业集群发展中的企业家功能，他认为企业家阶层的本地网络与外部网络是集体效率产生的根源。地方网络不仅增加了企业家自身的创新机会，同时还将他们的创新成果在产业集群内扩散开来。基于地方网络，企业家不仅拥有更多的创新机会，个人的再区位决策行为也会引起产业空间格局和集群功能变化。

另一方面，产业集群也为企业家及其个人网络的成长提供了必备的外部条件（吴志霞和潘松挺，2005；吴瀚洋，2007）。在产业集群内，完善的市场机制能使企业家的市场价值得到公允的体现，能充分调动企业家的积极性；同时，集群内企业的激烈竞争和密切的分工协作为培养企业家的创新精神和创新能力提供了更多的机会和动力。反过来，企业家阶层的形成将推动产业集群的升级和优化（李克杰，2005）。基于集群演化的视角，张小红（2007）分析了集群发展的不同环境和不同阶段对集群内企业家成长的影响机理不同。陈翊（2011）以浙江为例，剖析了企业家群体"推销—创业—模仿—集群"的演进路线，并得出，产业集群的产生和发展正是企业家群体规模扩大和社会网络深化的过程。

四 评述小结

近几年，产业集群和人力资本都是经济学和其他相关学科的研究热点，国内外学者对两者的研究多如牛毛，研究范围也面面俱到，两者的理论体系都逐渐趋于完善。随着产业集群和人力资本在经济发展中的作用越来越显化，一些学者试图将两者的研究结合起来，提出经济发展的优化路径，即如何运用人力资本在微观层次上提高集群企业的经济效益，在中观层次上推动产业集群和区域经济发展，进而在宏观上促进整个国民经济的可持续发展。

产业集群研究方面，随着产业集群发生机理研究的不断完善，国外学者对集群的多个方面进行了深入研究，如测量、分类、竞争力、网络结构、创新系统等，使得这一理论体系得到逐步完善。国内学者也从理论和实证两方面对产业集群进行了大量研究，取得了一定的研究成果。但是，国内学者理论研究方面的原创性相对不足。产业集群强大的生命力已经被国内外学者及政府机构所认同。然而，2008年全球性金融危机，对我国东部沿海制造业集群产生了极大的冲击，一些集群甚至面临着衰退的危险。如何提升产业集群创新能力，从而推进集群升级，增强集群的竞争优势，已经成为学者们研究的新热点。

人力资本研究方面，自从舒尔茨提出人力资本概念之后，学者们开始用人力资本理论来解释不同的经济现象，测算人力资本在经济增长中的贡献，尝试运用计量方法来量化人力资本的价值，并极力倡导企业、国家注重对劳动者在培训和教育等方面的投入。与国外研究不同，受经济制度的影响，国内许多学者在微观层面上，重视对人力资本产权的研究。

虽然学者们注重对经济增长中人力资本效应的研究，并关注到人力资本在产业集群发展中的作用，但是对产业集群升级的研究目前仍然处于起步阶段，尤其对产业集群升级中人力资本效应的研究还较少。因此，本书以人力资本为视角，深入研究产业集群升级问题，即如何促进"生产集群"向"创新集群"升级，更好地发挥产业集群在我国经济发展中的作用。

第二节 产业集群的定义及分类

产业集群给人们最易接受的印象是许多企业在空间上集聚在一起，像群居动物一样形成一个群落，从而表现出"企业多力量大"的特征。然而，产业集群不是众多企业简单地聚集在一起，而是它们之间往往存在着前后向联系。Porter（1990）认为，产业集群是指某一特定产业中的企业和相关机构大量聚集于一定地域范围内而形成的稳定的、具有持续竞争优势的集合体。这一定义简单明了，具有很大的普适性，本书也采用这一定义。

综合学者们的观点，产业集群一般具有以下几个方面的特征：①企业在地域上的相邻性，只有地理位置上的相近，才能满足空间的集聚特征；②集群中的企业具有产业相关性，或是生产同一种产品，或是同一条产品价值链的上下游关系；③拥有相关辅助机构，如大学、研究所、法律等中介机构及政府部门；④该区域的产品和服务在一定范围内占有相当的比重（陆根尧，2008）。因此，产业集群并不等同于（特色）产业部门或产业的投入产出链，不能片面地依靠公式和数字来界定（王缉慈等，2010）。

对于产业集群的分类，国内外学者提出了不同的分类标准。国外学者按照产业区的结构特征（Markusen, 1996）、集群的内在关系（Mytelka and Farinelli, 2000）、集群功能（Gordon and McCann, 2000）等来分类。国内学者更多地是基于集群的形成机制或原因来划分，如魏后凯（2008）和陆根尧（2008）。其中，国内学者王缉慈（2006a）总结国外成熟的产业集群——意大利产业集群的发展经验，对产业集群的本质和内涵进行反思，进而提出了广义产业集群概念，进一步将产业集群分为两大类：一类是在北美和西欧等地的经济增长中起重要作用的基于创新的集群，即"创新集群"；另一类是普遍存在于发展中国家的"生产集群"，如我国东部沿海的制造业集群，这类集群的发展主要依赖要素成本优势，发展层次低，缺乏持续竞争力（魏后凯，2008）。

生产集群和创新集群是集群发展的不同阶段，生产集群是诱发创新集群的核心诱因和内在依据，创新集群是生产集群发展的高级阶段，大多数创新集群的形成和发展源于生产集群的升级演化（王缉慈，2004；邵学清和王春阳，2007；王福涛和钟书华，2009；龙开元，2009；陈海华和陈松，2010；姜维军和宋晓丹，2011）。

本书将基于王缉慈（2006b）的分类，从人力资本和创新的角度来研究产业集群升级问题，亦即研究"生产集群"向"创新集群"的升级问题，从中深入分析人力资本在产业集群升级过程中所发挥的效应。

第三节 生产集群与创新集群的内涵与特征

一 生产集群与创新集群的内涵

将产业集群划分为生产集群和创新集群两大类，这两大类产业集群的区别究竟在哪里？下面首先给出这两类集群的内涵，然后再对这两类集群的特征进行比较。

王缉慈是我国研究产业集群最早的专家，她认为生产集群就是企业通过本地的投入产出联系而获得外部经济效果（以共享基础设施和投入产出联系的外部规模经济为主），尤其是通过越来越精确的专业化分工而获得降低成本的效果（以外部范围经济为主），总体来说，是获得经济外部性，重视"经济（产业）网络"（王缉慈，2007）。

钟书华对创新集群做出明确的表述，他认为创新集群就是由企业、研究机构、大学、风险投资机构、中介服务组织等构成，通过产业链、价值链和知识链形成战略联盟或各种合作，具有集聚经济和大量知识溢出特征的技术–经济–社会网络（钟书华，2008）。

从上述两位学者对生产集群和创新集群所界定的含义来看，两者的区别是十分明显的。

二 生产集群与创新集群的特征

综合学者们的研究，可以认为生产集群和创新集群的区别主要体现在以下几个方面。

（1）从主体要素看，基于上下游配套关系的企业是生产集群的最主要活动者，其次是提供知识或服务的其他机构，如科研机构、高等院校和协会等。而在创新集群中，最为活跃的主体是企业和知识机构，除这两者之外，市场中介组织和政府要素等也扮演着重要角色，整个集群活动是多元参与的。

（2）从主体内部关系看，生产集群内部主体之间的互动形式多是线性的、存在于生产商和供应商之间的供应关系，处于竞争地位的企业之间很少合作。而在创新集群内部，各行为主体之间存在着发达的战略联盟与合作关系，它们通过生产链、价值链或创新链相互连接起来，在竞争与合作中形成一个广泛而又错综复杂的网状结构。

（3）从产品价值链角度看，大部分生产集群产业结构单一，集群中趋同定位和同质化竞争的问题较为突出，呈现出"两头小，中间大"的结构，处于"微笑曲线"的中间、底端，即盈利较少的生产制造环节能力较强，而利润丰厚的研发、设计及市场营销、品牌等环节较弱。而创新集群往往处于全球价值链上游，上游的研发、设计环节，以及下游的营销、品牌环节能力强，产品或服务的附加值很高，集群生存风险也比较低，生命力更为旺盛和持久。

（4）从创新层面看，生产集群中的许多制造业企业仍处于以仿制和贴牌为主的低级阶段，创新模式多为模仿创新，缺乏自主品牌，自主创新投入不足，品牌开发力度不够。而对创新集群而言，最本质的特征就是创新，是大量知识的转移和溢出。Liyanage（1998）认为创新集群就是研究机构和产业界共同从事创新活动所形成的技术网络和联系。因此，在创新集群中，有高强度的研发经费投入，以及新产品、新技术、新专利的不断涌现。

通过以上比较分析可知，产业集群升级就是要将生产集群升级为创新集群，而创新集群与生产集群的根本区别就是对企业互动、知识共享和互动的强调（王缉慈和张晔，2008）。知识的有效共享和互动是建立在由企业、研究机构、大学、政府和中介组织等共同组成的创新系统（网络）基础之上的。因此，生产集群是否能升级为创新集群，关键在于群内的知识创造和知识能否畅通地流动、共享和应用，而这又进一步取决于集群内完善、成熟的创新系统（网络）和人力资本共生系统的构建。

第四节 集群创新系统的构建

上述生产集群是否能升级为创新集群，关键在于群内的知识创造和知识能否畅通地流动、共享和应用，这又进一步取决于集群内完善、成熟的创新系统（网络）和人力资本共生系统的构建。为此，本节首先介绍集群创新系统。

魏江（2003）认为，集群创新系统就是在狭窄的地理区域内，以产业集群为基础并结合规制安排而组成的创新网络与机构，通过正式和非正式的方式，促进知识在集群内部创造、储存、转移和应用的各种活动和相互关系。

对于集群创新系统的构建要素，帕特卯和吉博森（Padmore and Gibson，1998）提出了以产业集群为基础的区域创新系统构成三要素六因素模型。三要素分别是环境（groundings）、产业（enterprises）和市场（markets），并称为GEM模型。魏江（2003）认为，帕特卯和吉博森的三要素六因素分析对揭示集群创新系统有很大的借鉴，基本涵盖了集群的构成要素，但他们的分类也存在着打断了各个要素的联结、缺乏主次感等缺陷，为此提出了集群创新系统的核心价值链要素、可控支持要素、不可控支持要素的三要素模型。魏江的三要素模型对于突出集群创新系统中最关键的要素是集群中相关企业集合及由它们所组成的网络是重要的。但是，把生产和提供知识的组织（研发机构、实验中心及大学等）归入可控支持要素中，对于认识这些组织在集群创新系统中的重要性和发挥它们的重要作用并不是有利的。近十余年来，一些集群的衰退也表明，产业集群中没有知识生产和提供的组织的有力支持，集群创新能力和可持续发展能力的提升会面临一些困难。

笔者认为，在集群创新系统中，产业主体和知识主体共同处于集群创新系统

（网络）的核心，属于集群创新系统中的核心要素，两者之间存在着大量的知识转移、传播、共享和溢出。其中，产业主体主要是企业，包括原材料或半成品供应商、成品的生产商、同行业竞争者、市场客户等；知识主体主要是研发机构、实验中心和高等院校，是集群创新的源泉，它们既为企业提供知识储备和研发成果，又帮企业引进、消化和吸收先进技术，也为企业输送和培训人才。

在集群创新系统中，市场中介组织和政府部门等要素也发挥着不可或缺的支撑作用，属于集群创新系统中的支撑要素。市场中介组织主要是由人力资源与培训机构、商会、协会、知识产权服务中心、技术转移中心、金融机构、会计师事务所、律师事务所等组成，它们往往扮演着整合创新资源、提供创新服务的角色，为集群发展节约交易成本、管理成本及信息成本。政府的角色主要是引导者、协调者和监督者。

除上述要素外，集群基础设施建设、区域文化、市场环境及信息环境等，又共同构成了集群创新的外部环境，在集群创新发展中也具有重要作用。

图1.1就是创新集群中的创新系统模型，笔者将其称为二要素一环境模型。

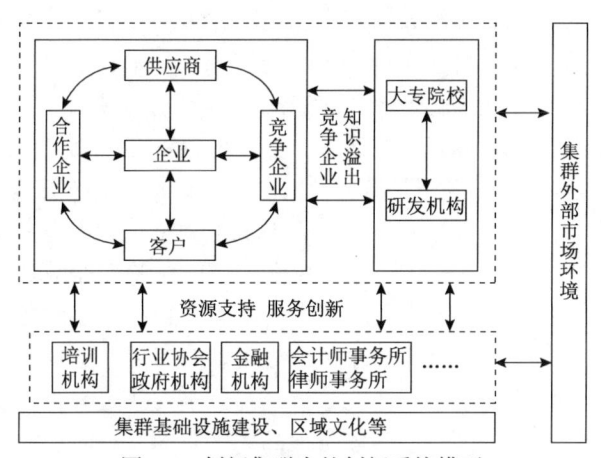

图 1.1 创新集群中的创新系统模型

在这个集群创新系统模型中，各行为主体通过正式或非正式的方式进行互动，建立起了发达的战略联盟与合作关系。互动主要指行为主体之间的知识、技术、信息的传递活动，市场交易活动，生产要素的流动，以及与网络外部进行资源交换的活动（王孝斌和王学军，2011）。这些互动是双向的，双方既是接收者也是传递者。这些互动又是稳定的、长期的、频繁的，建立在行为主体之间彼此信任的基础上。这些互动还是形式多样的，具有正式的和非正式的方式。正式的方式主要是基于市场交易或知识、技术创造的活动，如企业与供应商之间的业务往来、与相关企业或机构之间的技术合作、与研发机构共同开发新技术、与高等院校共同举办培训班和建立实习基地等；非正式的方式主要是基于共同的社会文化背景与信任的活动，如企业领导之间共同出席某项活动或培训、企业员工之间的交流互动等。

第五节　集群人力资本共生系统

对于集群人力资本共生系统，本节首先介绍集群人力资本的含义和特征，然后构建集群人力资本共生系统。

一　集群人力资本的含义

对于人力资本的概念，学术界没有统一的定义。舒尔茨（1990）、贝克尔（1987）、厉以宁（1982）、周其仁（1996）、张帆（2000）、李宝元（2001）、莫志宏（2004）、李玉江（2005）等都对人力资本下过定义，其中李建民（1999）、叶正茂和叶正欣（2007）、陆根尧（2008）等还对群体（企业、组织）人力资本下过定义。

李建民（1999）认为群体人力资本是指存在于一个国家或地区人口群体的每一个个体之中，后天获得的具有经济价值的知识、技术、能力及健康等质量因素的整合。叶正茂和叶正欣（2007）在对组织进行界定的基础上，认为组织人力资本是以存在于企业实体边界以内的诸多个体人力资本为基础，借助企业组织这个特殊的"场"，个体人力资本相互整合形成的团队协作、集体智慧、组织文化、企业理念、科学的规章制度等不同于个体人力资本的特殊的人力资本形式。陆根尧（2008）认为企业人力资本是企业通过投资获得的、依附在企业员工身上的对企业具有经济价值的资本，它的表现形式是蕴含于企业员工身上的各种知识、技能、经验、企业观念、创造更高价值的潜力及健康素质的存量总和。

根据学者们的定义，本书将产业集群人力资本简要定义为：在集群网络作用下，投资形成的依附于集群每个个体身上的各种知识、技能、经验、观念、创造更高价值的潜力及健康素质的存量总和。

二　集群人力资本的特征

作为个体，学者们认为人力资本主要有以下特征：①质和量的统一性。人力资本不仅仅指个人或群体的人数，更侧重于个体身上所拥有的知识、技术、能力、健康等质量因素。②依附性和独立性。依附性主要强调人力资本必须依附于其载体——人，才能形成、积累，其效能与人的生命周期紧密地联系在一起。独立性强调的是行为主体可以不依赖于他人或组织的意志而独自作为或不作为，具有自我独立性。但是，行为主体所处的环境对其人力资本水平的发挥往往有很大的影响，其作用发挥离不开相应的物质资本。③累积性。人力资本投资具有长期性，其形成不是一蹴而就的，而是一个不断发展和积累的过程。④边际收益递增性，这是人力资本最重要的特征。也就是说，人力资本积累不但会强化劳动力的生产率，还会强化物质资本的生产率，其外部效应也会导致社会平均人力资本的提高。同时，人力资本水平的提高会引起技术和制度改革，进一步优化社会资源的合理配置。

在产业集群的视角下，集群人力资本又独具特征。首先，集群人力资本作为一种组织人力资本，是个体人力资本在集群特定的环境下形成的，具有很强的路径依赖性。集群人力资本的形成与集群发展是同步进行的，两者之间相互影响、相互作用。集群在其发展的不同阶段，会吸纳不同个体人力资本的区域集聚，而不同个体人力资本所形成的整个组织的人力资本又会反过来影响集群的发展状况（有时甚至是束缚和阻碍作用）。因此，集群人力资本往往受集群环境（如发展情况、制度规范、文化习俗）的影响，具有明显的集群特性。

其次，集群人力资本并不是内部个体人力资本的简单相加，而是集群所有个体人力资本的整合，整合的作用力来源于个人、企业及集群三个层面。个人层面主要是个体人力资本水平，企业层面主要是企业文化、所在行业特征等，集群层面主要是集群发展情况、组织结构、学习氛围、文化环境、制度规范、道德伦理、习俗等。正是基于这些整合作用力，集群人力资本才表现出自身的异质性和质的相对稳定性。因此，集群人力资本水平的高低除了受个体人力资本水平的影响外，集群环境和集群中人力资本配置效率都会对集群整体的人力资本水平产生影响。

三 集群人力资本共生系统

与生产集群相比，创新集群中的人力资本水平更高，这主要来自集群内部人力资本之间形成的人力资本共生系统。

集群人力资本共生系统是指依托于集群，大量专业人力资本在空间地理上集中，同时在集群和市场规制影响下，人力资本个体之间通过竞争、合作等互动方式所建立的相互影响、相互依存的共生体系，其模型如图1.2所示。

首先，人力资本的集聚是人力资本共生的基础和条件。在集群内部，汇聚了大量的专业人才、研发人员、企业家。这些人力资本的知识储量比较高，或者有高等学历，或者拥有长久的工作经验和专业技能。群内前沿的行业资讯和技术、大量的工作机会、配套齐全的设施和服务、优越的生活环境、人才政策等都是集群吸引人力资本的优势所在。

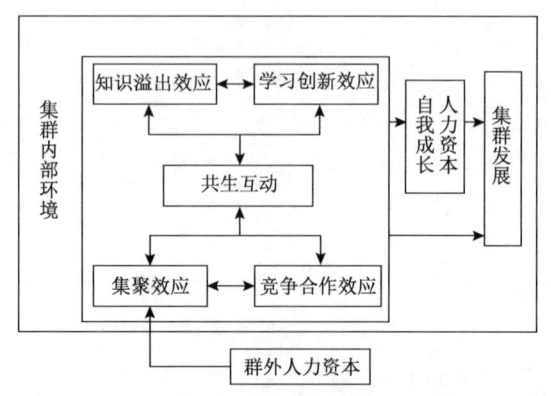

图 1.2 创新集群人力资本共生系统模型

其次，人力资本之间的竞争、合作和互动是人力资本共生系统存在的保障，其中人力资本之间的互动既包括企业内部人力资本之间的合作，也包括企业之间人力资本的合作，以及企业人力资本与知识机构人力资本之间、企业人力资本与中介服务机构人力资本之间的互动交流。依托于群内行为主体间的竞争合作，系统中人力资本之间不是独立存在的，而是存在着正式和非正式的互动。一般来说，人力资本之间的互动联系越频繁、越紧密，人力资本共生互动效应就越显著。

再次，人力资本之间的共生互动效应①是人力资本共生系统的灵魂。在人力资本集聚效应和竞争合作效应的基础上，所产生的知识溢出效应、学习创新效应，一方面为集群内部创新提供了强大动力，另一方面也极大地促进了人力资本个体的学习成长。集群内部人力资本的成长，自然会推动集群和企业的发展，反过来，企业和集群的进一步发展壮大，又会吸引更多的人力资本涌入集群，从而使人力资本共生互动和集群发展之间形成良性循环。

最后，人力资本共生系统深深根植于当地的产业集群，与集群的创新系统相互作用，共同推动着集群的创新和发展。因此，人力资本共生系统必然会受到群内各行为主体、集群环境的影响。集群的生活环境、人才政策、学习培训机会、薪资福利等在很大程度上决定了群外人力资本是否迁移到集群发展，群内行为主体之间的关系决定了群内人力资本之间的互动，如果群内企业之间的竞争多于合作，人力资本之间互动的机会也就越少。另外，集群人力资本共生系统的建立和维护离不开政府，这既需要政府能根据集群发展状况，制定合理的人才引进和发展规划，也需要政府和相关机构共同约束群内人力资本之间的不良竞争行为，净化人力资本市场，构建利于集群内部人才成长的环境。

---

① 人力资本共生互动效应等详见后文第二章的分析。

参考文献

蔡昉, 都阳. 2000. 中国地区经济增长的趋同与差异. 经济研究, (10): 30-37.
陈海华, 陈松. 2010. 从产业集群到创新集群的演化过程及机制研究, (S1): 227-232.
陈柳钦. 2005. 产业集群与产业竞争力. 南京社会科学, (5): 16-17.
陈鹏飞. 2003. 现代企业家人力资本及其定价浅探. 经济前沿, (7): 51-53.
陈翊. 2011. 产业集群视角下的企业家群体演进. 统计与决策, (23): 182-184.
程承坪, 魏明侠. 2002. 企业家人力资本开发. 北京: 经济管理出版社.
程妍, 刘莉. 2005. 基于人力资本产权的企业家人力资本定价. 当代经理人, (1): 151-152.
崔建华. 2002. 企业家人力资本收益权的特殊性及其本质原因研究. 经济学研究, (9): 21-28.
丁栋虹. 1998. 企业家、企业家成长与异质资本. 学习与探索, (3): 25-26.
冯子标. 2000. 人力资本运营论. 北京: 经济科学出版社.
冯子标, 焦斌龙. 2001. 中国企业家人力资本定价制度变迁. 山西财经大学学报, (1): 1-6.
付维宁. 2003. 企业家人力资本与企业绩效: 一个理论分析模型. 财经科学, (6): 65-70.
盖文启. 2002. 创新网络——区域经济发展新思维. 北京: 北京大学出版社.
顾加宁. 2006. 人力资本的区域集聚效应与中国现状研究. 商场现代化, (20): 252-254.
贺方方. 2001. 企业家人力资本形成机制分析. 商业时代, (26): 95-96.
侯锡林. 2006. 企业家人力资本产权的内涵、结构与功能. 科技进步与对策, 23(8): 183-185.
胡蓓. 2009. 产业集群的人才集聚效应——理论与实证研究. 北京: 科学出版社.
黄群慧. 2000. 企业家激励约束与国有企业改革. 北京: 中国人民大学出版社.
黄忠平, 梁琦. 2007. 集群企业的学习与创新. 中大管理研究, (4): 93-106.
加里·贝克尔. 1987. 人力资本: 关于教育的理论和实证分析. 梁小民译. 北京: 商务印书馆.
姜维军, 宋晓丹. 2011. 产业集群向创新集群演进的动力. 湖南农机, 38(11): 157-158.
焦斌龙, 王路军. 2000. 企业家人力资本: 一个经济学分析框架. 山西财经大学学报, (5): 27-31.
金祥荣, 朱希伟. 2002. 专业化产业区的起源与演化. 经济研究, (8): 74-82.
赖明勇, 包群, 阳小晓. 2002. 外商直接投资的吸收能力: 理论及中国的实证研究. 上海经济研究, (6): 9-17.
兰玉杰, 孙海燕. 2009. 安徽省上市公司企业家人力资本价值计量. 经济管理, (11): 106-113.
李宝元. 2001. 人力资本运营. 北京: 企业管理出版社.
李刚, 牛芳. 2005. 人才集聚与产业聚集. 中国人才, (9): 27-28.
李建民. 1999. 人力资本通论. 上海: 上海三联书店.
李克杰. 2005. 论产业集群与企业家培养的互动关系. 商场现代化, (5): 142-143.
李全生, 解志恒. 2008. 人力资本水平与经济发展相关性的实证研究. 统计与决策, (23): 97-98.
李永华, 吴治国, 石金涛. 2006. 论产业集群生成机制中的人力资本要素. 深圳大学学报: 人文社会科学版, (6): 37-40.
李玉江. 2005. 区域人力资本研究. 北京: 科学出版社.
李芸, 朱明伟. 2006. 企业家才能与企业家人力资本产权. 企业经济, (3): 80-82.
李忠民. 1998. 人力资本: 一个理论框架及其对中国一些问题的解释. 北京: 经济科学出版社.
厉以宁. 1982. 关于知识分子劳动报酬的几个理论问题. 晋阳学刊, (6): 21-27.

林慧丽. 2009. 企业家人力资本在产业集群创新机制中的作用——以浙江为例. 企业经济, (7):72-74.

刘善球, 何继善. 2005. 企业家人力资本定价机制探讨, (2): 22-23.

刘思峰, 王锐兰. 2008. 科技人才集聚的机制、效应与对策. 南京航空航天大学学报: 社会科学版, 10(1): 47-51.

刘文. 2003. 企业家人力资本产权的特性. 管理科学, 16(5): 79-82.

刘英, 赵晶晶. 2009. 企业家人力资本与企业绩效关系的分析模型. 现代管理科学, (6): 115-117.

龙开元. 2009. 创新集群: 产业集群的发展方向. 中国科技论坛, (12): 53-56.

陆根尧. 2002. 经济增长中的人力资本效应——对中国高速增长区域的统计分析. 统计研究, (10): 13-16.

陆根尧. 2004. 经济增长中的人力资本效应. 北京: 中国计划出版社.

陆根尧. 2008. 人力资本对产业集群竞争力影响的研究. 北京: 经济科学出版社.

陆根尧, 李勇军. 2009. 人力资本增强产业集群创新的途径、机理及对策研究. 浙江理工大学学报, 26(2): 266-271.

陆根尧, 等. 2011. 产业集群自主创新: 能力、模式与对策. 北京: 经济科学出版社.

陆根尧, 邵一兵, 赵丹, 等. 2014. 产业集聚与城市化互动发展的模式、机制及空间结构演化研究. 北京: 经济科学出版社.

马歇尔. 1964. 经济学原理(上卷). 朱志泰译. 北京: 商务印书馆.

梅丽霞. 2010. 全球化、集群转型与创新型企业: 以自行车产业为例. 北京: 科学出版社.

明塞尔. 2001. 人力资本研究. 北京: 中国经济出版社.

莫志宏. 2004. 人力资本的经济学分析. 北京: 经济管理出版社.

牛冲槐, 接民, 张敏, 等. 2006. 人才集聚效应及其评判. 中国软科学, (4): 118-123.

钱平凡. 2003. 基于产业集群和全球价值链的我国淡水珍珠产业发展方略. 调查研究报告, 210: 1-23.

仇保兴. 1999. 小企业集群研究. 上海: 复旦大学出版社: 25-42.

邵学清, 王春阳. 2007. 创新集群: 国家高新区未来发展的必然选择. 中国高新区, (10): 82-85.

沈利生. 1999. 人力资本与经济增长分析. 北京: 社会科学文献出版社.

盛乐, 包迪鸿. 2001. 对企业家人力资本产权关系的界定. 财经科学, (6): 69-72.

舒尔茨. 1990. 人力资本投资: 教育和研究的作用. 蒋斌, 张蘅译. 北京: 商务印书馆.

孙健, 尤雯. 2008. 人才集聚与产业集聚的互动关系研究. 管理世界, (3): 177-178.

孙景蔚. 2005. 基于损耗的人力资本估算——以长江三角洲经济区三省市为例. 中国人口科学, (2): 61-67.

孙熠, 张静. 2008. 关于产业集群中的人力资本效应分析. 商场现代化, (17): 310-311.

谭建军. 2010. 基于产业周期角度产业集聚与人力资本的探究. 产业与科技论坛, (2): 46-50.

陶子毓. 2005. 企业家人力资本在产业集群竞争力中的效应研究——基于浙江省块状经济的实证分析. 浙江理工大学硕士学位论文.

王福涛, 钟书华. 2009. 创新集群: 当代科技、经济一体化的新形式. 生产力研究, (3): 4-5.

王海鹰. 2009. 人力资本对产业集群技术创新的研究. 杭州: 浙江理工大学出版社.

王缉慈. 2004. 关于发展创新型产业集群的政策建议. 经济地理, (4): 433-436.

王缉慈. 2006a. 关于中国发展产业集群中的若干问题. 理论参考, (9): 27-30.

王缉慈. 2006b. 解开集群概念的困惑——谈谈我国区域的集群发展问题. 经济经纬, (2): 58-65.
王缉慈. 2007. 中国制造——产业集群仅仅是压低成本的地方吗? 华夏地理, (6): 102-111.
王缉慈, 张晔. 2008. 沿海地区外向型产业集群的形成、困境摆脱与升级前景. 改革, (5): 53-59.
王缉慈, 等. 2001. 创新的空间: 企业集群与区域发展. 北京: 北京大学出版社.
王缉慈, 等. 2010. 超越集群: 中国产业集群的理论探索. 北京: 科学出版社.
王金营. 2001. 人力资本与经济增长理论与实证. 北京: 中国财政经济出版社.
王珺. 2004. 集群成长与区域发展. 北京: 经济科学出版社.
王锐兰, 刘思峰. 2006. 发达地区创新人才集聚的驱动机制. 江苏农村科技, (3): 49-50.
王绍光, 胡鞍钢, 康晓光, 等. 2000. 我国地区发展差距研究. irgrid.ac.cn / ir.rcees.ac.cn.
王孝斌, 王学军. 2011. 创新集群的演化机理. 北京: 科学出版社.
魏后凯. 2008. 中国产业集聚与集群发展战略. 北京: 经济管理出版社.
魏江. 2003. 产业集群创新系统与技术学习. 北京: 科学出版社.
魏丽华. 2009. 全球价值链视角下我国产业集群升级的必然性分析——以金融危机中的加工制造业集群为例. 北方论丛, (214): 142-145.
魏守华, 王缉慈, 赵雅沁. 2002. 产业集群: 新型区域经济发展理论. 经济经纬, (2): 18-21.
吴瀚洋. 2007. 产业集群与企业家的互动发展. 中小企业科技, (7): 71-73.
吴伟. 2006. 企业家人力资本的产权特征及其激励对策, 人才开发, (8): 27-28.
吴志霞, 潘松挺. 2005. 产业集群与企业家的互动发展. 技术经济与管理研究, (4): 112-113.
武勇, 陈剑. 2011. 人力资本、产业集群与区域产业结构间的影响机理分析. 商业时代, (31): 115-117.
谢雅萍. 2008. 企业家人力资本与企业绩效关系的实证研究. 广西大学学报, 30(1): 26-31.
徐光平. 2007. 人力资本空间聚集与产业集群发展互动研究. 济南: 山东师范大学出版社.
徐维祥, 唐根年, 陈秀君. 2005. 产业集群与工业化、城镇化互动发展模式研究. 经济地理, (6): 65-70.
杨在军, 窦天娇. 2009. ANP 方法在企业家人力资本定价中的应用. 科技信息, (12): 25.
姚先国, 盛乐. 2003. 乡镇企业和国有企业经济效率的人力资本产权分析. 经济学家, (3): 61-68.
叶飞文. 2004. 要素投入与中国经济增长. 北京: 北京大学出版社.
叶建亮. 2001. 知识溢出与企业集群. 经济科学, (3): 23-30.
叶正茂, 叶正欣. 2007. 组织人力资本论: 人力资本理论的拓展研究与应用. 上海: 复旦大学出版社.
郁婷. 2006. 企业家人力资本的形成途径及其制度安排. 商业时代, (34): 49-50.
曾建中, 李明生. 2010. 略论企业家人力资本的形成. 经济问题, (4): 78-80.
张帆. 2000. 中国的物质资本和人力资本估算. 经济研究, (8): 65-71.
张国民, 张咏, 陈进. 2011. 产业集群演化和发展中的人力资本作用研究. 企业活力, (5): 5-9.
张辉. 2006. 全球价值链下地方产业集群转型和升级. 北京: 经济科学出版社.
张同全. 2003. 企业人力资本产权. 北京: 中国劳动社会保障出版社.
张同全. 2009. 我国制造业基地人才集聚效应评价——基于三大制造业基地的比较分析. 中国软科学, (11): 64-71.
张同全, 王乐杰. 2009. 我国制造业基地人才集聚效应评价——基于三大制造业基地的比较分析. 中国软科学, (11): 64-71.

张西奎, 胡蓓. 2007. 产业集群的人才集聚研究. 商业研究, (3): 5-7.
张樾樾. 2010. 产业集聚与人才集聚的互动关系评析. 商业时代, (18): 119-120.
张一. 2010. 论人力资本要是在产业集群形成中的作用. 现代商贸工业, 22(7): 146-147.
张玉兰. 2005. 把握人才集聚规律, 推进人才集聚工程. 中国人才, (23): 30-31.
张志华. 2006. 企业: 企业家人力资本产权内在矛盾的结晶. 华东经济管理, 20(11): 142-145.
赵杰. 2002. 论企业家人力资本产权. 福州大学学报(哲学社会科学版), (4): 16-18.
赵曙明. 2001. 企业家的人力资本. 中国人力资源开发, (11): 4-5.
钟书华. 2008. 创新集群: 概念、特征及理论意义. 科学学研究, (1): 178-184.
周其仁. 1996. 市场里的企业: 一个人力资本与非人力资本的特别合约. 经济研究, (6): 71-79.
周天勇. 1994. 劳动与经济增长. 上海: 上海三联书店.
朱华晟. 2004. 产业集群发展中的企业家功能. 浙江经济, (20): 41-43.
朱杏珍, 朱彩虹. 2012. 人才集聚效应的实证分析——以浙江省为例. 绍兴文理学院学报, 32(10): 34-40.

Arrow K J. 1962. The economic implication of learning by doing. The Review of Economic Studies, 29(3): 155-173.

Gordon I, McCann P. 2000. Industrial clusters: Complexes, agglomeration and/or social networks? Urban Studies, 37 (3): 513-532.

Krugman P. 1991. Increasing returns and economic geography. Journal of Political Economy, 99(3): 483-499.

Liyanage S. 1998. Breeding innovation clusters through collaborative research networks. Technovation, 12: 9.

Lucas R E, Jr. 1988. On the mechanics of economic development. Journal of Monetary Economics, 22: 3-42.

Markusen A. 1996. Sticky places in slippery space: A typology of industrial districts. Economic Geography, 72: 293-313.

Marshall A. 1992. The Principles of Economics. London: Macillan.

Mytelka L, Farinelli F. 2000. Local clusters, innovation systems and sustained competitiveness. Discussion papers from United Nations University, Institute for New Technologies, The Netherlands.

Nelson R. 1993. National Innovation Systems: A Comparative Study. New York: Oxford University Press.

Oakey R, Cooper S. 1989. High technology industry, agglomeration and the potential for peripherally sited small firms. Regional Studies, 23(4): 347-360.

Overman H G, Redding S, Venables A J. 2001. The economic geography of trade, production, and income: A survey of empirics. NBER Working paper.

Padmore T, Gibson H. 1998. Modelling systems of innovation II: A framework for industrial cluster analysis in regions. Research Policy, 26: 625-641.

Porter M E. 1990. The Competitive Advantage of Nations. New York: Free Press.

Romer M P. 1990. Endogenous technological change. Journal of Political Economy, 98(5), Pt. 2: S71-S99.

Schultz T W. 1961. Investment in human capital. The American Economic Review, 51(1): 1-17.

第二章 产业集群升级中的人力资本效应

基于完善的集群创新系统（网络），产业集群内的人力资本形成了共生互动的关系，这种共生互动的关系使集群中的人力资本能够产生多种效应，从而促进了集群创新、集群升级和技术水平的不断提高。因此，本章首先分析产业集群发展与人力资本的关系，然后进一步分析人力资本在产业集群升级中所具有的各种效应。

第一节 产业集群发展与人力资本

基于集群内行为主体之间的互动联系，集群人力资本产生的效应随着集群的发展而不断深化。越成熟的集群，其内部人力资本之间的交流合作越频繁，方式越多样，人力资本效应也越明显、越深刻。人力资本效应量变转化为质变的过程主要体现在以下三个阶段。

1）萌芽阶段

在集群萌芽阶段，基于自然禀赋、文化传统、市场或政策等方面的优势，少数企业在区域内得到快速发展，受利益驱使，群内会不断涌现新的类似企业，有的追随领先企业不断模仿创新，有的从事相关配套产品的生产，为其他企业提供配套服务，产业的区域集聚现象开始形成。这一阶段，主要是企业家人力资本的冒险精神、竞争意识和自主创新精神催生了集群的种子企业，并繁衍了一批模仿企业或分离、裂变企业，加速了集群的形成。另外，原生型产业集群所在地往往具有深厚的文化（技术）传统，造就了大量的具有专门技能的人员。例如，浙江永康有很多精通五金技术的能工巧匠，拥有"五金工匠走四方，府府县县不离康"的美誉。受限于集群人力资本在存量上的不足，人力资本在这一阶段主要表现为集聚效应。

2）快速发展阶段

在集群发展阶段，群内企业数量迅速增加促使集群规模扩张，专业化分工又推动群内企业之间的合作及配套产业链的形成，集群发展的规模效应和外部效应开始显现，并形成自身的核心竞争力。在创新方面，一些主导企业设立自己的研发机构和技术团队，寻求与高等院校、研发机构的合作，成为企业解决技术难题的重要选择。同时，政府职能部门、中介服务等机构和组织开始在集群中发挥自身的作用，充当调节者、润滑剂和服务者角色。在这一阶段，大量不同类型的专业人才涌入集群所在地，集群形成了专业的劳动力市场。基于地理临近性，群内行为主体之间频繁互动，极大地带动了人力资本之间的知识交流与碰撞，人力资本由量上的不断集聚，逐渐产生了质上的共生互动效应、知识溢出效应。

3）成熟阶段

到了成熟阶段，集群内企业数量逐渐趋于稳定，企业间的专业分工更加明确和细化，通过长期的正式和非正式交流，企业之间形成了更为稳定、完整和成熟的配套产业链体系，呈现出基于共同社会、经济、文化背景的根植性特征。除了产业主体外，诸如质量检测机构、公共研发机构等知识行为主体也成为集群的重要组成部分，企业与这些机构之间的合作和交流非常频繁。同时，行业协会或商会已经被集群内企业所认可，它们或者开展诸如展览会、论坛、新产品发布会、技术交流会等活动，或者联手政府部门，积极在企业与金融机构、会计法律事务所等机构之间搭台建桥，促进集群各行为主体之间的联系与合作。在这一阶段，集群内的各种专业人力资本和企业家人力资本发挥着中流砥柱的作用，人力资本的共生互动效应、知识溢出效应及学习创新效应是集群开展创新和维持核心竞争力的保障。

综上所述，集群人力资本效应既受到集群发展特征的影响，也受到集群行为主体关系的影响。其效应发挥必须满足两个条件：一是必须满足量的要求，即集群内人力资本必须达到一定的累积，这不仅需要在量上提供一种类型的人力资本，还需要提供多种类型的人力资本；二是必须引起从量变到质变的升华，即集群内部人力资本之间要存在有效的互动交流，这取决于集群结构和对人力资本的配置效率。一味简单地累积、堆砌人力资本，如果不进行合理的配置、不进行有效的分工协作，组织整体的人力资本效应是不存在的。

第二节 产业集群升级中的人力资本效应：理论分析

通过上述对产业集群发展与人力资本关系的分析，可以看出人力资本在产业集群发展中具有重要作用，尤其是基于完善的集群创新系统（网络），集群人力资本形成了共生互动的关系，这种共生互动的关系使集群中的人力资本能够产生多种效应。

一 集聚效应

人力资本集聚效应是产业集群的最基本特征，也是集群人力资本其他效应产生的基础条件。

（1）产业集群发展的一个关键因素是人力资本的空间集聚。凭借自身优势，产业集群能将有直接联系的物资、技术、人力资源和各种配套服务等吸引过来。而作为集群发展的重要因素，只有当集群内部人力资本达到一定的存量时，集群才能顺利发展。由于集群内部存在着许多潜在的劳动力需求和潜在的劳动力供应，专业的劳动力市场可以使生产商、供应商及时找到有专门技能的工人，也使工人能方便地寻求适合的工作，这在一定程度上大大节约了企业和劳动力的搜寻成本和信息成本，保证了企业能"随时招到人"，人才能"长期不失业"。

由于集群能提供大量就业机会，劳务市场普遍存在于集群所在地，企业也能比较便捷地获得低成本的劳动力资源。据调研，浙江的产业集群所在地都集聚了成千上万个大大小小的相关企业，从事与主要产业相关工作的人员数不胜数。比如，2011～2013年，浙江永康有五金企业1万家左右，从业人员达30多万人，织里童装有从业人员25万人左右，乐清电器和慈溪家电的从业人数达到了10万人左右，温岭泵与电机行业共有企业3000多家，从业人员总数约8万人。在这些从业人员中，占绝大多数的是技术熟练工，主要从事制造、加工等工作。并且，集群所在地的外来务工人员数已经达到甚至超过了当地居民数量，高收入、基于亲戚朋友老乡的关系网成为吸引他们"组团"工作的主要动力。

（2）集群不断创造的物质财富和精神文明，提供优越的、服务型的个人发展环境，对外界人力资本的吸引力会逐渐增大，而人力资本的不断集聚反过来又促进了集群的快速发展。这样就形成了一个良性循环，出现"马太效应"。同时，一些专业人力资本也会因为仰慕或崇拜群内一些成功的企业家、管理者、科研人员等而涌入集群学习和工作。

比如，2013年7月在浙江桐乡的调研表明，濮院毛衫产业集群通过320创意广场，吸引了来自全国各地各类专业技术人员350多名，其中设计人员200多名，并凭借具有特色的"保姆型""导师型""经纪人型"三项特色服务，成功地留住了大量专业人才。如今，濮院毛衫产业在多年的发展中逐步培养、造就了一批具有较高素质的经营管理人员、技术研发人员、生产技术人员和熟练的产业工人，集群产业队伍成熟。培养有职称的毛衫服饰行业专业技术人员共1223名，其中高级职称的298人，全区域毛衫服饰行业在岗职工总数达到26万人，其中技术工人4742名，为产业集群的提升发展奠定了人才和队伍基础。

（3）许多集群已经成为国内知名产业基地，甚至在全球市场贴上了中国标签，名声享誉国内外，地方政府也积极通过实施品牌战略来提升集群知名度，进而推动集群的转型升级。集群在外界所享有的品牌形象和良好口碑，会吸引具有相同相似行业背景的企业和人力资本集聚。

据相关人员介绍，慈溪家电产业提出了"先建市场后树品牌"的品牌道路，在经历了打上海牌、收购品牌、联合强势品牌以后，许多规模企业开始注重自主创牌。至 2013 年 7 月，慈溪家电集群已拥有中国驰名商标 48 件、中国名牌产品 7 种、商务部重点出口名牌产品 2 种。温岭则提出创建区域国际品牌的战略，深入实施"品牌温岭"建设，切实加强企业、产业和区域名牌的推广工作，形成以区域品牌带动产业集群、以产业集群支撑区域经济的良好发展格局，努力营造区域品牌经济新优势，促进泵业经济又好又快发展。表 2.1 是笔者所调研的各个集群享有的名声。

表 2.1 产业集群的名声

生产集群	享有的名声
永康五金	全国最大的五金产品生产基地和集散中心、"中国门都"
乐清电器	"中国电器之都""中国断路器产业基地""中国防爆电器产业基地"
慈溪家电	"中国家电产业基地""中国家电产业出口共建基地"
温岭泵与电机	"中国泵业名城""小型水泵出口基地"
织里童装	"中国童装之都"
桐乡羊毛衫	全国最大的羊毛衫集散中心、"中国羊毛衫名镇""中国毛衫第一市""中国羊毛羊绒服装第一镇"

资料来源：根据 2013 年 5～8 月笔者调研笔记整理而来

（4）对专业、高级人才的吸引是人力资本集聚效应的核心内容，凭借高薪资、良好的职业发展前景，尤其是群内前沿的行业技术信息、较多的培训学习机会，集群也容易吸引到一些专业人力资本。

目前，人才问题尤其是高级、专业人力资本的匮乏，已经成为许多产业集群持续发展的瓶颈和障碍。通过对浙江省 6 个产业集群的调研，我们发现：在浙江省 6 个产业集群中，专业人员比例较低，整体人力资本水平较低。在所调研的 20 家龙头企业中，一般员工比例都在 60%以上，甚至有 2 家企业的一般员工比例达到了 94%左右。这些企业的一般员工的学历 85%在高中及以下，其中有 3 家企业的一般员工学历都在初中及以下。20 家龙头企业的专业人员平均比例为 20.48%，最高比例为 33.75%，最低比例为 3.40%，两者相差 10 倍。

从上述 6 个产业集群中 20 家龙头企业的分析可以看出，这些产业集群均属于生产集群。只有通过集聚效应不断吸引高级专业人力资本，在集群内部累积一定量的多种类型的人力资本，才能促进人力资本的共生互动效应、知识溢出效应和学习创新效应，进而推动集群升级。而要进一步增强人力资本的集聚效应，产业集群必须以行业优势为依托，创造具有地方特色的、优越的生活和工作条件来为各类人力资本提供服务。

二 共生互动效应

在产业集群内，由于追求自身利益最大化，单个企业不得不与相关企业展开竞争，争夺资源和市场；受困于自身能力有限，企业又不得不寻求与群内其他企业进行合作。以企业之间的竞争合作为媒介，集群内人力资本之间也形成了广泛的竞争与合作关系。

1）简单的竞争合作

作为行为主体（企业和个人）交流互动的基本方式，企业之间的竞争合作是通过人力资本之间的活动展开的。一方面，在知识分类全面精细化和劳动分工高度专业化的今天，个人和单个企业的能力都有限，创新往往要求团队配合。集群内部的运行机制可以有效地实现人力资本之间的互补、替代，依托企业之间的合作，大量不同类型、不同专业背景的人力资本之间可以开展多种形式的合作，促进知识的交流。

另一方面，产业集群人力资本之间的合作并不排斥竞争，相反，由于产业集群内人力资本的集聚，系统内的竞争更甚于非集群区域（Dalum，1993）。为了维持自身的竞争优势，企业必须加大在技术、工艺、产品上的创新，这自然要求雄厚的人力资本作保障。虽然集群内的企业可以为人力资本提供大量就业机会，但企业之间的竞争暗含着对人力资本资源的竞争，拥有更高技术、成长潜力大的专业人力资本才是企业争夺的重点对象。如果人力资本个体不注重自身知识的累积，不注重学习和培训，势必会被劳动力市场淘汰。就人才个体而言，为了得到更好的工作，为了享有比别人更高的成就和名声，他们也会不断学习，防止自己被竞争者赶超。

如今，逐渐趋于成熟的生产集群内部几乎都形成了以龙头企业为主、供应商企业为辅助、较为成熟和完善的配套产业链体系，生产商和供应商、经销商之间存在着稳定的合作关系。这些供应商主要负责提供零配件、中间产品等辅助性材料，龙头企业则掌握着一些关键零部件和最终产品的生产技术。比如，乐清电器集群中的德力西和人民集团的稳定供应商有 800～1000 家；慈溪家电行业的卓力和先锋集团的配套企业都维持在 350～400 家。同时，80%～90%的配套企业都分布在集群内部，而集群外部的配套企业往往提供原材料。又如，步阳门业的生产量大，对零配件的需求大，往往一个零件由多个配套企业来共同提供，使得步阳门业有 120 多家配套企业，其中 90%在永康，这主要是因为永康生产了全国 70%的门，产业链比较完整，有辅助原材料及配件等供应商，也有相应的工人和研发队伍，集群外的配套企业往往提供诸如钢板、原材料等。同时，生产商和供应商之间合作关系的建立是具有选择性、目的性的，多数龙头企业为保证供应产品的质量，往往通过建立考核制度筛选供应商，如乐清天正集团对 300 多家配套企业实行绿色供应商评审制度，基于这种有目的性的、互惠互利的合作关系，龙头企业也更乐意将自身的先进技术或制度溢出给这些上游企业，如对改进产品质量等提供帮助。

上述企业之间的合作与竞争，为集群人力资本之间形成广泛的竞争与合作提供了良好的基础和条件。

2）频繁的共生互动

当集群发展更为成熟，内部行为主体之间的联系更为频繁，人力资本之间竞争合作的深化会产生人力资本的共生互动效应，即在集群和市场规制约束下，集群人力资本之间通过正式的或非正式的交流互动，相互影响、相互促进，共同发展，从而使群体人力资本产生"1+1>2"的内生人才优势，进而推动个体成长和集群创新与发展。

依托于集群人力资本共生系统，在集群内部崇尚合作、创新的文化氛围下，人力资本之间形成了知识的共同价值体——以知识的共享、再造为目标。因此，人力资本的共生互动效应更强调人力资本之间的合作，这一方面可以促进处于竞争地位的企业之间进行横向合作，比如，在所调研的服装（毛衫）、家电、泵与电机等集群中，由于产品或技术易被模仿、知识产权制度不健全等原因，"高创新成本，低回报率（负外部性大）"的困境普遍存在，大部分企业都不愿意共享自身的技术，企业之间的合作只存在于纵向的产业链上，横向合作很少。然而，人力资本之间频繁的共生互动，可以逆向推动竞争企业之间的合作，使生产集群中行为主体之间的互动更为频繁，集群创新系统（网络）更为成熟和完善。

另一方面，人力资本之间的共生关系，可以有效地避免个体和团体的不良竞争行为。在人力资本竞争过程中，不可避免地会出现个人为了一己之私，而不顾道德约束或集体利益，进行恶性竞争的行为，如恶意攻击、诋毁他人，出卖信息情报给竞争对手等。这种行为在集群发展的初级阶段可能得不到有效解决，而在更为高级的创新集群中，创新系统和人力资本共生系统更为成熟完善，人力资本之间的关系不是简单的竞争和合作，而是依托系统建立起更为紧密的共生关系，一荣俱荣，一损俱损，这在很大程度上能避免个体的不良竞争行为和心态。另外，通过平时的非正式交流或正式合作，个体之间很容易建立友谊，强烈的合作氛围更易产生信任。

当然，人力资本之间的共生互动并不仅仅存在于企业之间，也遍布于企业与知识机构、中介机构之间。产学研合作模式、公共服务机构的建设在集群转型升级中备受政府、企业重视和推崇。比如，永康有浙江省五金产品检测中心；乐清有浙江省低压电器技术创新服务平台；温岭有先导电机技术研究所；慈溪有中国家电研究院华东分院；织里有科技转移中心和区域创新服务平台；桐乡有浙江省羊毛衫质量检验中心等。这些公共服务机构无疑为人力资本之间的知识交流创造了更开放、更广阔的平台。

三 知识溢出效应

知识溢出效应主要是指，集群成员间的共生互动使知识在集群内部实现传递、共享和再造。马歇尔在解释产业集群现象时，强调了技术溢出的重要作用，他认为产业规模扩大，会引起知识量的增加和技术信息的传播，特别是通过人与人之间的关系促进了知识在该地区的溢出。

作为一个开放的系统，产业集群中的企业、公共服务机构、大学及研发机构，甚至群外的客户群体、相关企业或机构都是知识的溢出源。正式与非正式的沟通是专业人力资本之间知识溢出的两种方式。其中，正式沟通主要有人力资源的内部流动、组织间人力资本的共生互动、企业衍生、教育培训、技术项目合作及研讨会等；非正式沟通渠道主要指人力资本之间通过非正式渠道进行接触从而产生共生互动的方式（胡蓓，2009）。

首先，集群发展到一定程度，规模不会继续扩大，但这是集群内部老的落后企业被淘汰、新企业不断出现的平衡结果。落后企业的淘汰势必会释放出原有的大量员工。在集群内劳动力市场作用下，这些企业中的一些人力资本在企业之间正常的入职、离职会将在原企业的工作技能和经验带到新的企业，促进知识在不同企业之间的流动和共享，新旧企业更新的速度越快，人才流动的速度越快，知识扩散和共享也就越充分和迅速；同时，集群外劳动力的进入也会带来群外知识。另外，原企业中不乏很多高素质的专业人力资本和技术人才，他们会凭借自己的研究经验、管理经验和先进技术，自主创业，促进人才、知识在原企业和衍生企业间的转移和流动。

其次，教育培训是集群人力资本之间知识溢出的一条重要途径，这既包括企业内部优秀员工对一般员工、老员工对新员工的培训，如天正集团和闽立公司内部都有内部讲师制度——筛选优秀的员工对其他人进行技术培训和经验分享，也包括群内外教育培训机构对企业员工的培训。据调研，集群中许多总经理、董事长等中高层管理人员经常参加知名大学的 MBA 班，或者赴国内外先进企业进行实地考察；企业员工每年都会得到一定的培训机会，一些优秀的技术员工也经常参加学术论坛、专题会议等；领先企业主动邀请高校的相关专家作为企业的技术顾问，设立博士（后）流动站，与高校共办培训班或实习基地等。

再次，隐性知识虽然具有较强的实用性和先进性，但隐性知识专属性很强，不易通过书刊、网络等媒介进行传播，只能通过不断重复的接触和面对面的交流来传播。由于集群内企业地理位置上的集中性，其员工和专业人才生活在同一个区域，这就为不同企业之间的员工和专业人才之间的交流提供了更多、更有利的机会。比如，参加同一种娱乐活动，子女在同一所学校上学，在同一家餐厅用餐，等等，这些非正式的交流和沟通，既为集群隐性知识的传播创造了良好条件，又大大降低了沟通成本，是集群隐性知识传播最有效的途径。同时，基于共同的生活环境、文化环境及相似的集群管理，隐性知识在集群成员之间的传播也更为方便。

最后，为推动集群的转型升级，政府和许多集群管理者积极推行产学研合作政策，鼓励企业通过技术改造、创新实行品牌化战略，而高等院校、研究机构与企业之间频繁的信息和知识交流所产生的知识溢出更是特别明显。可以说，产业创新和升级能力取决于与该产业相关专业的水平及产学研结合的程度（王缉慈等，2010）。

温岭市先导电机技术研究所是产学研集合的典型。由温岭市先导电机技术研究所牵头，会同浙江省机电设计研究院及江苏大学等单位，组建"浙江省温岭泵与电机技术创新服务平台"。温岭泵业产业集群主要产学研合作项目100多个，投入资金近2亿元。其中，浙江利欧股份、浙江新界泵业、浙江大元泵业、浙江同泰泵业、台州新宏基泵业、台州阳光电机、台州清华电机等11家企业与浙江大学、浙江工业大学、浙江科技大学、中国计量大学、兰州理工大学、浙江省机电设计研究院等12家高等院校研究机构共组建有产学研合作项目24个，涉及资金1630多万元。通过坚持不懈的努力，产学研合作极大地推动了该集群自主创新的发展。到目前为止，该集群共有国家免检产品6个、浙江省名牌产品6个、台州市名牌产品6个；拥有"利欧""新界""大元""大福"4个省著名商标，"新界""大元""大福"3个中国驰名商标；共有23家企业成立了研发中心和技术中心，其中有6家企业的研发中心被列入省高新技术研发中心，水泵产品被列入省级新产品的达到136个。近3年来，水泵企业积极实施专利战略，自主知识产权不断增多，共获专利455项，其中发明专利6项、实用新型专利259项、外观设计专利190项，整个产业的新产品产值率达到50%以上。

四 学习创新效应

学习创新效应是共生互动效应和知识溢出效应的联动效应。学习的本质是知识的传播共享，创新的本质是新知识的产生。在集群创新系统中，各行为主体之间存在着发达的战略联盟与合作关系，再加上大量的研发投入、人力资本之间的广泛交流，就很容易产生新知识。

首先，集群内部除了拥有支持创新的硬件条件（如实验室、研发设备）之外，还存在着频繁的创新活动，这些活动主要是由专业技术研发人员承担的，一些企业的高级管理人员往往也会参与。在温岭的泵与电机集群中，流传着这样一句话"管理看新界，创新看东音"，作为集群的龙头企业，新界泵业在企业管理方面走在集群的前列，而东音泵业在技术创新上的优势则主要来源于企业内部的"技术员工导师制"——企业董事长非常重视创新，对技术研究感兴趣，并亲自担任技术总工程师，带领徒弟进行技术创新。

集群龙头企业拥有自身的技术研发机构或团队，并与群内外的相关高等院校（多为国内在相关专业领先的院校）、科研机构开展了技术交流和专业合作。同时，国家级研发机构、国家高新技术企业、博士（后）工作站等普遍存在于这些集群的龙头企业中，参与行业标准或国家标准的制定也是它们所极力追求的。例如，步阳集团拥有浙江省唯一一个门业的省级高新技术研发中心；正泰、德力西、天正等成功创建了国家级企业技术中心；利欧是国家级高新技术企业、省级企业技术中心，是水泵行业标准的起草单位之一；先锋集团企业参与制定2项国家标准、5项行业标准。

其次，集群内部崇尚创新、协作的文化氛围，随时更新的知识环境是人才成长、创新的软环境。学习创新效应最大的优势在于通过人力资本之间的共生互动，创新主体可以及时获取新知识和创新结果反馈。在共生互动和知识溢出效应下，集群内的知识如空气一样无处不在，而且随时可以得到更新。这一方面，在很大程度上改变了集群的知识环境，形成了不同学科、不同思想共同交汇的场所，极易打破个人知识局限，促进新思想的碰撞，使行为主体能及时得到所需的知识，节约了学习成本和信息收集成本；另一方面，由于知识在创新系统（网络）中的快速传播和转移，行为主体能迅速搜集到市场对创新结果的反馈信息，及时调整创新方向和改善创新，极大地缩短了创新周期，降低了创新风险。

五 小结

基于完善成熟的创新系统（网络），结合调研的实际情况，前文着重阐述了人力资本的四大效应。对于这四大效应之间的关系，还应该注意如下几点。

（1）伴随着集群的发展，不同类型的人力资本会在空间上不断集聚，并推动着集群的发展；同时，集群发展也会反作用于集群人力资本，促进人力资本集聚及人力资本个体成长。因此，产业集群发展与集群人力资本水平是相互影响的，这也影响了人力资本效应的发挥。

（2）不管是在生产集群还是在创新集群，人力资本效应都会存在，只是效应的大小不同。在创新集群中，人力资本之间存在着深刻的共生互动效应，而在生产集群中人力资本之间更多的是竞合效应，共生互动效应不很明显，这也进一步弱化了知识溢出效应和学习创新效应。

（3）人力资本四大效应之间是相互联系、相互影响、相互促进的。可以说，人才的集聚和累积是产生其他效应的先决条件，人力资本共生互动效应是人力资本知识溢出效应和学习创新效应的基础。群内人力资本之间通过多种形式的互动展开竞争和合作，尤其是通过面对面交流，加速了隐性知识的传播，为知识创造与创新提供了动力。反过来，人力资本其他效应的发挥会促进集群发展和个人成长，吸引群外人才不断涌进集群。

（4）人力资本效应的发挥必须要有人力资本在量和质上的保证，集群内部结构和行为主体间的关系往往决定了人力资本效应的大小和强度。创新集群中的人力资本效应之所以更深刻、更明显，除了大量各类型人力资本，尤其是高级专业技术人才和研发人员的汇集外，更主要的是群内创新系统和人才共生系统使各类型人力资本得到了有效配置，并更有效地发挥了人力资本的效应。

第三节　产业集群升级中的人力资本效应：实证分析

为进一步检验产业集群升级的人力资本效应，本节以浙江省产业集群为例进行实证分析。具体内容如下：首先，基于理论分析，并且在参考一些学者相关研究的基础上，从集群创新视角构建反映集群升级的指标体系，从集群人力资本内涵特征视角设计反映集群人力资本水平的指标体系；接着，设计相应的调研问卷，并综合相关研究专家、集群管理者、企业相关领导等的意见，采用德尔菲法和层次分析法，依次确定反映产业集群升级和集群人力资本水平的评价指标体系的各指标的权重；然后，对浙江典型产业集群进行实地调研，根据调研收集所得的数据，采用典型相关分析法对产业集群升级与集群人力资本水平的关系进行实证检验；最后，对实证结果进行分析和讨论。

一　产业集群升级评价指标体系设计

（一）设计思路

国内外学者关于集群升级的途径可以分为内部途径和外部途径。集群升级的内部途径理论认为，产业集群可以通过集群内企业个体间的努力和组织化程度的提高，不断加强企业和其他机构的合作网络和人际关系网络，发挥集群网络的作用促进集群升级。比较有代表性的理论是产业集群演化理论，如集群生命周期模型（Porter，1998；Krugman，1991；Swann，1998；Tichy，1998）和集群结构演化模型两种类型（van Dijk，1999；Capello，1998；Godon and McCann，2000）。

外部途径理论认为，集群升级的外部途径主要是通过加强与外界的联系，嵌入全球价值链，来实现集群升级。最具代表性的是全球价值链理论（Gereffi，1994；Humphrey and Schmitz，2000；Kaplinsky and Morris，2001；Gibbon，2003）。

近几年，国内学者以淡水珍珠产业（钱平凡，2003）、建筑陶瓷业（文嫮和曾刚，2004）、光机电产业（张辉，2006）、笔记本电脑行业（于明超等，2006）、张江高科技园（滕堂伟和曾刚，2007）、自行车行业（梅丽霞，2010）等为例，对产业集群升级问题进行了大量实证研究。然而，虽然学者们对集群升级的理论研究和实证研究都比较多，一些学者深入分析了产业集群升级的机理和路径，但这些研究主要是定性分析。对于如何量化产业集群的升级情况，鲜有学者制定出相应的量化指标体系并进行调研和分析。因此，可借鉴的文献比较少。本书将采取哲学上抓主要矛盾的方法，从生产集群和创新集群的不同内涵特征出发，在分析学者们相关理论研究成果的基础上，来设计反映集群升级的评价指标体系。

从前文对生产集群和创新集群的内涵、特征的分析比较可知，与一般生产集群相比，创新集群的最大优势在于其拥有很强的创新能力。同时，通过分析学者们提出的集群升级途径可以发现：无论是通过优化集群内部网络还是通过寻求价值链的攀升来促进集群升级，都是为了获得持续的集群竞争力，这都离不开创新。产业集群升级问题归根到底是通过提高产业集群创新能力，来提高其竞争力（马中东，2009；桑俊和易善策，2008）。因此，本书将从集群创新能力的角度，设计相应的指标体系来衡量从生产集群向创新集群的升级。

在集群创新能力的研究方面，国内学者的研究比较详尽，主要呈现出以下特点：①从方法来看，学者们普遍通过建立评价指标体系，多采用模糊数学和层次分析法等方法对指标体系赋权，如刘峰等（2007）、徐道宣（2007）、尹猛基（2012）等，而王静华（2011）则在建立评价指标体系的基础上，通过引入 DE-BP 神经网络模型，做了实证研究。②研究的产业集群类型不同，指标体系的侧重点不同。其中，魏江（2003）提出的创新系统分为核心价值网络、可控支持要素和不可控支持要素，这个框架被很多学者沿用或进一步修改。吴开军和吴价宝（2007）对中小企业集群的研究主要从基础技术能力、信息技术能力、战略合作能力、长远发展能力四个方面来考虑。王岚（2009）则提出了企业技术创新能力、集群网络创新能力、集群创新环境三个要素。马靖忠和关军（2010）从创新投入、创新服务能力、创新网络发育程度、创新产出四个方面研究了唐山的钢铁产业集群。陆根尧等（2011）着重研究了浙江省的嵊州领带、杭州滨江软件、镇海石化集群，提出了从集群自主创新主体能力、投入能力、产出能力、支撑能力四个方面来考察集群的自主创新能力。

综上，本书在借鉴学者魏江（2003）、陆根尧等（2011）研究的基础上，从集群创新能力的角度出发，构建反应产业集群升级的评价指标体系。集群升级的核心是集群创新能力的提升，而集群创新能力可以从创新的四个方面来衡量，即创新环境、创新投入、创新活动及创新绩效。因此，下面将从这四个方面来构建评价指标体系。其中，创新环境是集群发展程度的直观体现，创新投入是集群创新的前提和基础条件，创新活动是集群创新的主要内容，创新绩效是集群创新的最终结果。

（二）评价指标体系的构建

基于上述指标体系建立的理论基础，结合前人的研究成果和相关专家的意见，在遵循全面性、科学性、可操作性等原则下，本书将产业集群升级评价指标体系分为四个方面，即创新环境、创新投入、创新活动和创新绩效，为一级指标，进而再进一步细分为 11 个二级指标和 29 个三级指标。上述三级指标体系中有 8 个属于定性指标，21 个属于定量指标。该指标体系主要从创新角度出发，结合集群和企业两个层面，重点抓住影响集群创新的主要影响因素和基本关键要素，既使指标体系简洁、层次清晰，也使调查对象易于理解和填写，便于后期的数据收集工作。构建的评价指标体系如表 2.2 所示。

表 2.2 产业集群升级（创新能力）评价指标体系

指标（目标层）	一级指标（准则层）	二级指标（子准则层）	三级指标（指标层）
产业集群升级	创新环境 A	动力因素 $A1$	市场竞争压力、企业创新需求 $A11$
			企业家创新意识 $A12$
		政府因素 $A2$	政府政策优惠 $A21$
			政府办事效率 $A22$
			政府财政支持 $A23$
		区域基础 $A3$	区域基础设施 $A31$
			区域金融服务 $A32$
			区域信息化水平 $A33$
	创新投入 B	群内合作机构投入 $B1$	合作院校及科研机构个数 $B11$
			群内配套企业个数 $B12$
			研发实验室个数 $B13$
		经费投入 $B2$	科技活动费用占销售收入比例 $B21$
			研发经费占销售收入比例 $B22$
			培训支出占销售收入比例 $B23$
		人才投入 $B3$	研发人员比例 $B31$
			专业人员（管理、技术）比例 $B32$

续表

指标 （目标层）	一级指标 （准则层）	二级指标 （子准则层）	三级指标 （指标层）
产业集群 升级	创新活动 C	院校研发机构合作 C1	与大专院校技术合作交流次数 C11
			所在地开展技术研讨会和产品展览会次数 C12
			与群内公共机构技术合作次数 C13
		企业合作 C2	研究开发项目个数（自主和合作）C21
			与相关企业技术合作次数 C22
			从群外相关企业（或机构）引进技术个数 C23
	创新绩效 D	经济产出 D1	当年销售收入 D11
			当年利润 D12
		科技产出 D2	当年专利申请数 D21
			工艺创新数 D22
			当年获得发明专利总数 D23
		新产品产出 D3	新产品占销售收入比重 D31
			新产品个数 D32

（三）指标体系具体说明

产业集群创新是集群内部的行为主体通过对创新资源的投入，依托集群的创新系统开展创新活动，最后获得创新成果。集群创新能力是集群升级的根本动力，可以从创新环境、创新投入、创新活动及创新绩效四个方面来反映。

1）创新环境

主要衡量集群企业进行创新活动所需的基本条件是否完善，这也是集群发展程度的体现，具体包括动力因素、政府因素和区域基础三个方面。

动力因素：反映影响集群企业进行创新的内外部动力因素。进一步分为内部因素（企业家创新意识）、外部因素（市场竞争压力）、企业创新需求，都采用定性指标定量化方法进行评价。其中，企业家创新意识分为非常强（5）、较强（4）、一般（3）、较弱（2）、弱（1）；市场竞争压力、企业创新需求定性指标分为：大（5）、较大（4）、一般（3）、较小（2）、小（1）。

政府因素：政府可以通过财政税收、政策引导、技改补贴等方式来引导鼓励群内企业的积极创新行为、抑制其不良竞争行为。该指标进一步分为政府政策优惠、政府办事效率、政府财政支持三个指标。

其中，政府可以利用行政权力制定优惠政策，为企业发展提供优越的政策环境。其定性指标分为：强（5）、较强（4）、良好（3）、一般（2）、差（1）。

"政府办事效率"主要衡量集群内部管理机构的工作效率,判断其服务企业的能力大小。其定性指标分为:高(5)、较高(4)、良好(3)、一般(2)、低(1)。

"政府财政支持"主要反映政府通过资金方式在企业技改、技术引进、创新投入等方面的支持力度。其定性指标分为:高(5)、较高(4)、良好(3)、一般(2)、低(1)。

区域基础因素:区域的基础设施完善、环境优越、金融和信息化服务,能在很大程度上吸引群外优秀人才和先进企业进入集群,为集群发展注入新的活力。

其中,基础设施建设可以吸引人才和企业进入集群。其定性指标分为:非常完善(5)、较完善(4)、完善(3)、一般(2)、不完善(1)。

金融机构的存在便于企业与风投机构有效合作,及时将创新成果产业化。其定性指标分为:优(5)、中等(4)、良好(3)、一般(2)、差(1)。

区域信息化水平是经济信息化、全球化的基本要求,也是衡量集群发展程度的重要指标。其定性指标分为:高(5)、较高(4)、良好(3)、一般(2)、低(1)。

2)创新投入

创新投入,主要指集群或企业在创新过程中,对各种生产要素如资金、人才等的投入和使用,是创新的前提和基础。本书主要从群内合作机构投入、经费投入和人才投入3个方面8个三级指标来衡量集群的创新投入情况。此部分数据都是定量数据,主要从企业财务统计部门获得。

群内合作机构投入:主要指为了保证获得丰富的知识资源,集群和企业或者寻求与大专院校等知识源合作,或者积极构建公共技术机构等新知识源,这是集群的知识主体要素,代表着集群的知识吸收和创造能力。本书主要从群内配套企业个数、合作院校及科研机构个数、研发实验室个数3个指标来衡量。

经费投入:主要是从货币价值角度来衡量创新投入,尤其是研发经费(R&D投入)常作为衡量集群或企业创新能力和竞争力的关键指标,被国内外许多学者所认可和使用。科技活动费用则主要是指与企业科技活动相关的费用支出。

人才投入:人才是知识的主要载体和创造者。相对于一般员工而言,专业人员(管理、技术)和研发人员都拥有较高的知识存量,拥有更多的机会参与知识创造,容易产生知识互补和溢出效应,因此,本书主要从专业人员(管理、技术)比例和研发人员比例2个指标来衡量集群的人才投入情况。

3)创新活动

集群内部行为主体之间的互动,承载着知识的流动、共享和再创造,这些互动主要包括企业与院校研发机构之间、企业与企业(包括群内和群外)之间的合作交流。

其中,企业与企业之间的互动合作是集群内部最基本的网络关系,也是群内知识流动最基本的方式,主要从研究开发项目个数(自主和合作)、企业与相关企业技术合作次数、从群外相关企业（或机构）引进技术个数3个指标来衡量。

企业与院校研发机构之间的互动主要是产业主体与知识主体之间的知识流动，在创新集群中，这类互动更为普遍和频繁。作为知识主体，院校研发机构可以为企业提供技术支持、输送专业人才；相反，企业可以将院校研发机构的研发成果产品化，也可以为它们的研发活动提供资金支持。两个主体要素可以实现有效的产学研合作。这个因素主要从与高等院校技术合作交流次数、所在地开展技术研讨会和产品展览会次数、与群内公共机构技术合作次数3个指标来衡量。

4）创新绩效

创新绩效，是集群开展创新活动的最终目的，也是集群创新能力的直接体现。本书从经济产出、科技产出及新产品产出3个指标来衡量。

其中，经济产出是企业创新的最终目的，是企业本质的体现，从当年的销售收入和利润可以反映。

科技产出主要是指企业创新以专利、工艺创新、发明等可实体化形式表现出来的结果，具体从当年专利申请数、当年获得发明专利总数、工艺创新数3个指标来衡量。

新产品产出包括新产品个数和新产品占销售收入比重，新产品个数主要指企业当年开发的新产品数量；新产品占销售收入比重主要指当年新产品的销售收入与总收入之比，它能直接反映企业创新的最终成果。

二 集群人力资本评价指标体系设计

（一）设计思路

人力资本和物质资本在内涵、存在形式、发挥作用的途径和方式、在经济增长中的作用等方面存在很大不同，这造成了人力资本难以直接衡量、难以估计的难题。对于此问题，一些学者（朱舟，1999；焦斌龙和王路军，2000；冯子标，2000；崔建华，2002）认为人力资本不可观察，无法计量。然而，随着人力资本理论的不断发展，国内外学者都尝试从不同角度、利用不同方法对人力资本在经济增长中的贡献和实际价值进行了大量实证研究。综观学者们的研究，可以把学者们所使用的测量方法分为以下几种。

第一种，估算人力资本的货币价值，如基于投资角度和收益角度对人力资本价值的测量。基于人力资本收益的估算方法主要是收益基础法，基于人力资本投资角度的估算方法是累计成本法。其中，收益基础法在国外被广泛应用，国内学者普遍采用累计成本法进行实证研究。但是，不同研究人员在成本处理范围和口径上存在非常大的差异。

第二种，利用代理变量来估算人力资本存量，不直接估算其价值。基于教育形成的知识构成了人力资本的主要内容，学者们往往采用教育成就类指标作为代理变量，主要是教育存量法，由于在收集数据上的便捷性，这类方法被国内很多学者运用于实证研究（王金营，2001；蔡昉和都阳，2000；赖明勇等，2002），而且许多研究结果都很好地解释了现实问题。然而，教育成就类指标并不是一个总量指标，而只是人力资本存量水平的代理变量，与人力资本存量作为一个特定时点的总量这一基本特性存在一定的偏离。

第三种，综合指标体系法。目前，很多学者开始意识到人力资本水平不能仅仅从其存量水平来考虑，因此，许多学者重新从人力资本的定义、内涵和特征出发，结合人力资本的不同维度，设计相应的指标体系，运用统计和计量方法来测量人力资本水平。

资本在经济活动过程中的作用和贡献，取决于"投资—积累—运行"这一过程的数量水平和效率水平，借鉴这一思想，钱雪亚（2011）主张从人力资本投资、积累、运行三个层面及数量和效率两个维度来计量和反映一国（地区）的人力资本水平。在学者钱雪亚（2011）的思想和研究的基础上，从集群人力资本内涵特征出发，本书认为：作为组织人力资本，集群人力资本水平的高低不仅仅是由群内人力资本的存量来决定的，还需要考虑影响群内人力资本水平发挥的其他因素。首先，对产业集群来说，其人力资本由企业、政府、公共机构等内部的人力资本整合而成，其中企业内部的人力资本占主要地位。其次，产业集群存在着生命周期，随着产业集群所处的生命阶段不同，其内部的人力资本水平自然不同。处于某一生命阶段，集群内部各人力资本之间的协作和分工也影响着产业集群总体人力资本水平，如果集群内部各类型、各水平的人力资本能得到有效配置，那么产业集群的总体人力资本水平就高，集群在区域经济中发挥的作用也大。最后，集群中人力资本水平的变化也影响着集群的未来发展态势。如果集群下一步发展所需的相应人力资本能便捷地获得，那么集群就能顺利发展；如果集群的微观主体——企业不注重对人力资本的培养和持续投资，那么企业的发展和集群的成长势必会受到严重影响，由此，反过来又会影响集群内人力资本的积累、配置和功能的有效发挥。

因此，本书从集群人力资本水平的内涵和特征出发，采用综合指标体系法对产业集群人力资本水平进行衡量，这样才能全面反映集群整体的人力资本水平。集群的总体人力资本水平，必须综合考虑企业、政府、公共机构三个部门，从人力资本存量、人力资本效率、人力资本投资三个角度来分析和衡量。

（二）指标体系的构建

基于上述理论分析，结合前人的研究成果和相关专家的意见，在遵循全面性、科学性、可操作性等原则下，本书将集群人力资本水平设计为 3 个一级指标、8 个二级指标、18 个具体评价指标（三级指标），三级指标中，2 个是定性指标，16 个是定量指标，如表 2.3 所示。

表 2.3　产业集群人力资本水平评价指标体系

指标（目标层）	一级指标（准则层）	二级指标（子准则层）	三级指标（指标层）
产业集群人力资本水平	人力资本存量 U	一般员工 $U1$	员工人数 $U11$
			一般员工学历 $U12$
		专业人员（管理、技术）$U2$	技术管理人员人数 $U21$
			专业人员学历 $U22$
			技能等级 $U23$
		企业研发人员 $U3$	研发人员人数 $U31$
			平均年龄 $U32$
			平均工作年限 $U33$
			研发人员学历 $U34$
		企业家 $U4$	职业培训年数 $U41$
			经营企业年限 $U42$
			企业家学历 $U43$
	人力资本效率 V	积累效率 $V1$	一般员工的可获得性 $V11$
			专业员工的可获得性 $V12$
		产出效率 $V2$	人均销售收入（万元/人）$V21$
			人均利润（万元/人）$V22$
	人力资本投资 W	员工薪水支出占销售收入比重 $W1$	
		员工培训支出占销售收入比重 $W2$	

注："员工薪水支出占销售收入比重 W1"和"员工培训支出占销售收入比重 W2"既为二级指标，又为三级指标，全书同。

（三）指标体系具体说明

1）人力资本存量

人力资本存量主要是衡量当前集群内部（主要是企业内部）各类型人力资本的水平，包括数量和质量；企业内部的人力资本，可分为一般员工人力资本、专业人员（管理、技术）人力资本、企业研发人员人力资本及企业家人力资本四类。

对于一般员工人力资本的衡量，主要从数量和学历方面进行。对于专业人员人力资本，可以进一步分为两类，一类是管理、技术人员人力资本，主要从数量、学历、技能等级3个方面来衡量；另一类是研发人员人力资本，主要从数量、平均年龄、平均工作年限、学历4个方面来衡量。对于企业家人力资本，我们从学历、职业培训年数、经营企业年限3个指标来衡量。

2) 人力资本效率

人力资本效率衡量的是集群内部是否存在便利条件和配套制度等，从而使各类型、各个水平的人力资本能得到有效配置和利用，以及是否存在良好氛围，来激发各人力资本的创新。我们进一步分为积累效率和产出效率2个二级指标，其中，积累效率主要从一般人力资本和专业人力资本获得的便利性2个三级指标来衡量，产出效率主要从人均销售收入和人均利润2个三级指标来衡量。

3) 人力资本投资

人力资本投资主要考察集群内部各类型、各个水平的人力资本的成长情况。我们主要从员工培训支出和薪水支出分别占销售收入的比重2个指标来衡量。

三 指标权重的确定

本项研究采用德尔菲法和层次分析法（AHP）来对产业集群升级（创新能力）和人力资本水平进行指标赋权。这主要是基于以下两个原因：一是综观相关文献可以发现，对于不同类型的产业集群，不同学者对其创新能力和集群人力资本水平的研究各有所长，侧重点各不相同，因此，有必要采纳研究过产业集群的学者的研究成果和建议；二是作为管理集群的政府行政人员和企业管理者，他们在集群和企业发展过程中，对创新和人力资本有着更为直接真实的感受，因此，有必要考虑他们的意见。

（一）基本原理和步骤

德尔菲法也称专家调查法，主要是通过反复征询相关专家的意见，不断修改意见，逐步取得比较一致的结果的决策方法。

层次分析法是由美国运筹学家托马斯·塞蒂于20世纪70年代中期提出的，将一个复杂的多目标决策问题作为一个系统，将目标分解为多个目标或准则，进而分解为多指标（或准则、约束）的若干层次，通过定性指标模糊量化方法算出层次单排序（权数）和总排序，以作为目标（多指标）、多方案优化决策的系统方法。它是一种定性和定量相结合的、系统化、层次化的分析方法。

本书运用德尔菲法和层次分析法来确定产业集群升级和人力资本水平评价指标权重的基本步骤为：

第一步，建立递阶关系的层次结构模型。

第二步，利用德尔菲法构造判断矩阵。

首先，根据已经设计的评价指标体系，制作专家意见咨询问卷，由专家根据所建立的层次结构模型，从层次结构模型的第 2 层开始，对从属于（或影响）上一层每个因素的同一层诸因素，用成对比较法和 1～9 比较尺度（表 2.4）构造成对比较矩阵，直到最下层。

表 2.4 判断矩阵的比较标度

标度	含义
1	表示两个因素具有同样的重要性
3	表示一个因素比另一个因素稍微重要
5	表示一个因素比另一个因素明显重要
7	表示一个因素比另一个因素强烈重要
9	表示一个因素比另一个因素极端重要

注：2、4、6、8 为上述相邻判断的中值

其次，通过反复咨询和修改，逐步统一专家的意见，建立各层次最终的判断矩阵。

设某层次有 n 个因素，为 $X = \{x_1, x_2, \cdots, x_n\}$。按照它们对上一层某一准则（或目标）的影响程度，确定在该层中相对于某一准则所占的比重。

用 a_{ij} 表示第 i 个因素相对于第 j 个因素的比较结果，则 $a_{ij} = \dfrac{1}{a_{ji}}$。

列出成对比较矩阵，为

$$A = (a_{ij})_{n \times n} = \begin{pmatrix} a_{11} & a_{12} & \cdots & a_{1n} \\ a_{21} & a_{22} & \cdots & a_{2n} \\ \vdots & \vdots & & \vdots \\ a_{n1} & a_{n2} & \cdots & a_{nn} \end{pmatrix} \qquad (2.1)$$

其中，$a_{ij} > 0$；$a_{ii} = 1$；$a_{ij} = \dfrac{1}{a_{ji}}$。

第三步，计算指标权重。

首先，计算判断矩阵 A 每一行元素的积 M_i：$M_i = \prod\limits_{i=1}^{n} a_{ij}$，i=1，2，3，…，n。其次，计算各行 M_i 的 n 次方根值 $\overline{W_i} = \sqrt[n]{M_i}$，i=1，2，3，…，n。其中，n 为矩阵阶数。最后，将向量 $[W_1, W_2, W_3, \cdots, W_n]^T$ 归一化，计算如下：$W_i = \overline{W_i} \Big/ \sum\limits_{i=1}^{n} \overline{W_i}$，$W_i$ 即

为所求的各指标的权重。

第四步，计算判断矩阵 A 的最大特征值 λ_{max}，即

$$\lambda_{max} = \sum_{i=1}^{n} \frac{(A \cdot W)_i}{nW_i} \quad (2.2)$$

其中，

$$A \cdot W = \begin{bmatrix} a_{11} & a_{12} & \cdots & a_{1n} \\ a_{21} & a_{22} & \cdots & a_{2n} \\ \vdots & \vdots & & \vdots \\ a_{n1} & a_{n2} & \cdots & a_{nn} \end{bmatrix} \cdot \begin{bmatrix} W_1 \\ W_2 \\ \vdots \\ W_n \end{bmatrix} \quad (2.3)$$

第五步，一致性检验。

对于每一个成对比较矩阵，计算最大特征值及对应的特征向量，利用一致性指标、随机一致性指标和一致性比率做一致性检验。若检验通过，特征向量（归一化后）即为权向量；若不通过，需重新构建成对比较矩阵。

首先，计算一致性指标 CI，即

$$CI = (\lambda_{max} - n)/(n - 1) \quad (2.4)$$

其次，查同阶矩阵平均随机一致性指标 RI（表 2.5）。

表 2.5　平均随机一致性指标

阶数 n	1	2	3	4	5	6	7	8	9
RI	0	0	0.58	0.90	1.12	1.24	1.32	1.41	1.45

最后，计算一致性比率 CR。其中，$CR = (CI/RI)$，当 CR=0 时，A 具有完全一致性；当 CR<0.1 时，A 具有满意一致性；当 CR≥0.1 时，A 具有非满意一致性，应予以调整或舍弃不用。

（二）产业集群升级的指标权重

第一，根据上面的方法和步骤，本项研究设计了关于产业集群升级和人力资本水平评价研究的专家意见征询表（附录 1），并邀请了 8 位专家进行调查访谈，其中专家既有从事产业集群和人力资本研究的高校教授专家，也有不同集群的管理人员及企业的领导。通过综合不同专家的意见，并与专家进行反复讨论，构造出两个评价指标体系中各个准则层、指标层的判断矩阵。

1）目标层的判断矩阵

目标层产业集群升级（创新能力）的判断矩阵为 $\begin{bmatrix} 1 & 1/2 & 1/2 & 1/3 \\ 2 & 1 & 2 & 1/2 \\ 2 & 1/2 & 1 & 1/2 \\ 3 & 2 & 2 & 1 \end{bmatrix}$

2）准则层的判断矩阵

准则层创新环境（A）、创新投入（B）、创新活动（C）、创新绩效（D）的判断矩阵分别为

$$A = \begin{bmatrix} 1 & 2 & 1/3 \\ 1/2 & 1 & 1/4 \\ 3 & 4 & 1 \end{bmatrix}, \quad B = \begin{bmatrix} 1 & 1/5 & 1/2 \\ 5 & 1 & 3 \\ 2 & 1/3 & 1 \end{bmatrix}, \quad C = \begin{bmatrix} 1 & 1/2 \\ 2 & 1 \end{bmatrix}, \quad D = \begin{bmatrix} 1 & 1/5 & 1/2 \\ 5 & 1 & 3 \\ 2 & 1/3 & 1 \end{bmatrix}$$

3）子准则层的判断矩阵

子准则层动力因素（$A1$）、政府因素（$A2$）、区域基础（$A3$）的判断矩阵分别为

$$A1 = \begin{bmatrix} 1 & 1/4 \\ 4 & 1 \end{bmatrix}, \quad A2 = \begin{bmatrix} 1 & 1/3 & 2 \\ 3 & 1 & 4 \\ 1/2 & 1/4 & 1 \end{bmatrix}, \quad A3 = \begin{bmatrix} 1 & 2 & 3 \\ 1/2 & 1 & 2 \\ 1/3 & 1/2 & 1 \end{bmatrix}$$

群内合作机构投入（$B1$）、经费投入（$B2$）、人才投入（$B3$）的判断矩阵分别为

$$B1 = \begin{bmatrix} 1 & 2 & 5 \\ 1/2 & 1 & 3 \\ 1/5 & 1/3 & 1 \end{bmatrix}, \quad B2 = \begin{bmatrix} 1 & 1/2 & 3 \\ 2 & 1 & 4 \\ 1/3 & 1/4 & 1 \end{bmatrix}, \quad B3 = \begin{bmatrix} 1 & 3 \\ 1/3 & 1 \end{bmatrix}$$

院校研发机构合作（$C1$）、企业合作（$C2$）的判断矩阵分别为

$$C1 = \begin{bmatrix} 1 & 1/2 & 2 \\ 2 & 1 & 3 \\ 1/2 & 1/3 & 1 \end{bmatrix}, \quad C2 = \begin{bmatrix} 1 & 4 & 2 \\ 1/4 & 1 & 1/2 \\ 1/2 & 2 & 1 \end{bmatrix}$$

经济产出（$D1$）、科技产出（$D2$）、新产品产出（$D3$）的判断矩阵分别为

$$D1 = \begin{bmatrix} 1 & 1/2 \\ 1/2 & 1 \end{bmatrix}, \quad D2 = \begin{bmatrix} 1 & 1/4 & 2 \\ 4 & 1 & 5 \\ 1/2 & 1/5 & 1 \end{bmatrix}, \quad D3 = \begin{bmatrix} 1 & 1/2 \\ 2 & 1 \end{bmatrix}$$

第二，借助 yaahp 软件，通过相应的计算可得到各个指标的权重，如表 2.6 所示。

表 2.6 产业集群升级（创新能力）各级指标权重

一级指标（准则层）	指标权重	二级指标（子准则层）	指标权重	三级指标（指标层）	指标权重
创新环境 A	0.1213	动力因素 A1	0.0758	市场竞争压力、企业创新需求 A11	0.0152
				企业家创新意识 A12	0.0607
		政府因素 A2	0.0166	政府政策优惠 A21	0.0104
				政府办事效率 A22	0.0023
				政府财政支持 A23	0.0039
		区域基础 A3	0.0289	区域基础设施 A31	0.0156
				区域金融服务 A32	0.0086
				区域信息化水平 A33	0.0047
创新投入 B	0.2685	群内合作机构投入 B1	0.0328	合作院校及科研机构个数 B11	0.0191
				群内配套企业个数 B12	0.0036
				研发实验室个数 B13	0.0101
		经费投入 B2	0.1740	科技活动费用占销售收入比例 B21	0.0972
				研发经费占销售收入比例 B22	0.0556
				培训支出占销售收入比例 B23	0.0212
		人才投入 B3	0.0617	研发人员比例 B31	0.0463
				专业人员（管理、技术）比例 B32	0.0154
创新活动 C	0.1899	院校研发机构合作 C1	0.1266	与高等院校技术合作交流次数 C11	0.0376
				所在地开展技术研讨会和产品展览会次数 C12	0.0683
				与群内公共机构技术合作次数 C13	0.0207
		企业合作 C2	0.0633	研究开发项目个数（自主和合作）C21	0.0362
				与相关企业技术合作次数 C22	0.0181
				从群外相关企业(或机构)引进技术个数 C23	0.0090
创新绩效 D	0.4203	经济产出 D1	0.2627	当年销售收入 D11	0.0876
				当年利润 D12	0.1751
		科技产出 D2	0.0574	当年专利申请数 D21	0.0115
				工艺创新数 D22	0.0392
				当年获得发明专利总数 D23	0.0067
		新产品产出 D3	0.1002	新产品占销售收入比重 D31	0.0668
				新产品个数 D32	0.0334

注：表中各级指标的权重都是解释总目标产业集群升级（创新能力）的权重

第三，一致性检验。借助 yaahp 软件，通过相应的计算可得到各个判断矩阵的一致性比率 CR，如表 2.7 所示。

表 2.7　产业集群升级各判断矩阵的一致性比率

一级指标	一致性检验（CR）	二级指标	一致性检验（CR）	三级指标	一致性检验（CR）
A	$CR=0.0265<0.1$	$A1$	$CR=0.0176<0.1$	$A11$	$CR=0.0000<0.1$
				$A12$	
		$A2$		$A21$	$CR=0.0176<0.1$
				$A22$	
				$A23$	
		$A3$		$A31$	$CR=0.0088<0.1$
				$A32$	
				$A33$	
B		$B1$	$CR=0.0036<0.1$	$B11$	$CR=0.0036<0.1$
				$B12$	
				$B13$	
		$B2$		$B21$	$CR=0.0176<0.1$
				$B22$	
				$B23$	
		$B3$		$B31$	$CR=0.0000<0.1$
				$B32$	
C	$CR=0.0265<0.1$	$C1$	$CR=0.0000<0.1$	$C11$	$CR=0.0088<0.1$
				$C12$	
				$C13$	
		$C2$		$C21$	$CR=0.0000<0.1$
				$C22$	
				$C23$	
D		$D1$	$CR=0.0176<0.1$	$D11$	$CR=0.0000<0.1$
				$D12$	
		$D2$		$D21$	$CR=0.0236<0.1$
				$D22$	
				$D23$	
		$D3$		$D31$	$CR=0.0000<0.1$
				$D32$	

对于一致性比率 CR，当 $CR=0$ 时，各判断矩阵具有完全一致性；当 $CR<0.1$ 时，各判断矩阵具有满意一致性；当 $CR\geq0.1$ 时，各判断矩阵具有非满意一致性，应予以调整或舍弃不用。

（三）集群人力资本水平的指标权重

同样地，按照产业集群升级指标权重的确定方法，可以确定集群人力资本水平的指标权重（表2.8）。其各层级的判断矩阵如下。

1) 目标层的判断矩阵

目标层产业集群人力资本水平的判断矩阵为

$$T = \begin{bmatrix} 1 & 3 & 4 \\ 1/3 & 1 & 2 \\ 1/4 & 1/2 & 1 \end{bmatrix}$$

2) 准则层的判断矩阵

准则层人力资本存量（U）、人力资本效率（V）、人力资本投资（W）的判断矩阵分别为

$$U = \begin{bmatrix} 1 & 1/3 & 1/6 & 1/8 \\ 3 & 1 & 1/3 & 1/5 \\ 6 & 3 & 1 & 1/3 \\ 8 & 5 & 3 & 1 \end{bmatrix}, \quad V = \begin{bmatrix} 1 & 2 \\ 1/2 & 1 \end{bmatrix}, \quad W = \begin{bmatrix} 1 & 1/2 \\ 2 & 1 \end{bmatrix}$$

3) 子准则层的判断矩阵

子准则层一般员工（$U1$）、专业人员（管理、技术）（$U2$）、企业研发人员（$U3$）、企业家（$U4$）的判断矩阵分别为

$$U1 = \begin{bmatrix} 1 & 5 \\ 1/5 & 1 \end{bmatrix}, \quad U2 = \begin{bmatrix} 1 & 6 & 3 \\ 1/6 & 1 & 1/3 \\ 1/3 & 3 & 1 \end{bmatrix}, \quad U3 = \begin{bmatrix} 1 & 6 & 7 & 2 \\ 1/6 & 1 & 1 & 1/4 \\ 1/7 & 1 & 1 & 1/5 \\ 1/2 & 4 & 5 & 1 \end{bmatrix}, \quad U4 = \begin{bmatrix} 1 & 4 & 6 \\ 1/4 & 1 & 3 \\ 1/6 & 1/3 & 1 \end{bmatrix}$$

积累效率（$V1$）、产出效率（$V2$）的判断矩阵分别为

$$V1 = \begin{bmatrix} 1 & 1/4 \\ 4 & 1 \end{bmatrix}, \quad V2 = \begin{bmatrix} 1 & 2 \\ 1/2 & 1 \end{bmatrix}$$

第三，通过相应的计算可得到各个指标的权重，如表2.8所示。

表 2.8　产业集群人力资本水平的各级指标权重

一级指标（准则层）	指标权重	二级指标（子准则层）	指标权重	三级指标（指标层）	指标权重
人力资本存量 U	0.6251	一般员工 $U1$	0.0310	员工人数 $U11$	0.0052
				一般员工学历 $U12$	0.0258

续表

一级指标（准则层）	指标权重	二级指标（子准则层）	指标权重	三级指标（指标层）	指标权重
人力资本存量 U	0.6251	专业人员（管理、技术）$U2$	0.0716	技术管理人员人数 $U21$	0.0068
				专业人员学历 $U22$	0.0179
				技能等级 $U23$	0.0469
		企业研发人员 $U3$	0.1678	研发人员人数 $U31$	0.0122
				平均年龄 $U32$	0.0134
				平均工作年限 $U33$	0.0896
				研发人员学历 $U34$	0.0526
		企业家 $U4$	0.3547	职业培训年数 $U41$	0.0772
				经营企业年限 $U42$	0.2451
				企业家学历 $U43$	0.0324
人力资本效率 V	0.2385	积累效率 $V1$	0.1590	一般员工的可获得性 $V11$	0.0318
				专业员工的可获得性 $V12$	0.1272
		产出效率 $V2$	0.0795	人均销售收入（万元/人）$V21$	0.0265
				人均利润（万元/人）$V22$	0.0530
人力资本投资 W	0.1365			员工薪水支出占销售收入比重 $W1$	0.0455
				员工培训支出占销售收入比重 $W2$	0.0910

注：表中各级指标的权重都是解释总目标集群人力资本水平的权重，而非对其上级的解释权重

第四，一致性检验。

借助 yaahp 软件，通过相应的计算可得到各个判断矩阵的一致性比率 CR，如表 2.9 所示。

对于一致性比率 CR，当 $CR=0$ 时，各判断矩阵具有完全一致性；当 $CR<0.1$ 时，各判断矩阵具有满意一致性；当 $CR \geq 0.1$ 时，各判断矩阵具有非满意一致性，应予以调整或舍弃不用。

本书对于出现非满意一致性的情况，采取查阅文献，咨询专家，重新讨论的方式进行调整，既保证大部分指标具有满意一致性，也保证一些关键指标能得以保留，并能通过一定权重得到体现。

表 2.9 产业集群人力资本水平各判断矩阵的一致性比率

一级指标（准则层）	一致性检验（CR）	二级指标（子准则层）	一致性检验（CR）	三级指标（指标层）	一致性检验（CR）
U	$CR=0.0176<0.1$	$U1$	$CR=0.0369<0.1$	$U11$ $U12$	$CR=0.000<0.1$

续表

一级指标（准则层）	一致性检验（CR）	二级指标（子准则层）	一致性检验（CR）	三级指标（指标层）	一致性检验（CR）
U	CR=0.0176<0.1	U2		U21	CR=0.0176<0.1
				U22	
				U23	
		U3	CR=0.0369<0.1	U31	CR=0.0066<0.1
				U32	
				U33	
				U34	
		U4		U41	CR=0.0516<0.1
				U42	
				U43	
V		V1	CR=0.0000<0.1	V11	CR=0.0000<0.1
				V12	
		V2		V21	
				V22	
W		W1			CR=0.0000<0.1
		W2			

四 实证分析

前文分别构建了产业集群升级和人力资本水平的评价指标体系，并通过德尔菲法和层次分析法，得到了各个指标的权重。本小节将选取分别反映产业集群升级（创新能力）和人力资本水平的代表性指标，根据实地调研所得的集群样本数据，对产业集群升级（创新能力）与人力资本水平之间的关系进行典型相关分析，以此来研究产业集群升级（创新能力）与集群人力资本水平之间的关系。

（一）样本说明与数据处理

1. 样本说明

根据上述产业集群升级（创新能力）和产业集群人力资本水平的两套指标体系，我们设计了调查问卷（附录1、附录2），并于2013年5~8月依次调研了浙江永康五金产业集群、乐清电器产业集群、温岭泵与电机产业集群、慈溪家电产业集群、织里童装产业集群和桐乡羊毛衫产业集群6个产业集群，每个集群分别抽取4家龙头企业做样本数据。对上述集群发放集群问卷6套，回收6套，全部有效；企业问卷 24 份，回收 21 份，20 份有效，有效率为 83.3%。

2. 数据预处理

对于调研所得数据，由于定性数据和定量数据都存在，并且数据与所需指标之间存在一定差别，所以本项研究先对数据进行适当的预处理。

1）对学历和技能等级指标的处理

在集群人力资本水平的指标体系中，三级指标中的一般员工学历、专业人员学历、研发人员学历、企业家学历及专业人员技能等级都是定性指标，不能直接比较其学历、技能等级，因此，本研究采用受教育年限加权法和技能等级指数加权法对这两类定性指标进行处理。

第一类，学历。

受教育年限加权法，即按照劳动力的受教育程度进行分类，将各级劳动力的受教育年限作为权数加权求和。其计算公式为

$$H=\sum P_i N_i \qquad (2.5)$$

其中，H 为平均受教育年限，P_i 为第 i 层次学历的劳动力比例，N_i 为第 i 层次学历的相应受教育年限。

本书采用王金营（2005）的方法，将学历转化为相应的年数。学历初中及以下、高中、大专、本科、研究生及以上对应的年数分别为 9、12、14.5、16、18.5。

第二类，技能等级。

技能等级指数加权法，即将劳动者的技术等级或职称赋予不同的等级指数，进而利用指数进行加权求和的度量方法。其计算公式为

$$F=\sum a^i Q_i \qquad (2.6)$$

其中，Q_i 为第 i 等级的人员比例，a 为设定的数值。

本研究将技能等级的权数确定为 2 的幂级数序列（$2^0, 2^1, 2^2, \cdots$），即一般专业、初级、中级、高级的对应权数分别为 1、2、4、8。

2）无量纲处理

由于所设计的问卷既有定量指标也有定性指标，为消除计算结果受指标量纲和数量级的影响，保证计算结果的合理性和科学性，在分析前，有必要对原始数据进行无量纲处理。

现有文献中，主要有级差正规化法、标准化法和均值化法三种方法，本研究采用标准化方法，即对同一变量减去其均值再除以标准差，公式为

$$y_{ij} = \frac{x_{ij} - \overline{x}_j}{\sqrt{\text{var}(x_j)}} \tag{2.7}$$

其中，$\overline{x}_j$ 为第 j 列的均值，$\text{var}(x_j)$ 为相应的方差。

此步骤可以借助 SPSS 17.0 来完成。

3. 数据说明

根据产业集群升级评价指标体系的指标权重，将经过预处理的样本数据进行计算，可以得到样本企业在各个一级指标上的得分。在样本企业数据的基础上，进一步处理，可以得到各个集群的反映集群升级（创新能力）的每个指标（一级指标）的平均值，如表 2.10 所示。

表 2.10　产业集群升级（创新能力）——集群层面

产业集群编号	创新环境 A	创新投入 B	创新活动 C	创新绩效 D
1	−0.078 16	0.003 788 269	0.078 844 35	−0.101 481 125
2	−0.000 32	0.099 482 423	0.028 438 852	0.343 195 874
3	0.042 654	0.034 412 115	−0.045 913 376	−0.105 387 61
4	0.003 450	−0.042 890 572	−0.008 904 329	−0.048 025 176
5	0.092 797	−0.085 548 311	0.028 526 253	−0.185 425 645
6	−0.044 75	−0.068 094 682	−0.062 690 047	−0.027 945 895

根据集群人力资本水平评价指标体系的指标权重，将经过预处理的样本数据进行计算，可得到样本企业在各个一级指标上的得分。在样本企业数据的基础上进一步处理，可以得到反映各个集群人力资本水平的每个指标（一级指标）的平均值，如表 2.11 所示。

表 2.11　产业集群人力资本水平——集群层面

产业集群编号	人力资本存量 U	人力资本效率 V	人力资本投资 W
1	0.270 747	−0.095 210	0.133 052
2	0.365 043	0.193 688	0.094 319
3	0.112 581	−0.000 750	−0.069 740
4	−0.129 950	0.006 407	−0.026 740
5	−0.211 460	−0.061 820	−0.080 740
6	−0.593 330	−0.129 380	−0.076 340

（二）典型相关分析及讨论

典型相关分析是利用综合变量对之间的相关关系来反映两组指标之间的整体

相关性的多元统计分析方法。其基本原理是：为了从总体上把握两组指标之间的相关关系，分别在两组变量中提取有代表性的两个综合变量（分别为两个变量组中各变量的线性组合），利用这两个综合变量之间的相关关系来反映两组指标之间的整体相关性。其中，所提取的有代表性的综合变量就是典型变量。

在上述层次分析的基础上，本研究进一步选取一级指标创新环境、创新投入、创新活动、创新绩效来反映产业集群升级（创新能力），用一级指标人力资本存量、人力资本效率、人力资本投资来反映产业集群人力资本水平。其中，反映产业集群升级（创新能力）的 4 个变量（A、B、C、D）作为第一组变量，反映产业集群人力资本水平的 3 个变量（U、V、W）作为第二组变量。运用 SPSS17.0 统计软件，对两组数据进行典型相关分析，得到的数据分析结果如下。

（1）产业集群升级（创新能力）内部的相关系数矩阵（表 2.12）。

表 2.12　产业集群升级内部相关系数矩阵

	环境	投入	活动	绩效
环境	1.0000	−0.1765	−0.1718	−0.2196
投入	−0.1765	1.0000	0.2142	0.7491
活动	−0.1718	0.2142	1.0000	0.0787
绩效	−0.2196	0.7491	0.0787	1.0000

（2）产业集群人力资本水平的相关系数矩阵（表 2.13）。

表 2.13　人力资本水平相关系数矩阵

	存量	效率	投资
存量	1.0000	0.6450	0.7648
效率	0.6450	1.0000	0.3691
投资	0.7648	0.3691	1.0000

（3）产业集群升级（创新能力）与产业集群人力资本水平之间的相关系数矩阵（表 2.14）。

表 2.14　产业集群升级和人力资本水平之间的相关系数矩阵

	存量	效率	投资
环境	−0.0882	0.2190	−0.6104
投入	0.8378	0.7956	0.6233
活动	0.6367	0.1517	0.7718
绩效	0.4361	0.8325	0.5011

由此可以看出，创新环境与人力资本投资之间存在着较高的负相关性，创新投入与人力资本存量、效率、投资之间都存在着较高的正相关性，创新活动与人力资本存量、投资之间存在着较高的正相关性，创新绩效与人力资本效率、投资之间也存在着较高的正相关性。这表明，集群升级（创新能力）的各个方面与人力资本水平的各个方面普遍存在着较高的相关性（或正或负）。

（4）典型相关系数（表2.15）。

表2.15 典型相关系数

典型变量序号	相关系数
1	1.000
2	1.000
3	0.970

从表2.15可以看出，三个典型相关系数都很高，其中前两个相关系数达到了1，第三个达到了0.97，这说明典型变量之间关系非常密切，但还是需要进行典型相关系数的卡方统计量检验来确定典型变量相关性的显著程度。

（5）典型相关系数的显著性检验（表2.16）。

表2.16 典型相关系数的显著性检验

典型变量序号	Wilks'	Chi-SQ	df	p
1	0.000	0.000	12.000	0.000
2	0.000	37.479	6.000	0.000
3	0.059	2.822	2.000	0.244

表2.16中，第三列为卡方统计量，可以看出，在0.05的显著性水平下，第一对和第二对典型相关都达到了完全显著水平，说明产业集群升级（创新能力）与产业集群人力资本水平之间确实存在典型相关关系。

（6）两组典型变量的标准化系数（表2.17、表2.18）。

表2.17 第一组典型变量的标准化系数

指标	1	2	3
环境	−0.534	0.302	−0.585
投入	−0.944	−0.866	−0.357
活动	0.237	−0.595	0.029
绩效	1.141	0.659	−0.652

表 2.18　第二组典型变量的标准化系数

指标	1	2	3
存量	−1.693	−0.968	−0.042
效率	0.637	0.581	−1.042
投资	1.552	−0.327	0.242

根据标准化系数表 2.17 和表 2.18，可以得到：

代表产业集群升级（创新能力）和产业集群人力资本水平的第一典型变量 $X1$ 和 $Y1$ 分别为

$$X1=-0.534A-0.944B+0.237C+1.141D \quad (2.8)$$

$$Y1=-1.693U+0.637V+1.552W \quad (2.9)$$

代表产业集群升级（创新能力）和产业集群人力资本水平的第二典型变量 $X2$ 和 $Y2$ 分别为

$$X2=0.302A-0.866B-0.595C+0.659D \quad (2.10)$$

$$Y2=-0.968U+0.581V-0.327W \quad (2.11)$$

（7）冗余分析（表 2.19）。

表 2.19　冗余分析

产业集群升级（创新能力）被自身的典型变量解释的方差比例		产业集群升级（创新能力）被集群人力资本水平的典型变量解释的方差比例	
变量序号	Prop Var	变量序号	Prop Var
CV1-1	20.2	CV2-1	20.2
CV1-2	27.4	CV2-2	27.4
CV1-3	32.7	CV2-3	30.8

产业集群人力资本水平被自身的典型变量解释的方差比例		产业集群人力资本水平被产业集群升级（创新能力）的典型变量解释的方差比例	
变量序号	Prop Var	变量序号	Prop Var
CV2-1	8.8	CV1-1	8.8
CV2-2	48.9	CV1-2	48.9
CV2-3	42.3	CV1-3	39.8

表 2.19 中的冗余指数分别表示产业集群升级（创新能力）被自身的典型变量

解释的方差比例、产业集群升级（创新能力）被集群人力资本水平的典型变量解释的方差比例、产业集群人力资本水平被自身的典型变量解释的方差比例、产业集群人力资本水平被产业集群升级（创新能力）的典型变量解释的方差比例。

从表 2.19 中可以看出，首先，在被自身典型变量解释方面，产业集群升级（创新能力）被自身的前两个典型变量解释了 47.6%，被自身的前 3 个典型变量解释了 80.3%；产业集群人力资本水平被自身的前两个典型变量解释了 57.7%，但被自身的前 3 个典型变量解释了 100%。其次，在被对方典型变量解释方面，产业集群升级（创新能力）被集群人力资本水平的典型变量解释了 78.4%，产业集群人力资本水平被产业集群升级（创新能力）的典型变量解释了 97.5%。

五 结果与讨论

通过上述调研资料的实证分析，得到的结果如下。

（1）产业集群升级的各级指标权重。从一级指标的对比来看，在反映产业集群升级（创新能力）的 4 个指标中，创新绩效所占的比重最高，达到了 42.03%，远远高于其他指标。与生产集群相比，创新集群的优势最直接的体现是创新绩效或产出，这不仅包括经济方面的绩效，也体现在知识及新产品等方面的产出。创新投入的比重达到 26.85%，排在第二。创新集群有高强度的研发经费投入，群内的各个主体要素更为齐全，作为知识主要溢出源的高等院校和研发机构也比较多，这些机构内部和企业内部都充斥着大量的专业（管理、技术）人才和研发人员。

创新活动的比重也比较大，为 18.99%。如果说生产集群的主要活动是基于流程或价值链的上下游企业间的互动，那么在创新集群中，基于创新或知识溢出的各行为主体之间的互动交流更为频繁和密切，知识在集群中可以说是无处不在。最后是创新环境，生产集群中企业之所以进行创新，很大程度上是出于与竞争对手争夺市场的考虑，是为了生存，是被动创新。创新集群中的企业创新动力更强，这既有来自市场竞争环境的压力，但更主要的是源于企业家自身的创新意识，甚至是企业员工的创新意识，是自我的主动积极创新。同时，集群的区域设施建设、金融服务体系是否完善能很好地反映集群的发展程度。

（2）集群人力资本水平的各级指标权重。集群人力资本存量对人力资本水平的影响最大，达到了 62.51%，其中企业家人力资本和研发人员人力资本所占比重（都是相对于总目标）最大，达到了 52.25%。这说明人力资本存量是人力资本水平的基础，集群内部高素质、高层次人才的增多可以显著地提高整个集群的人力资本水平。其次是人力资本效率，占 23.85%。

集群和企业内部环境、组织结构、集群和企业文化、惯例等因素都会影响到人力资本效应的发挥，集群和企业不能仅仅靠招揽大量高素质人才来提高人力资本水平，更需要创造良好的环境来激励人才，做到人力资本的有效利用。最后，人力资本是一个累积过程，累积得越多，发挥的能力也就越大，这需要企业对员工的不断投资，如必需的薪水支出、适当的培训投入，以及相应的健康和福利投入。三个方面相互影响、相互作用，共同决定了整个人力资本水平的高低。没有人力资本存量，其他两个便无从谈起；没有人力资本效率，人力资本就不能最大化其能力发挥；没有继续培训，人力资本水平容易停滞在某一水平，影响企业和集群发展。

（3）产业集群升级与集群人力资本水平之间确实存在着密切的相关性。首先，反映集群升级的4个方面与反映人力资本水平的3个方面普遍存在着较高的相关性（或正或负）。其次，三个典型相关系数都很高，说明产业集群升级与产业集群人力资本水平之间确实存在典型相关关系。最后，产业集群升级的各变量既能比较好地被自身的典型变量所解释，也能被集群人力资本水平的典型变量很好地解释。

（4）从集群升级与人力资本水平之间的相关系数看，创新绩效与人力资本效率的相关系数较大，达到了 0.8325。因此，促进产业集群升级不能仅仅依赖于提高集群人力资本存量，还要创造良好的环境和机制，来促进群内人力资本效应的最大化发挥，促进群内人力资本之间形成频繁有效的互动，最大化知识溢出效应和学习创新效应，提高人力资本效率。同时，也要保持对人力资本的投资，推动整体人力资本水平的稳步提升。

第四节 结论与启示

本章通过理论分析和实证检验，得到以下几点结论。

（1）产业集群升级是集群可持续发展的关键，集群升级归根结底离不开集群创新和形成集群创新系统，而这又取决于集群内部的人才数量和质量，即集群人力资本水平。

（2）人力资本在产业集群中发挥着集聚效应、共生互动效应、知识溢出效应和学习创新效应等各种效应，从而促进了产业集群创新和集群技术水平的不断提高。

（3）产业集群升级或创新能力的提升与集群人力资本水平之间存在着密切的相关性，集群创新能力的提升既可由反映集群升级能力的各个变量来解释，又可由反映集群人力资本水平的变量来解释，人力资本在促进产业集群创新或集群升级中发挥着重要作用。

根据上述结论，可以得出以下政策启示：为了促进产业集群升级，增强集群创新能力，产业集群地的政府、企业及相关机构应该采取各种相应的政策和措施，努力提高产业集群中各类人才的数量和质量，提高整个产业集群的人力资本水平；

同时，还应制定各种相应的制度和机制，最大限度地发挥人力资本在产业集群升级或集群创新中的各种效应。

参考文献

蔡昉, 都阳. 2000. 中国地区经济增长的趋同与差异. 经济研究, (10): 30-37.
陈双双, 丁轩. 2008. 龙头企业知识溢出及集群竞争力的提升效应. 企业技术开发, (9): 55-57.
崔建华. 2002. 企业家人力资本收益权的特殊性及其本质原因研究. 经济学研究, (9): 21-28.
冯子标. 2000. 人力资本运营论. 北京: 经济科学出版社.
胡蓓. 2009. 产业集群的人才集聚效应——理论与实证研究. 北京: 科学出版社.
焦斌龙, 王路军. 2000. 企业家人力资本: 一个经济学分析框架. 山西财经大学学报, (5): 27-31.
赖明勇, 等. 2002. 我国外商直接投资吸收能力研究. 南开经济研究, (3): 45-50.
刘峰, 林涛, 龚卢芳. 2007. 产业集群创新能力的模糊综合评判研究. 江西科学, 25(3): 334-337.
刘锦雯. 2005. 人力资本流动的"马太效应"及政府的应对策略. 山西大学学报: 哲学社会科学版, (5): 69-74.
陆根尧. 2004. 经济增长中的人力资本效应. 北京: 中国计划出版社.
陆根尧. 2008. 人力资本对产业集群竞争力影响的研究. 北京: 经济科学出版社.
陆根尧, 等. 2011. 产业集群自主创新: 能力、模式与对策. 北京: 经济科学出版社.
马靖忠, 关军. 2010. 钢铁产业集群创新能力评价体系探析. 企业经济, (4): 114-116.
马中东. 2009. 产业集群升级研究的最新进展综述. 聊城大学学报: 社会科学版, (6): 89-97.
梅丽霞. 2010. 全球化、集群转型与创新型企业: 以自行车产业为例. 北京: 科学出版社.
牛冲槐, 接民, 张敏, 等. 2006. 人才集聚效应及其评判. 中国软科学, (4): 118-123.
钱平凡. 2003. 基于产业集群和全球价值链的我国淡水珍珠产业发展方略. 调查研究报告, 210:1-23.
钱雪亚. 2011. 人力资本水平: 方法与实证. 北京: 商务印书馆.
桑俊, 易善策. 2008. 我国传统产业集群升级的创新实现机制. 科技进步与对策, (6): 74-78.
邵学清, 王春阳. 2007. 创新集群: 国家高新区未来发展的必然选择. 中国高新区, (10): 82-85.
滕堂伟, 曾刚. 2007. 从集群制造到集群创新的典型案例分析——以张江高科技园区为例. 中大研究管理, (4): 126-141.
王缉慈, 等. 2010. 超越集群: 中国产业集群的理论探索. 北京: 科学出版社.
王金营. 2001. 人力资本与经济增长理论与实证. 北京: 中国财政经济出版社.
王金营. 2005. 西部地区人力资本在经济增长中的作用核算. 中国人口科学, (3): 63-68.
王静华. 2011. 产业集群创新能力评价指标体系的建设. 统计与决策, (19): 186-188.
王岚. 2009. 企业创新能力的模糊综合评价. 统计与决策, (2): 182-184.
魏江. 2003. 产业集群创新系统与技术学习. 北京: 科学出版社.
文嫮, 曾刚. 2004. 嵌入全球价值链的地方产业集群发展——地方建筑陶瓷产业集群研究. 中国工业经济, 6: 36-42.
吴开军, 吴价宝. 2007. 中小企业的集群创新能力评价研究. 软科学, 21(6): 116-141.
徐道宣. 2007. 中小企业集群创新城能力综合评价模型. 科技进步与决策, 24(10): 158-161.
许庆瑞, 毛凯军. 2003. 论企业集群中的龙头企业网络和创新. 研究与发展管理, 15(4): 53-58.

杨菊萍. 2008. 浙江传统制造业集群中龙头企业的行为类型研究. 软科学, 22(3): 128-135.
尹猛基. 2012. 产业集群创新能力评价体系研究. 中国经贸导刊, (1): 4-6.
于明超, 刘志彪, 江静. 2006. 外来资本主导代工生产模式下当地企业升级困境与突破——以中国台湾笔记本电脑内地封闭式生产网络为例. 中国工业经济, 11: 108-116.
张辉. 2006. 全球价值链下地方产业集群转型和升级. 北京: 经济科学出版社.
朱舟. 1999. 人力资本投资的成本收益分析. 上海: 上海财经大学出版社.
Capello R. 1998. Spatial transfer of knowledge in high technology milieu: Learning versus collective learning process. Regional Studies, 33: 353-365.
Dalum B. 1993. North Jutland: A "technology district" in radio-communications technology? Fast Dossier: Continental Europe, Science, Technology and Community Cohesion, (25/26): 163-209.
Gereffi G. 1994. The organization of buyer-driven global chains: How U. S. retailers shape overseas production networks//Gereffi G, korzeniewicz M. Commodity Chains and Global Capitalism. Westport: Praeger: 95-122.
Gibbon. 2003. Value-chain governance, public regulation and entry barriers in the global fresh fruit and vegetable chain into the EU. Development Policy Review, 21(5/6): 615-625.
Gordon I, McCann P. 2000. Industrial clusters: Complexes, agglomeration and/or social networks? Urban Studies, 37(3): 513-532.
Humphrey J, Schmitz H. 2000. Governance and upgrading: Linking industrial cluster and global value chain research. IDS working paper 120, Brighton: IDS.
Kaplinsky R, Morris M. 2001. A Handbook for Value Chain Research. Prepared for IDRC: 25-40.
Krugman P. 1991. Trade and Geography. Cambridge: The MIT Press.
Porter M. 1998. Clusters and the new economics of competition. Harvard Business Review, 76(6): 77-90.
Swann G M P, PrevezerM, Stout D K. 1998. The Dynamics of Industrial Clustering: International Comparisons in Computing and Biotechnology. Oxford: Oxford University Press.
Tichy G. 1998. Clusters: Less dispensable and more risky than ever//Steiner M. Clusters and Regional Specia Lisation. London: Pion Limited.
van Dijk M P. 1999. Small enterprise clusters in transition, a proposed typology and possible policies per type of cluster. Working paper.

第三章 人力资本促进产业集群升级的途径

前述分析表明，人力资本在产业集群升级中发挥着集聚效应、共生互动效应、知识溢出效应和学习创新效应。基于人力资本在产业集群升级中发挥的上述各种效应，本章分析人力资本通过什么样的途径促进产业集群升级。

笔者经过研究分析认为，人力资本可以通过三条途径促进产业集群升级（从生产集群升级为创新集群）：一是在微观层面，人力资本可以通过促进集群主导企业升级为创新型企业，并通过创新型企业的知识溢出和扩散效应，从而促进生产集群向创新集群升级；二是在中观层面，人力资本有利于集群创新系统（网络）构建，从而促进"生产集群"向"创新集群"升级；三是在宏观层面，发挥人力资本效应需要构建集群的创新环境，创新环境的构建有利于人力资本更好地发挥上述各种效应，由此可以促进"生产集群"向"创新集群"升级。人力资本在这三个层面发挥的作用是相辅相成的，互为条件，互促共进，从而促进"生产集群"升级为"创新集群"。上述关系如图3.1所示。

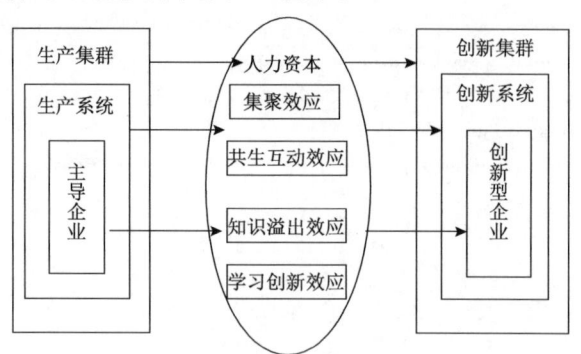

图3.1 人力资本促进产业集群升级的途径

第一节 微观途径：人力资本促进集群主导企业升级为创新型企业

主导企业作为产业集群的核心，其特征和作用已被国内外学者进行过广泛研究（Lorenzoni and Baden fuller，1995；Boari and Lipparini，1999；Nijdam and de Langen，2003；许庆瑞和毛凯军，2003；杨菊萍，2008；朱嘉红和邬爱其，2004；刘友金和罗发友，2005；李瑞丽，2005）。综合学者们的观点，本研究认为，基于规模、资金、人力资源、技术设备和管理制度上的优势，主导（领先）企业常常处于集群技术能力水平的高位势，其在集群中的作用主要体现在两个方面：一是充当集群技术（或知识）守门人[①]的角色，参与全球竞争，获取群外先进技术和管理制度；二是处于技术高位势，主导企业可以将知识分享给其他低位势的企业，在群内产生技术溢出效应。

可以说，主导企业引领着集群整体的技术发展，生产集群能否顺利升级为创新集群，很大程度上取决于主导企业能否发展为创新型企业，而人力资本在此过程中发挥着以下重要作用。

（1）人力资本可以促进主导企业由封闭式创新转变为开放式创新。目前，生产集群中的许多主导企业都是依靠自身的能力和资源进行创新，由于存在竞争和模仿的顾虑，企业之间横向交流不多，属于"封闭式创新"模式。然而，这种创新模式的效率不高，容易造成企业故步自封。人力资本的集聚效应、共生互动效应，有利于打破这种封闭式创新模式，通过人力资本之间的频繁互动，企业更容易获得外部的技术特许、技术支持或风险投资等资源，统筹企业内外部资源实现"开放式创新"。同时，由于地理邻近性和社会邻近性，人力资本之间的互动合作更为方便直接，这些都可以使企业拥有更多的创新资源，吸收和掌握最新技术，降低技术市场交易成本和内部研发成本。

（2）人力资本可以提高主导企业的技术创新能力。一般来说，企业通过技术创新可以实现设备、工艺、技术的升级和换代，进而不断降低成本，提高产品质量和附加值，推动产品的升级和发展模式的改变。受产业竞争压力和技术创新利益的驱动，许多主导企业趋向于将生产、加工等次要环节脱离本企业，外包给群内其他中小企业，自身专注于研发、创新及营销等附加值更高的环节，从兼顾生产和研发的综合企业转型为专注于创新的企业。而作为企业核心技术的载体，技术和研发人员是企业技术创新的根本力量。首先，企业的技术水平和研发能力主要体现在知识存量和知识创造两个方面，而企业的技术和研发人员既是知识的主要载体，也是新知识的创造者；其次，一方面知识可以以出版物等方式进行传播，另一方面许多隐形知识必须通过人与人之间的交流才能得到有效传播，对于一些技术含量高的专业知识，传播者和接收者的知识存量越大，面对面交流的机会越多，越有利于进行传播和扩散。因此，主导企业拥有的技术和研发人员越多，整

[①] 扮演技术守门人角色的企业在集群的知识网络中处于中心位置，向本地企业转移知识，并且与集群外部知识源之间有较强的联系。

体的知识存量也就越多，汲取群外先进知识和溢出自身知识也就越容易。

（3）人力资本可以促进主导企业制度创新和管理创新。对于企业家人力资本在制度创新和管理创新中的作用，国内外学者均有大量研究，在此不再赘述。在经济转型的关键时期，新生代企业家对以家族企业为主的生产集群具有重要作用。与老一代企业家相比，新生代企业家接受了更为正规的教育，获得了更高的学历，出国留学的经历让他们接触并学习西方先进的管理思想或核心技术，因此，他们更倾向于利用现代公司制来管理企业，摆脱传统家族制的束缚。同时，作为年轻的一代，他们视野宽广，思维活跃，创新意识更强，更加注重公司品牌。很多新生代的企业家不会全盘接受原企业的发展模式和经营范围，而是更加注重客户对产品的需求和市场发展趋势，以此来调整企业的原有生产经营方式，推动企业向价值链两端转移或进入一些新的领域，并采用更为科学化的管理方式，追求品牌效应，力图产生新的竞争优势，成为行业的领先者。

作为企业管理创新主体的高级管理人员人力资本，在企业组织结构和企业文化建设方面同样扮演着重要角色，他们是企业制度的设计者和实施者。首先，高级管理人员可以凭借专业技能，通过搜集、分析等，及时获取企业发展所需的各种要素，尤其是稀缺型人力资本，从而保证企业的顺利发展；其次，高级管理人员可以通过建立公平、公正的企业考核和激励制度，营造企业的创新文化，不仅使企业内部各类型的人力资本得到有效配置，也能最大化地调动人的积极性；最后，高级管理人员能够掌握最新管理技术，利用先进的企业管理信息系统，推动企业科学化、规范化、信息化管理，提高管理效率。

总之，人力资本推动主导企业升级为创新型企业，上述三个方面是相互联系、相互促进的，其中，技术创新是基础和关键，制度创新、管理创新是条件和保障。

第二节　中观途径：人力资本促进集群创新系统（网络）构建

通过生产集群和创新集群内涵的分析可以发现，生产集群要升级为创新集群，关键是要着力构建成熟、完善的集群创新系统（网络）。而构建成熟、完善的集群创新系统（网络）的核心是：一是要不断完善集群内的主体要素，尤其是集群知识主体要素，即要构建群内知识机构，充分发挥知识机构、服务机构等组织的作用；二是要加强群内行为主体之间的互动联系，主要是积极构建产业主体（生产商及生产服务商）与知识行为主体（科研机构、实验中心、高等院校等）之间产学研的合作关系，以及产业主体与中介服务机构（行业协会和商会、会计师事务所和律师事务所、公证机构等）之间的合作与联系，加速和加大知识、信息在集群内部的流动。人力资本在促进形成上述集群创新系统（网络）的核心中发挥着至关重要的作用。

1. 人力资本有利于构建集群的知识主体要素，丰富集群知识存量

首先，集群人力资本能提升集群创新能力，是创新的重要支撑要素。大量专业人才、技术人员、专家、教授、学生等是科研机构和高等院校的主要成员，运用机构内的设备、仪器及出版物等，构成了创新集群的知识主体。基于这个因素，发达国家的许多高技术产业大公司都在科研机构、高等院校及公共研发机构密集的地区设立了相关部门或本身就选位于这些地区。另外，在这些知识机构密集的地区，通过产学研之间的频繁互动和交流，更易产生知识溢出效应。

其次，由于集群发展的优势和不断创造的物质财富和精神文明，所提供的优越的、服务型的发展环境能将具有直接联系或间接联系的各种人力资源吸引过来，由此又可以进一步产生人力资本的集聚效应，因为高素质的专业人才不仅自身积累了大量的知识，其地域集聚性产生的创新氛围和有利于人才发挥作用的良好环境，会吸引更多的相关人力资本涌入集群，这能在很大程度上丰富集群知识存量。

最后，基于共生互动效应，高素质人力资本也更有动力在集群内部建立的另一类知识主体——公共实验中心、技术和产品检测机构、行业协会、会计师事务所和律师事务所、公证机构等中发挥作用，更愿意在集群内部定期举行技术和产品交流会，通过这些途径不仅能提高自身能力，也能解决一些共性技术上和管理上的难题，很好地弥补高等院校、科研机构不足所带来的影响。

2. 人力资本可以推动集群企业的学习，加速知识流动和再创造

集群企业学习的本质就是知识在各行为主体之间的流动、转移、共享和使用。通过知识的流动，各行为主体可以有效地汲取知识资源，提高知识的使用效率，并结合其他生产要素进行重新组合，从而推动集群创新。知识在集群中流动的规模和效率直接决定了集群创新能力。而这取决于集群企业的学习能力、知识吸收能力和利用能力，亦即取决于集群企业人力资本存量。

首先，专业人力资本是集群行为主体之间知识流动的必要条件。一般来说，群内知识流动的动力主要有两种：一是知识资源的非均衡性；二是专业化分工（王孝斌和王学军，2011）。这两个动力都会在群内产生"知识差势"，即不同知识主体在知识存量的规模、结构上有所差别，一部分知识主体处于高处，一部分知识主体处于低处。然而，"知识差势"并不能保证知识的必然流动。如果两个行为主体之间的"知识差势"太大，就会出现知识鸿沟，处于低处的行为主体没有能力接收传播的知识。因此，要实现知识在知识主体和产业主体之间的顺畅流动，产业主体必须不断提高自身的知识吸收能力，这就需要大量的、高

素质的专业人力资本。

其次，大量专业人力资本的集聚可以扩大知识流动规模。一方面，伴随着集群人力资本的集聚，群内知识总量会因人力资本数量的增加而得到更新和增多；另一方面，高素质专业人力资本自身的知识存量比一般专业人力资本多，能操纵更为先进的机器、设备等，这些人力资本的集聚不仅会带来知识总量的增加，也会使知识的质量和层次更高。

最后，在共生互动效应的作用下，专业人力资本之间的交流会更频繁，形式会更多样。人力资本之间的频繁互动，不仅会巩固企业之间的纵向联系，也会在企业与知识机构之间、企业与中介组织之间、企业与竞争企业之间建立密切的联系，即通过专业人力资本之间的互动交流来推动集群企业之间的互动。

如同 Hakansson（1987）所言，网络关系的形成是指资源（知识是最重要的战略资源）在参与活动的行为主体之间建立的联系。人力资本的互动，可以使群内行为主体之间的关系，由简单的生产链和价值链交织为更为紧密、更为牢固的价值网络和创新网络。

第三节 宏观途径：人力资本有利于集群创新环境的形成

生产集群要升级为创新集群，不仅要发挥创新网络中核心要素（知识主体和集群企业）和支撑要素的作用，也要逐步建立良好的集群创新环境和人才成长环境，提高对人力资本的吸引力及激发集群内人力资本效应的发挥。

（1）完善和改进集群基础设施建设。基础设施建设的完善程度影响着集群对优秀企业和专业人力资本的吸引。基础设施不仅包括集群发展的基础设施，也包括集群内劳动力生活、工作、学习的基础设施，既要从整体上考虑集群企业发展的需求，也要了解基层员工和高素质人力资本的生活需求。比如，位置优越、交通便利和信息灵通，可以为集群企业发展提供良好的基础条件，加速生产要素的流动。加强自然环境保护，加强文化、生活、娱乐、健康等基础设施建设，建立良好的医疗、教育、社会保险等保障体系，创造更加生态化的和谐生活环境，将人居环境、城市文明、现代文明和地域文化融为一体，可以满足人们日益增长的物质和精神生活需要，从而增强对人力资本的吸引力。

（2）完善政策环境。政府通过产业政策积极扶持集群主导优势产业发展，既可以优化产业结构，规范企业行为，防止群内企业间的盲目竞争和重复建设现象，又可以加速集群主导优势产业的专业化人力资本集聚和人力资本效应的发挥。政府的科技扶持政策，如对新产品、新技术给予税收减免，设立技术创新基金，以及贷款优先、贴息贷款等，激励企业加大研发力度和自主创新，可以促进集群企业更加重视对人力资本的引进、培养和使用。政府促进中小企业孵化的政策，能够加速当地新企业的产生，尤其是知识密集型企业的产生，从而促进集群规模的壮大和人才的流入与知识的流动。

（3）培养群内信任、诚实、合作的文化环境。文化环境在很大程度上是历史的沉淀和传统的产物，其演变是一个漫长的过程。它是产业集群最根本的环境，对产业集群的影响是潜在的和持久的。那些能够形成产业集群的地区，都具有良好的文化环境，如讲信任、诚实，以及具有良好的开放精神、合作精神、团队精神等。信任和诚实是群内行为主体之间互动、合作的基础和条件，这种氛围有利于企业之间的技术、信息交流，尤其是在关键技术的合作和交流方面，通过不同类型人力资本之间和同类型人力资本之间的高度信任和诚实，使集群内行为主体之间的交流更为顺畅，合作更为坦诚，形式更加多样。开放精神、合作精神、团队精神是产业集群人文环境建设的中心内容之一，因为集群内的企业产品往往是通过不同企业、不同部门、不同专业技能的人力资本在共享知识和信息的基础上通力协作的产物，人力资本在促进企业部门之间的互相合作、企业与企业外的公司之间的合作、企业与研究机构和高等院校之间的合作中均发挥着"黏合剂"的作用。

（4）构建创新环境和人才成长环境。

首先，健全知识产权保护机制，激励企业不断创新。集群内，知识和创新具有很大的"外部性"，创新型企业的创新成果很容易被群内其他企业所吸收和模仿，一方面导致群内不良竞争行为的出现，另一方面也会使创新型企业的创新收益大打折扣，进而会削弱创新型企业创新的积极性。因此，政府和行业协会等组织要在集群内部积极构建由知识产权制度、技术许可制度、专利制度、商标制度等共同组成的良好法律政策环境，完善技术转移机制，在保护创新型企业创新成果不被他人随便占用的同时，也能保证这些企业继续创新，激发其创新的积极性，在集群内营造公平、公正的竞争合作氛围。

其次，完善集群人才政策，营造健康人才环境。专业人力资本和高素质人力资本是集群发展的中间力量，是生产集群升级的动力来源。虽然市场机制在人才配置方面发挥着基础作用，但是通过制度来吸引人才，优化人力资本配置，也非常重要，如改善户籍管理制度、人才引进奖励制度、人才创业优惠政策等。一方面，要建立开放、统一的全国性人力资本市场，保证人力资本合理畅通流动，方便集群和企业及时获得所需专业人力资本；另一方面，要建立公平、公正、有效的人才激励制度，确保人才之间、团队之间、企业之间开展良性的竞争和协作。同时，在企业和集群内部不断调整组织结构，建立人才成长和发展机制，定期对人才进行培训，以此来不断优化人力资本配置。

最后，积极构建集群人力资本共生系统。一方面，寻求人力资本引进方式的创新，保证企业能及时获得所需的专业人力资本，尤其是一些稀缺性人力资本的引进。同时，加大对专业人力资本的再教育和培训，建立科学的、公正的技能考核制度，从而保证集群内部人力资本在量上和质上都能满足集群升级的需要。另一方面，运用现代人力资源管理方法，合理配置群内人力资源，使一般员工、专业人员（管理、技术）、研发人员与企业家都各司其职，相互合作，相互协调，发挥群体人力资本"1+1>2"的效应。

参考文献

李瑞丽. 2005. 核心企业在产业集群演化过程中的作用分析. 科技与管理, (4): 106-109.
刘友金, 罗发友. 2005. 基于焦点企业成长的集群演进机理研究——以长沙工程机械集群为例. 管理世界, (10): 159-161.
王孝斌, 王学军. 2011. 创新集群的演化机理. 北京: 科学出版社.
吴先华, 郭际, 胡汉辉, 等. 2010. 知识吸收能力影响内生型产业集群创新的实证——以苏州市乌鹊桥电脑产业集群为例. 科学学研究, (6): 941-951.
许庆瑞, 毛凯军. 2003. 论企业集群中的龙头企业网络和创新. 研究与发展管理, 15(4): 53-58.
杨菊萍. 2008. 浙江传统制造业集群中龙头企业的行为类型研究. 软科学, 22(3): 128-135.
朱嘉红, 邬爱其. 2004. 基于焦点企业成长的集群演进机理与模仿失败. 外国经济与管理, 26(2): 33-37.
Boari C, Lipparini A. 1999. Networks within industrial districts: Organizing knowledges creation and transfer by means of moderate hierarchies. Journal of Managment and Governace, 3(4): 339-360.
Hakansson H. 1987. Industrial Technological Development: A Network Approach. London: CroomHelm.
Lorenzoni G, Badenfuller C. 1995. Creating a strategic center to management a web of partners. California Management Review, 37(3): 146-163.
Nijdam M H, de Langen P W. 2003. Leader firms in the Dutch maritime cluster. Paper presented at the ERSA 2003 Congress, Erasmus University Rotterdam.

第四章 企业家人力资本对集群企业创新绩效的影响

前述已经分析了产业集群升级中人力资本的效应及其发挥作用的途径。但是，不同的人力资本促进产业集群升级的作用并不相同。企业家人力资本在促进产业集群升级中的作用尤为重要。因此，本章分析企业家人力资本对集群企业创新绩效的影响。

第一节 概念界定与研究回顾

一 企业家人力资本

（一）企业家人力资本的含义与特点

国外第一个论述企业家这个概念的是17世纪的经济学家坎提隆，他在其著作 *Essay on the Nature of Commerce in General* 中提到，企业家是洞察到别人所没关注到的商机从而获得利润的人，企业家是对于不确定市场承担风险投入资本获得收益的人力资本。J. B. 萨伊是最早强调企业家重要地位的经济学家，在其著作中明确提出企业家"将经济资源从生产力较低的领域转移到较高的领域，把各个生产要素结合成一个有机体进行生产"。在 Frank Hyneman Knight 看来，企业家最主要的特点就是创造企业利润最大化，他强调企业家就是企业风险的承担者，并为未来承担不确定风险而获得利润。I. M. Kirzer 认为企业家努力的最主要动力来源就是利润，企业家努力的目的是使未来与预期达成一致从而获得利润。熊彼特认为企业家是一类特殊的人力资本，他们是创新的倡导者，是带动其他人力资本进行一系列创新活动的领导者，相似的特征在威廉姆森所著《新组织方法》中的创新者身上也有体现。在 L. Shackle 看来，企业家必须具备创新的想法，企业家的决策一般是针对不确定的未来而制定的，对于未知风险的预测必须拥有创新的想象力，他认为企业家是在"一堆想象的并被认为是可能发生的行动"中进行选择。最早将企业家作为独立生产要素提出并进行研究的是英国经济学家马歇尔，在其作品中描述了企业家对企业及其他因素的影响。他认为，企业家与一般人力资本不同，他们是甘愿冒险追求市场利润的人力资本，在他看来，企业家不仅仅是企业经营者，也可以包括商人等。

我国在相当长的一个时期内，"企业家"这个概念离现实十分遥远，真正研究和关注企业家也是近二十几年的事情。首先提出企业家概念的国内学者是周明和廖东玲（1997），但是关于企业家人力资本的清晰、具体概念却没有在文章中提出，后来在该文的基础上，许多学者提出了自己对于企业家的解释。例如，焦斌龙和王路军（2000）给出的解释为：企业家人力资本是在企业资本的基础上合理分配资源，将企业中的其他人力资本和企业资本有效合理地结合起来，并对企业进行积极反馈的一种人力资本，并表示这是其他人力资本无法比拟的。崔建华（2002）在焦斌龙的基础之上，将企业家人力资本定义为：企业家人力资本是一种特殊的异质性人力资本，这种人力资本的最大功能是促进企业的正常有序运行和协调其他人力资本的相互关系，在此基础上，发挥自身的素质能力去挖掘其他人力资本的素质才能，并给予其他人力资本合理的岗位，以实现企业的持续发展，并且他一再强调，企业家就是企业的核心所在。魏江和陈志辉（2003）认为企业家人力资本并不是静态的，而是伴随着企业和社会的发展不断变化的，而且企业家人力资本由4个方面的因素组成，与先前的关注点不同的是，他们不仅关注企业家的自身素质，同时认为企业家的动态演变受到社会的影响，因此，社会资本也归属到4个方面之中，它强调了企业家的发展不是静态而是动态的，即它会受到社会的各方面影响。

综上所述，国外学者主要从宏观角度强调了企业家不仅是经济利润最大化的创造者，也是企业不确定风险的承担者，而国内的学者则更侧重于微观视角下企业家人力资本自身的综合素质和对其他人力资本的作用。在上述研究的基础上，本项研究将企业家人力资本定义为：以经营企业为自身职业，运用自身的异质性人力资本对企业的生产性和交易性活动进行综合协调并做出判断决策和创新，最大限度地降低交易成本和生产成本，实现企业的长远发展和自身利益最大化有效结合的一类人力资本。

对于企业家人力资本的特点，国内外学者也做过不少研究。美国经济学家熊彼特认为，随着经济的不断发展，企业的发展和重组是必然的，而谁会引导并且去操作这个过程呢？在他看来，就是企业家，而企业家也正是冒险精神和创新精神的结合体，只有这类人力资本才能实现企业的创新发展。熊彼特认为，企业家人力资本与其他人力资本最大的差别就在于创新，只有创新才能引领企业走向新的发展蓝图，没有创新就没有发展。诺斯非常赞同熊彼特的观点，认为企业家人力资本最重要的一点是制度创新。他认为变迁的代理人是对内容于制度框架中的激励做出回应的单个企业家。法国经济学家萨伊认为，企业家人力资本是能够利用有限的资源创造出最大价值的人力资本。英国经济学家马歇尔则认为，企业家人力资本利用自身的素质和能力使本来就不平衡的市场向自己倾斜，消除信息不对称对自己的影响，从而达到盈利的目的。熊彼特认为，企业家人力资本突出的一点是其创造性破坏的特质，依赖于这一点，企业家人力资本可以领导其他人力资本，打破旧的生产方式和理念，推动整个企业乃至社会的不断创新发展。而管理学家彼得·德鲁克认为，企业家是天生拥有冒险精神的一类人力资本，但不是说企业家就是只会冒进而不思考后果的人，企业家善于在不断变化的社会中追求新颖并且控制风险。

国内学者对于企业家人力资本的特点也有自己的看法。丁栋虹（1999）从企业家人力资本异质性和边际报酬递增的角度，将企业家人力资本与其他同质性的人力资本区别开来，认为企业家人力资本是实现边际报酬递增的生产形态的异质性人力资本。朱宇（2008）认为企业家是拥有现代科学技术和经营管理知识及才能的专家，是富有冒险精神和创新精神的体现者，而同时企业家的行为必须接受一定商业文化的引导和制约，它包括一整套适应市场经济发展的价值观念和行为准则，企业家通过经营企业、开辟市场、满足社会需求引导消费潮流、建设精神文明、推动社会进步。陆根尧和李勇军（2009）认为企业家精神主导产业集群制度创新，企业家精神中所包含的创新精神是企业不断进行创新的源泉，没有企业家精神也就不会有产业集群的不断发展和创新。他在分析人力资本增强产业集群管理和技术创新的机理时也写到企业家是企业创新的最重要主体之一。崔建华（2002）对企业家人力资本的特点有自己的看法，他认为，首先，企业家人力资本在资本回报率上的水平远远高于其他人力资本；其次，本身单体企业家人力资本在收入结构中的比重也比其他人力资本个体水平要高。造成这个现象的原因主要是企业家所拥有的"谈判能力"，其对资本利用和收益的渴求也比其他人力资本要强。

可见，作为最高形态的人力资本，企业家人力资本拥有不同于其他人力资本的特点。企业家人力资本的特点有多种，但其主要特点可归纳如下：①异质性。企业家是恢复市场均衡的异质性人力资本，异质性是指企业家人力资本实现边际报酬递增的生产形态特征，这是企业家人力资本的最大特征，也是企业家能力的体现。②稀缺性。企业家人力资本是人力资本中层次较高的，也是较为稀缺的，社会对企业家的需求远远大于其有效供给，这就造成了企业家的稀缺这一特征。③专用性。为获取预期的回报，企业家必须对关系网络进行投资，企业家投资依附于网络成员，不可能再次转移，因此，企业家社会资本具有高度专用性，企业家的能力和社会网络往往只适合该企业或类似企业，离开这个环境会使企业家的能力无法发挥。④交易性。企业家不但要有企业生产方面的知识和技能，而且还必须具有将企业内各种资源所有者通过专业化协作形成团队、产生组织租金"人类合作的扩展秩序"的能力，因此，企业家与社会其他经济主体的交易必不可少，而且这种交易能力直接或间接影响到企业的生存与发展。

（二）企业家人力资本评价方法

目前，关于企业家人力资本评价的方法主要有两种：一是企业家人力资本的收益评价法，包括成本法、企业未来收益、工资报酬折现法、企业未来收益模式等；二是企业家人力资本定性指标定量化评价，如素质能力评价、绩效评价、岗位评价等。但到目前为止，由于研究角度和研究目的的差异，还没有一个公认的客观评价方法。

例如，王华（2005）运用成本法对企业家人力资本进行评价，该方法所设计的指标主要衡量无工作经历的企业家的价值，与现实有一定的差距，具有一定的局限性。付维宁（2003）则着眼于企业家人力资本与企业绩效之间的关系，在他看来，企业家人力资本对企业绩效有一定的影响，并用工资报酬折现法确定企业家的价值，并在此基础上对企业家人力资本的内涵和特征进行评价。焦斌龙（2001）采用委托代理关系模型来确定企业家的努力水平，其与以前的学者的不同之处在于他运用基于投入产出的函数来量化并确定定性目标的高低程度。也有学者对企业家的各方面能力体系进行评判并将定性指标定量化，认为其由素质、资本、业绩和能力四个方面组成。杜兴强和黄良文（2003）运用3种不同的计量方法对企业家人力资本模型进行评价和实证分析，然后分别就这三种方式提出各自的企业家人力资本的评价体系。刘英（2010）将企业家人力资本作为内生变量，即企业家能力、企业家努力水平和企业家社会资本作为3个内生变量，通过影响企业家行为最终影响企业绩效。李晨（2010）搜集、整理出与企业家人力资本价值评价相关的拟选指标，选取调查结果中重要性排名较高又易获得的指标，列入企业家人力资本价值评价指标体系中，这一评价指标体系中的3个一级指标分别是企业家的业绩指标、企业家的能力指标和企业家的基本素质指标。

经分析发现，成本法只适用于没有工作经历的企业家人力资本，其中的工作经历要素要求数据众多且难以估计；工资报酬折现法虽简单易懂，但是将企业家人力资本创造的价值完全等同于工资的说法有悖于现实考虑，另外，其他收益评价体系均存在收益与折现率无法确切估算的缺陷。因此，本项研究从企业家人力资本定性指标定量化评价中选取衡量企业家人力资本的主要因素，同时结合前文总结的企业家人力资本的特点和项目研究实地调研的必要性与可行性，最终借鉴目前相对比较完善的陶子毓和陆根尧（2006）总结的企业家人力资本评价指标体系。

二 集群企业创新绩效

（一）集群企业创新绩效的内涵

学者们对集群企业创新绩效的内涵有着不同的看法。毕克新等（2006）总结了前人关于中小企业技术创新绩效的研究角度，主要包括创新投入产出角度、创新的技术角度、企业 R&D 投入角度、创新行为的过程角度、创新的效益角度及标准定位角度等的研究。笔者将其分为两类。

第一，结果论。一部分学者认为创新绩效就是最直观的企业利润的表现，企业的利润直接反映了企业创新的程度，这类学者强调的是结果，笔者将其称为结果论。例如，Roger（2005）和 Jantunen（2005）认为企业创新绩效是产品创新或工艺创新活动所带来的企业绩效的提高，Dillon 和 Anderson（1977）认为不同的创新活动如文化创新等只有体现在最后的创新结果之中才能体现其创新的有效性。

第二，过程论。另一些学者认为企业的一系列管理和策略执行活动都归属于企业的创新绩效，如企业日常的行政决策、企业文化普及等，他们强调的是过程，笔者将其称为过程论。例如，Nonaka 和 Takeuchi（1995）认为企业日常的经营活动支出和企业文化普及均可归属到企业创新绩效的范畴。

由于过程论对创新绩效的评估存在标准不统一、主观性相对较强的缺陷，所以，本书借鉴德鲁克对创新绩效的定义：集群企业创新绩效是集群内企业通过一系列创新活动取得的绩效结果变化。事实上，尽管企业的创新大多体现在企业的各种日常经营活动之中，但这些活动最终都会表现为企业的利润结果。

（二）集群企业创新绩效的影响因素

与创新绩效概念类似的是，对于集群企业创新绩效的影响因素，学者们也存在着不同的看法，笔者对已有文献进行了整理和总结，认为主要可以分为以下两类。

一是内生型。这类学者认为集群企业创新绩效的影响因素主要来源于内部，集群企业内部因素才是企业进行创新的源泉，如企业的策略、企业内部人力资本、企业规模、集群内环境等。例如，李翠娟等（2013）通过对上海张江 IT 集群企业进行实证分析，运用结构方程模型（SEM）进行检验，得出集群企业学习能力、知识网络特征和网络能力正向影响创新绩效的结果。杨皎平等（2011）通过建立数学模型并实证检验集群竞争环境对集群企业合作、技术创新的影响，结果显示集群企业之间的竞争与集群的创新存在一种倒 U 形的非线性关系，这种关系存在直接和间接效应，其中集群企业的合作关系充当了间接效应的中介变量，当集群企业之间的竞争程度达到一定的水平并且不会出现恶性竞争时，集群的竞争环境对集群企业的合作具有促进作用，进而也会提高集群的创新绩效。

二是外生型。主要代表是哈佛学派，其提出的 SCP 范式（Bain et al., 1958）认为，企业创新绩效主要由市场、集群间其他因素等外部因素所决定，没有外部市场条件就没有企业的创新。王雷（2013）基于上海浦东 ICT 集群的实证研究，以知识溢出、学习创新效应为中介变量,研究跨国公司主导下外部社会资本对集群创新的影响,外部社会资本的 3 个维度均不直接影响集群企业的创新绩效,而是通过知识溢出和学习创新效应间接产生影响。

三 相关研究进展

(一) 国外相关研究

国外对企业家人力资本和企业创新绩效之间的关系具有一定的研究,主要分为三类。

第一类学者讨论了企业家的自身素质、年龄等与企业创新绩效的关系。例如,Bantel 和 Jackson (1989) 通过研究发现企业家的年龄与企业创新绩效呈负相关,而 Cooper 等 (1994) 通过对电信行业的研究发现企业家年龄与企业创新绩效不相关,而企业家的教育背景却对企业创新绩效有显著影响。

第二类学者讨论了企业家能力与企业创新绩效的关系。例如,Chandler 和 Hanks (1994) 将企业家能力细分成管理能力和执行能力,企业家能力能直接给企业带来利润率和市场占有率的提高。Sarason 等 (2006) 认为,企业家独特的能力是企业竞争获得市场的重要支撑,即企业家能力是企业的核心竞争力。

第三类学者讨论了企业家报酬与企业创新绩效的关系。例如,Scott (1991) 等通过实证分析认为企业家报酬与企业创新绩效不相关;Zeng (2010) 通过美国各行业企业的数据分析,认为企业家报酬与企业创新绩效显著相关。

(二) 国内相关研究

国内学者侧重于对企业家人力资本或企业创新绩效单方面的研究,对两者之间的关系研究不多。黄攸立和陈如琳 (2010) 从中国期刊全文数据库中检索文献,对企业创新绩效影响因素的研究现状进行回顾和分析,经过归纳整理,得出影响企业创新绩效的因素可以划分为 4 个方面的因素:环境因素、结构因素、组织因素、个体因素。在所分析的文献中集中对个体因素进行研究的文献很少,因此,笔者认为对个体因素的研究有待加强。

对于上述研究,比较有代表性的是黄群慧、程承坪和刘英的观点。黄群慧 (2000) 将企业家选择机制引入"超产权论"的分析框架,拓展出一个企业家选择机制、激励约束机制与企业效率关系的分析模式。程承坪、魏明侠 (程承坪,2001;程承坪和魏明侠,2002) 把人力资本分为效率性人力资本、动力性人力资本和交易性人力资本,提出基于效率性、动力性和交易性企业家人力资本与企业绩效的分析模型。程承坪认为,企业家行为是企业家能力、企业家能力发挥的机会及企业家努力水平综合作用的结果。而黄群慧认为制度决定行为，行为影响绩效，其作用机制依靠企业家人力资本的努力程度和企业家的能力传递。这些观点和理论框架得到很多其他学者的引用。例如，陈志辉（2005）通过统计分析探索中小企业家人力资本与企业创新绩效之间的关系，通过数据搜集和实证分析，其得到的结果表明企业家人力资本与企业创新绩效间有着一定的联系，总体来说，不同存量的企业家人力资本对企业创新绩效有着不同的影响，相对存量高的企业家人力资本影响更大。企业家人力资本所包含的要素对企业创新绩效都有贡献，但是具体程度有所区别，而且有些要素之间存在相互效应。谢雅萍（2008）在回顾和总结以前学者所得成果的基础上，将企业家人力资本细分为 3 种类型，即教育型人力资本、实践型人力资本和激励型人力资本，然后选择以上市公司为实证样本，通过理论说明构建企业家人力资本与企业创新绩效之间的理论模型，最后通过上市公司的数据样本进行实证分析，得到的结果表明企业家人力资本对企业创新绩效有一定的贡献。

在黄群慧和程承坪的基础上，刘英和赵晶晶（2009）引入了企业家社会资本，拓展了一个企业家能力、企业家努力水平和企业家社会资本共同作用的理论框架，并构建了一个基于企业家能力、企业家努力水平、企业家社会资本和随机因素的企业家人力资本与企业创新绩效的关系模型。该模型是目前理论界比较完备的。

在刘英的模型中，企业家行为是企业家能力、企业家努力水平（程度）和企业家社会资本综合作用的结果。其中，企业家能力由企业家天赋型能力和培养型能力构成，企业家培养型能力是通过学校教育和工作实践获得的。企业家努力水平是企业家激励机制和企业家监督约束机制共同作用的结果，而企业家激励机制由收益激励机制、控制权激励机制、产权激励机制和声誉激励机制组成，企业家监督约束机制由内部直接监督约束机制和外部竞争约束机制构成。企业家社会资本是由企业家社会关系、业缘关系、地缘关系和学缘关系共同形成的。

该理论的逻辑是企业家人力资本通过影响企业家行为最终影响企业绩效，企业家行为是企业家能力、企业家努力水平和企业家社会资本综合作用的结果。天赋型能力为解释企业家人力资本具有异质性和稀缺性的特点提供支持，并强调了实践或培训对提升企业家能力的重要性，学历层次不是企业家能力的标志；培养型能力为企业家指派产生机制提供了可能，为创业者也能成为企业家提供了理论依据；企业家社会资本越强，企业家获取价值信息的机会越大，对企业家行为的影响也就越大。

浙商在国内外都具有一定的影响。改革开放以来，浙江企业家为浙江经济乃至全国经济发展做出了重要贡献。汪岩桥和吴伟强（2009）通过对浙商的深入研究认为，从企业家精神的视角研究浙江企业家的时代特点、成长、发展要求和在经济社会发展中的作用是一个富有成效的视角。德鲁克的经典著作《创新与企业家精神》突出强调了企业家精神在创新中的重要作用。因此，从创新的视角来看，突出企业家精神作为企业家人力资本的要素是至关重要的。

综上所述，国内外学者对企业家人力资本影响企业绩效或企业创新绩效做了一定的探讨，取得了一定的研究成果。学者们一致认同的观点是，企业家人力资本自身各方面的因素会对企业家行为造成影响，进而影响企业绩效或企业创新绩效。黄群慧、程承坪的理论模型将企业家人力资本的因素概括为企业家能力和企业家努力水平（程度），刘英的理论模型则加入了企业家社会资本，丰富了企业家人力资本的构成，为企业家人力资本的研究增添了新的视角，但其指标的选取仍然不够完善，并且仅仅进行了理论分析，没有进行实证检验。德鲁克及汪岩桥和吴伟强均强调企业家精神的重要性，但均没有把企业家精神作为企业家人力资本的构成要素运用模型进行深入分析。上述文献对于在集群环境下企业家人力资本如何影响集群企业创新绩效均未进行探讨。单一企业和产业集群中企业的环境具有很大区别。因此，探讨在集群环境下企业家人力资本如何影响集群企业创新绩效就显得十分必要。

第二节　企业家人力资本对集群企业创新绩效的影响：理论分析

从第一节的概念界定与研究回顾可知，企业家能力、企业家精神和企业家环境会对集群企业创新绩效产生重要影响。企业家人力资本正是由这些要素组成，并通过这些要素影响企业家行为来进一步影响集群企业的创新绩效。因此，下面首先阐述企业家人力资本的这些构成要素对集群企业创新绩效的影响机理，然后在第三节再进行实证检验。

一　企业家能力对集群企业创新绩效的影响

企业家人力资本与其他人力资本区分开来的一项重要因素就是企业家能力。企业家能力是企业家能够针对不断变化的外部环境做出决策并付诸实践的各方面素质的综合体现，如卓越的语言表达能力、杰出的经营管理能力、优秀的社交能力等。优秀的企业家在企业创立初期、企业发展过程中及企业转型时期均有着不可替代的重要作用，其所表现出来的企业家能力能够实现企业的创新发展。

（1）企业家能力的要素构成。当今学术界，对于企业家能力的形成有不同的观点，有自发观、综合观等，其中最突出的论点认为企业家能力的直接体现就是企业的经营情况和市场适合演变状况，有了企业家各种特质的支撑，从企业的层面就可以看出该企业领导者的综合素质（Working，2000；Raff，1983；Tripsas and Gavetti，2000）。坎蒂隆认为企业家精神本身就包括了冒险精神，而与冒险精神对应的是企业家的投机能力；也有学者指出组织协调能力是企业家能力的一个重要方面（Say，1904）。在萨伊的基础上，有学者认为企业家在资本利用率方面的能力远远超过了其他人力资本（马歇尔，1981）；也有学者从其他角度来研究企业家能力的特质，如企业家在企业创业初期和企业发展过程中在风险控制方面有着卓越的远见和决断力，能够在坚持企业正常经营的状况下保证风险的最小化，同时他也强调企业家这一行为是利润的驱动结果（奈特，2011）。熊彼特（1991）认为企业家能力的重要因素是创新，其能打破原有平衡，使市场向有利于企业的方向倾斜；同时，也有学者补充道，企业家能力中的创新因素不仅能打破平衡，而且能让市场信息不对称现象明显减少，从而促使整个市场发展更为健康和公正（Kirzner，1937）。舒尔茨（1973）在这一点上也表示赞同，他在对企业家能力这一概念进行诠释时，认为市场的信息不对称和企业的协调是企业家必须首先处理好的问题。科斯（1994）认为在市场不断发展的社会，企业家首先应该具备的是市场前景的预测能力，对企业的经营管理和人才之间的协调也是不可缺少的。也有学者强调判断决策是企业家能力的最主要特质，这也是企业家人力资本作为领导的特质，其对市场前景的风险预测与快速决策是最有效的（Karson et al.，1982）。

为了科学地把握企业家能力的内涵，笔者统计发现，由于企业家能力包含的因素较多，不同学者均从自己的考虑角度对企业家能力进行解释，学术界难以形成一致的意见。因此，笔者在总结我国学者认同度较高的几种企业家能力的基础上，认为企业家能力由市场洞察、组织管理、社会交往和驾驭风险4个因素组成。

（2）企业家能力对集群企业创新绩效的影响，具体表现为市场洞察、组织管理、社会交往和驾驭风险4个因素对企业家行为产生影响，进而影响集群企业创新绩效。

企业家通过市场洞察对客户全面了解，理解特定市场环境文化，在瞬息万变的市场中去捕捉所需信息，从一些端倪中及时发现消费者需求变化、经销商的异常举动、终端的陈列动向、竞争对手的市场动作等，并及时做出正确判断，把握客户的需求，了解市场的需求点，从而确定产品的创新方向，提高企业创新绩效（Penrose，1959；Wernerfelt，1984；Barney，1991）。

组织管理能让企业家按照既定的目标任务和决策要求，进行统筹安排，组建一套科学合理的组织机构和团队，把各种资源有效地组合起来，协调一致地保证领导决策顺利实施，能够改善或创造更好的组织环境和制度，使企业的各项活动更有效，保证企业的管理创新，提高企业创新绩效（Working，2000）。

社会交往能够让企业家妥善处理组织内外关系，包括与周围环境建立广泛联系和对外界信息的吸收、转化能力，以及正确处理上下左右关系的能力（Park and

Luo, 2001)。企业家的合作能力与协调能力是社会交往能力的综合表现，是企业团队合作的必要能力，也是企业管理创新和提升创新绩效的重要方面。

驾驭风险能够让企业家在企业日常的经营中，通过对风险的认识、衡量和分析，以最小的成本达到最大的安全保障。在市场经济条件下，风险是客观存在的，不可能绝对消除，风险和收益并存，没有风险，也就不可能有收益。企业作为市场的主体，要参与市场竞争，必然要面对风险，选定最佳管理技术和方法，达到预期的目标，提高企业的创新绩效（Chandler and Hanks, 1994）。

因此，企业家拥有良好的能力会创造更好的组织环境和管理制度，妥善处理组织内外关系，并有效控制企业风险，进而满足顾客需求，开辟新市场，最终提高集群企业的创新绩效。

二 企业家精神对集群企业创新绩效的影响

18世纪30年代初，Cantillon Richard首次提出了企业家精神的概念，在他看来，企业家精神是指企业家组织建立和经营管理企业的综合才能的表达方式，它是一种重要而特殊的无形生产要素。企业家最大的特点是可以将资源利用率提高，而决定这一点的正是区别于其他人力资本的企业家精神。德鲁克认为企业家精神中最主要的是创新，两者不可分割。

（1）企业家精神的要素构成。冒险是企业家精神的天性，没有甘冒风险、承担风险的魄力，就不可能成为企业家。1775年法国经济学家康特龙在《商业概览》一书中首先提出了"企业家"这一概念，并把企业家定义为承担某种风险的人，这说明企业家本身的概念就包括了冒险精神。赵延军和王晓鸣（2008）认为由于市场不确定性因素和竞争的作用，企业家在创业和经营的过程中必须具备冒险精神。冒险精神是企业家特有的一种精神素质，是指企业家在决策、用人等企业领导活动中所具有的为达到既定目的敢于承受风险的气魄和胆略。市场竞争充满风险，企业家需要在不确定的经营活动中，对经营决策进行事先预测和论证，这种没有成功把握的决策选择，就是冒险。美国《商业月刊》曾经评选出50位最有影响的企业界巨头，结果发现，他们所具备的基本素质的第一条就是冒险精神。可见，敢于冒险，不怕失败，是现代企业家应具备的基本素质。实际上，不敢冒险才是最大的风险。一个成功的企业家，他经历最多的就是冒险。创新是企业家精神的灵魂。企业家之所以能跟其他人力资本区分开来，是因为具有领导企业的特质，其中最主要的一方面就是创新精神，一个企业最大的隐患，也就是创新精神的消亡。而创新的过程本身就是充满风险的，两者之间无法分割，企业家能做的只能是坚持创新并把风险控制到最低。

为了科学地把握企业家精神的内涵，笔者在统计、总结学者们认同度较高的几种企业家精神的基础上,将企业家精神大致划分为冒险精神和创新精神。

（2）企业家精神对集群企业创新绩效的影响,具体表现为冒险精神和创新精神两个方面对企业家行为产生影响,进而影响集群企业创新绩效。

企业家精神中的冒险特质正是集群企业创新的源头所在,其对新事物的开拓进取渴求是企业家精神的体现,企业家冒险精神作为一种非正式制度对集群成长和企业创新具有持续的影响。而企业家在市场竞争中面临的变数非常多,不管对经营决策进行多么科学详细的预测、论证,风险仍然存在,这也是现代市场经济的特点,也是企业家冒险精神的体现,冒险精神让企业家勇于探索,积极革新,积极引导企业创新发展(吴传清和张庆,2008)。在产业集群的产生阶段,企业家的冒险精神和群体创业意识是集群产生的前提；而在集群发展阶段,企业家通过自身的企业家精神和企业家能力推动企业创新绩效持续提升(郑浩然,2007)。创新是企业家的灵魂,与一般的经营者相比,创新是企业家的主要特征。企业家的创新精神体现为一个成熟的企业家能够发现一般人所无法发现的机会,能够运用一般人所不能运用的资源,能够找到一般人所无法想象的办法。企业家的冒险精神主要表现在企业战略的制定与实施、企业生产能力的扩张和缩小、新技术的开发与运用、新市场的开辟和引领、生产品种的增加和淘汰、产品价格的提高和降低上,这些企业家行为能够提高企业创新绩效。

企业家的创新意识直接影响整个企业的创新行为,企业家精神能够影响企业家行为,是企业创新的原始驱动力(宋晓洪,2000)。美国风险企业的成功率只有百分之十几,失败率则高达80%以上,但是企业领导者只有把风险视为压力并转化为创新精神,才能成长为真正的企业家。当然,企业家的创新精神不等于盲目瞎闯蛮干,要注意可行性研究,充分利用有利因素,克服不利因素,尽量减少风险,既要有决断的魄力,又要把风险控制在最小范围之内(张炳辉,2009)。企业经营要敢于创新,苹果公司在乔布斯掌舵之后快速发展,就是因为它有了超强的创新能力,而消费者也心甘情愿地为他的创新精神不断买单。有报道称,"苹果"是目前全球市值最高的公司,是全球第30大经济体,与澳大利亚、阿根廷、南非等国家的GDP相当。"苹果"没有采取极端的手法和同类产品进行竞争,而是通过创新能力开拓出蓝海。对一个企业和企业家来说,不敢冒险才是最大的风险。企业家创新精神体现在引入一种新的产品、提供一种产品的新质量、实行一种新的管理模式、采用一种新的生产方法、开辟一个新的市场等方面,这些企业家行为均能提高创新绩效。

由此可见,企业家精神中的冒险精神与创新精神对企业家行为有着重要的作用,没有企业家的冒险和创新精神,就没有工艺的革新和产品的改善,企业家精神越强,越可能使企业产生高效率的组织形式、管理方法和先进制度,企业创新绩效也会越高。

三 企业家环境对集群企业创新绩效的影响

企业家虽然是企业的核心所在，企业的经营和发展都是企业家决策的结果，但是企业家的行为又会影响到其他人力资本，企业家的产生及其经营和创新行为，又都依托于一定的环境。

（1）企业家环境的要素构成。除了一般企业所依托的环境因素之外，集群企业最主要的特点还在于依赖于一定的集群环境，其所依托的社会网络会直接影响到整个产业集群的发展（周小虎，2002）。集群内部拥有的不仅仅是快速发展的企业，还有很多集群公共平台，如行业协会、集群公共研发平台等。集群企业与一般企业不同的是，集群的环境可以提供给集群企业一个更快捷、更方便的市场环境，可以使企业拥有更多的市场信息及临近企业产业链的支持，同时政府还会提供政策引导和金融服务（宋东风，2012）。同时，劳动分工的细化会让集群企业不断进行专业化生产，从而衍生出一个集群的产业链。因此，要培养企业家，发挥企业家的创新职能作用，就必须营造适合企业家成长的文化环境和社会网络。当先进的科学技术和管理知识理论应用于企业发展和管理时，就会转化为生产力，就可以为企业的发展做出贡献（宋艳和邵云飞，2009）。我国自改革开放以来，经济迅猛发展，形成特有的文化传统，经济发展方式由原来的计划经济体制转变为市场经济体制，市场对资源的优化配置使企业成为市场的主体。培育优秀企业家，政府也需要营造有利于企业家作用发挥的环境，这有利于推动企业良性发展和稳定市场，也有利于集群发展和经济改善。

为了科学地把握企业家环境的内涵，笔者在统计、总结学者们认同度较高的几种企业家环境因素的基础上，将企业家环境大致划分为传统文化、社会网络和政府态度。

（2）企业家环境对集群企业创新绩效的影响，具体表现在传统文化、社会网络和政府态度三个方面对企业家行为产生影响，进而影响集群企业创新绩效。

在市场经济高度发展的今天，传统文化仍然与企业创新息息相关。企业的良好传统文化传承是企业家环境的重要组成部分，继承、吸收优秀的传统文化是创新的基础，传统文化适宜培育创新的社会氛围（周丽，2011）。例如，浙江老一代企业家身上坚持不懈、勤奋努力的传统文化正是企业创新的动力之一，传统文化能对企业家行为产生影响，用传统文化训练创新思维，积极促进企业创新（张志宏，2009）。传统文化是企业的核心竞争力，是企业创新的重要思想源泉，而企业家对传统文化的传承，早已渗透到了企业文化中，从传统文化中汲取创新精神，作用于企业家行为，促进企业创新发展（魏江，2012）。

企业是社会系统的一部分，企业要发展必须与社会环境进行资源互换，而企业家作为企业的领导者，必须有能力为企业从社会网络中获取企业所需的资源。

一个企业家不是孤立的，只有将社会网络与个人资本结合起来考虑才是符合现实的真正企业家人力资本。企业家的创造过程本身就是网络状的，各方面的因素不断契合和重组才赋予了企业家不同于其他人力资本的特质，并且这个过程是不断变化的（Aldrich and Zimmer，2004）。企业家正是通过自身的能力和素质，才能积极扩大并利用社会网络来达到企业创新发展的目的（周霞，2005）。企业家拥有自身的社会网络，同时企业家是各种社会资源的促成体，社会网络的扩大对企业的创新具有正相关作用（李忠民，2009）。

在传统的计划经济体制下，企业是政府的附属物，同时也是整个社会的生产组织者和承担者。如今虽然在市场经济体制下企业已是市场的主体，但政府态度对企业的投入产出会产生很大的影响。随着我国市场经济体制的建立和不断完善，政府职能的改变、改革的深入进行，会不断制定出及完善适合企业创新发展的制度（李志等，2010）。在我国，政府的态度能够影响企业家行为，引导企业方向，对企业创新绩效产生影响（张士海，2003）。一个成功的企业家引领的企业往往也是顺应时代潮流的，企业的创新是牢牢跟着我国政策不断前进的，在当今经济不断发展、信息瞬息万变的社会，企业家只有牢牢把握政府政策导向，积极引导企业正确的发展方向，才能让企业持续创新发展。

由上述分析可知，企业家环境主要是通过传统文化、社会网络、政府态度三个渠道对企业家行为产生影响，具体体现为：培育适宜创新的社会氛围，降低创新交易成本，能够让企业获得稀缺资源、把握市场信息，进一步提高集群企业创新绩效。

四 其他因素对集群企业创新绩效的影响

影响集群企业创新绩效的因素是多种多样的，除企业家人力资本因素外，企业规模、企业的知识吸收能力、市场集中度等因素也会对集群企业创新绩效产生一定的影响。笔者根据相关文献的总结，主要考虑企业规模和集群金融服务环境两个因素对集群企业创新绩效的影响。

就企业规模而言，一般认为企业规模越大，企业的资金越雄厚，企业创新投入程度也就越高，从而创新绩效也就越高。但是，学者们实际上存在不一致的看法。有认为大规模企业有利于创新的理论，认为大企业具有比较大的经济效益和相对较小的风险；也有认为小规模企业有利于创新的理论，认为小企业具有更大的弹性、更好的交流、更大专业化的可能及非正式化和战略控制。在实证方面，有学者研究发现二者之间的关系不大（Zhao et al.，2005）；也有学者研究证实大规模企业与企业创新绩效之间有着正向关系（Kam et al.，2003）；另有学者利用问卷调查数据，研究认为企业规模与企业创新绩效之间负相关

（陈俊和吴进，2012）。由此可见，企业规模究竟对企业创新绩效有着何种影响，学术界存在着不同的看法和观点。因此，本书在集群框架下将企业规模作为控制变量进行研究是必要的。

另外，以往学者们的研究表明，外部环境尤其是金融服务环境对企业创新绩效具有一定的影响。例如，Busenitz 等（2003）通过实证研究证实金融服务环境对集群创新确实有一定的影响。与单个企业的创新环境不同，集群能够为集群内企业提供一个良好的金融服务环境进行创新并交流，集群的金融服务好坏对于企业的创新是个关键所在（陈钰芬和陈劲，2008）。因此，本书将集群金融服务环境这一因素也作为一个控制变量加入模型。

五 理论假设

基于上述文献研究和理论分析，我们提出以下具体假设。

H1：企业家能力与集群企业创新绩效正相关

企业家能力作为企业家人力资本的核心特质，对企业创新绩效有着显著的正向作用。企业家能力越强，就越能带动企业内部其他类型的人力资本并创造一个良好的创新氛围，为企业创新指引一个正确的方向，从而为提高集群企业创新绩效做出贡献（谢雅萍，2008）。企业家能力又具体表现为企业家的市场洞察能力、组织管理能力、社会交往能力和驾驭风险能力，这些能力的总体水平与集群企业创新绩效正相关。企业家领导企业对企业利润的追求和企业竞争优势的建立，是企业创新的内在动力，同时也是企业家能力的体现（孙海燕，2007）。

H2：企业家精神与集群企业创新绩效正相关

企业家精神作为企业家人力资本构架的基础，与企业的创新绩效有比较大的正向关联（陈志辉，2005）。从企业家精神的角度来看，企业家在产业集群内部是企业创新活动的倡导者，是企业创新的主体，他们对企业创新的倾向比其他人力资本都要强烈（孙锐，2012）。企业家精神中所特有的冒险精神和创新精神让企业家不满足于现状，积极探索企业的新前景，通过自身卓越的经营管理能力和风险决策能力，利用有限的资源在一定的市场环境下获取最大的利益。正是因为有这群企业家，集群才有可能产生，人才才会凝聚，企业及集群才会创新发展。

H3：企业家环境与集群企业创新绩效正相关

企业家是集群内部的创新主体，基于企业家个人的社会关系网络的非正式交流，促使隐性知识向显性知识转化，加速了集群内部知识的传播，提升了集群内部知识的共享水平（刘云英，2000）。同时，浙商艰苦创业的传统文化为新一代企业家树立了一个良好的榜样，也加强了集群内企业家对企业长远发展的渴求，有利于企业家引领企业进行一系列创新活动。以九洲电器集团公司创新实践为例，环境因素对企业创新绩效有重要的正向影响（宋艳和邵云飞，2009）。政府的态度有利于企业家创新能力的提高和创新活动的增加，增进了企业家与公共部门之间的信任和合作，促进了企业家之间的交流与合作，加速了集群创新的步伐。

H4：企业规模与集群企业创新绩效相关关系不确定

如前所述，学者们对企业规模与企业创新绩效的关系的看法并不一致。有支持大规模企业有利于创新的理论，也有支持小规模企业有利于创新的理论。也有学者研究认为二者之间的关系并不大（Zhao et al.，2005），还有学者研究认为企业规模与企业创新绩效之间呈负相关（陈俊和吴进，2012）。可见，企业规模与集群企业创新绩效的关系不确定。

H5：集群金融服务环境与集群企业创新绩效正相关

集群企业创新绩效受到宏观经济环境、企业经营环境，尤其是金融服务环境等因素的影响。企业如果发生资金短缺，金融服务条件差，就会使企业的风险加大，企业创新的积极性就会受到打击，并在一定程度上影响集群企业的整体市场环境，容易造成恶性循环（孙海燕，2007）。但如果金融服务条件良好，集群整体的创新氛围也会更佳，集群企业的创新需求也会被调动起来，也会带动中小企业进行一系列创新，提高整个集群的创新水平（邓春玲，2003）。集群的金融服务质量对于企业的创新发展有着重要的作用，良好的集群金融服务条件会带动集群企业的创新活动。

第三节 企业家人力资本对集群企业创新绩效的影响：实证分析

上述理论分析结果表明，企业家人力资本通过企业家能力、企业家精神和企业家环境对集群企业创新绩效产生影响。下面对企业家人力资本通过这些要素对集群企业创新绩效是否真实产生影响进行实证检验。

一 模型构建与数据来源

（一）模型构建

上述将企业家人力资本划分为企业家能力、企业家精神和企业家环境三个维度，这三个构成要素从不同方面影响着集群企业的创新绩效。其中，企业家能力是企业家所具有的对市场变动趋势的洞察能力、组织管理能力、社会交往能力、驾驭风险能力的总称，而企业家精神包括冒险精神和创新精神，企业家环境则涵盖传统文化、社会网络和政府态度。除此之外，还归纳出影响集群企业创新绩效的其他主要因素，即集群金融服务环境和企业规模，将这两个变量作为控制变量也加入模型，以考虑其对集群企业创新绩效的可能影响。

基于上述分析，可以将企业家人力资本与集群企业创新绩效的关系用模型表示如下：$Y=f(A, X, C, E, F)$。式中，Y 代表集群企业创新绩效，A 代表企业家能力，X 代表企业家精神，C 代表企业家环境，E 代表企业规模，F 代表集群金融服务环境，这5个因素共同影响着集群企业的创新绩效，用直观的理论模型图可以表示如下（图4.1）。

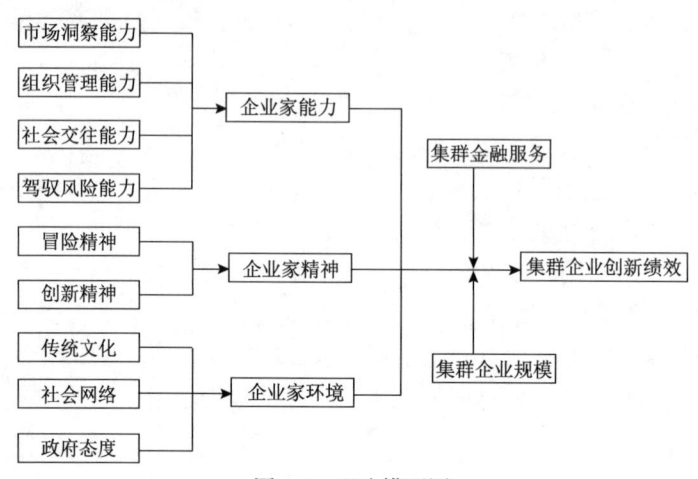

图 4.1　理论模型图

（二）调研样本与数据来源

本项研究所有的数据都从调研中获取，兼顾地域特征和数据获取的难易程度，选取了浙江省内较为典型的6个产业集群作为调查对象，分别是浙江永康五金产业集群、乐清电器产业集群、温岭泵与电机产业集群、慈溪家电产业集群、织里童装产业集群、桐乡羊毛衫产业集群。

根据研究主题选择集群企业 CEO 作为研究对象。问卷填写人必须是企业董事长、总经理或两者兼任者。每个集群选取规模较大的4家企业进行调研，样本企业为6个产业集群内的24家企业。

调研时间为2013年5月到2013年8月，利用调查问卷收集数据，调研的问卷放于附录3中，调研对象为浙江省永康、乐清、台州、嘉兴、宁波、湖州6个地方产业集群，对24家企业发放问卷24套，回收有效问卷20套，总体有效问卷回收率为83.3%。借鉴现有人力资本价值评价方法，运用定性与定量分析相结合的方法构建企业家人力资本价值评价指标体系。

二 指标设计

（一）指标设定的原则

指标体系是进行问卷调查和实证分析的前提，只有指标确定正确，能够合理切实反映出企业家人力资本和集群企业创新绩效的情况，才能在此基础上进行数据获取和分析，因此，指标的确定要非常慎重，必须严格按照以下原则来进行。

1）有效性原则

指标的确定要紧紧围绕反映企业家人力资本及集群企业创新绩效各方面水平，并由代表企业家各方面素质和能力的指标构成，全面、合理、科学地反映企业家人力资本水平。

2）科学性原则

指标的确定及后续修改等都要有一定的科学合理的依据。如果没有科学性原则，那么指标的确定也就是无效的，无法为后续的分析带来理论支持。

3）易操作原则

指标的确定要通俗易懂且概念清晰，能够方便快捷地获取数据。除此之外，指标不应该太多太繁杂，否则会给数据获取带来不必要的麻烦。

4）定性与定量相结合原则

由于本章所选研究对象是企业家人力资本，指标选取根据实际情况有一些定性指标，对这些定性指标必须采取定性指标定量化的方法，即定性与定量相结合的方法，否则定性指标无法准确衡量。

（二）变量设定

1）因变量

关于集群企业创新绩效的评判标准大致可划分为两种，一种是财务性绩效（周小虎，2002；陈志辉，2005；宋东风，2012），另一种是非财务性绩效。相关研究（Chandler and Hanks，1994；Covin and Slevin，1994）表明，主观绩效与客观绩效在统计上具有显著的相关关系，用客观绩效代替主观绩效不会影响研究的信度和效度。同时，鉴于财务性绩效指标的相对客观和数据可得性，本章采用财务性绩效作为评估标准。

经济合作与发展组织（OECD）对创新绩效指标的构建发挥了巨大的作用，它所提出的两个创新指标是：①创新产品的销售收入占公司总销售收入的比重（Hagedoorn and Cloodt，2003；Fischer et al.，2001；Rolinjn and Albaladejo，2002；Zeng et al.，2010）；②产品生命周期各个阶段企业的销售收入情况。考虑到产品生命周期划分较为困难，因而本章采用"新产品占销售收入比重"这个指标来衡量企业创新绩效。

2）自变量

企业家人力资本作为需要测量的自变量，李晨（2010）运用定性与定量分析相结合的方法构建了企业家人力资本价值评价指标体系，从企业家的业绩、能力和基本素质三个方面对企业家人力资本价值进行评价。魏晓栋和姚春序（2007）在产业集群的视角下，从群体和个体两方面来构建人力资本价值评价指标体系，将个体人力资本分为一般人力资本、专业人力资本和企业家人力资本。本章根据前面的分析，采用的自变量如表 4.1 所示。本章采用李克特 5 分量表进行评判，1～5 分别代表强度由弱到强。例如，就企业家冒险精神来说，若被访者填的是 1，则代表冒险精神很弱；填的是 2，则代表冒险精神较弱；填的是 3，则代表冒险精神一般；填的是 4，则代表冒险精神较强；若填的是 5，则代表冒险精神很强。其他元素依此类推，具体如表 4.1 所示。

表 4.1　企业家人力资本价值评价指标体系

1 级指标	2 级指标	评分				
企业家精神	冒险精神	1	2	3	4	5
	创新精神	1	2	3	4	5
企业家能力	市场洞察能力	1	2	3	4	5
	组织管理能力	1	2	3	4	5
	社会交往能力	1	2	3	4	5
	驾驭风险能力	1	2	3	4	5
企业家环境	传统文化	1	2	3	4	5
	社会网络	1	2	3	4	5
	政府态度	1	2	3	4	5

注：1 代表强度最弱，5 代表强度最强，从 1 到 5 依次递增（李克特 5 分量表）

3）控制变量

由于企业所属行业类型、企业规模等因素的差别会给企业的发展和创新带来影响，所以在研究集群内企业的创新绩效时，在模型中加入控制变量进行研究。

（1）企业规模。企业规模是指劳动者、劳动手段、劳动对象等生产要素和产品在企业里集中的程度，众多学者（Leton，2002；范爱军和刘云英，2000；彭新敏，2009；陈琦，2010）选用企业人数作为传统型产业集群企业的衡量指标。类似地，由于本书所调研的集群均为传统型产业集群，属于劳动密集型产业，所以本书用企业人数来近似衡量企业规模，即用 2013 年企业人数的自然对数来近似衡量企业规模。

（2）集群金融服务环境。除了企业规模，集群内环境因素也可能是影响企业创新绩效的重要因素。一般有较好的环境，政府支持的力度较大，尤其是金融服务良好，更有助于企业进行创新发展。集群企业创新绩效受到宏观经济环境和企业经营环境等因素的影响，集群金融服务条件是关键因素（陈万思，2001；邓春玲，2003；孙海燕，2012）。因此，本书将集群金融服务环境作为控制变量来探究其对集群企业创新绩效的影响，并将这一定性指标定量化，也采用李克特5分量表进行评判。

（三）信度分析

信度是指所得到的评价结果具有一般的合理可靠性，且相对比较稳定，一般多以内部一致性来表示该测验信度的高低。信度系数越高即表示该测验的结果越一致、稳定与可靠。综合评价问题在统计学方面可利用信度分析方法进行分析。基本方式是做出被评估对象的总体目标，然后将其分解成若干个子目标，它们是总体目标不同方面的体现，是总体特征的部分反映。进一步，再将每个子目标进行量化处理。评估者通过计算被评估对象的总体得分得到最终的评估结果。而最终得到的编制量表是否合理则决定评价结果的信度。

信度，顾名思义是可信程度，是通过一定的检测决定该方法或途径是否能够反映真实的情况，或者该情况与现实是否一致，如调查问卷的信度检验就是检验该调查问卷能否反映所需调查的对象的真实情况及该问卷的设计是否合理等。信度分析的主要方法有重测信度法、折半信度法和 α 信度系数法。本书采用 α 信度系数法。

克隆巴赫 α 信度系数是目前最常用的信度系数。其公式为

$$\alpha = \frac{k}{k-1}\left(1 - \frac{\sum_{i=1}^{k}\text{var}(i)}{\text{var}}\right) \quad (4.1)$$

其中，k 是度量检测表中需要进行测量的变量数目，var(i) 则是第 i 个变量或指标的方差值，var 是所有变量或待估测项目的总方差。在式（4.1）中，克隆巴赫 α 信度系数是所有变量的内在统一性的反映。一般该种方法用于定性变量转化为定量指标的问卷或类似问卷的可行性分析。

信度系数分析的结果一般是信度系数越高，该调查问卷和指标设计越符合现实情况，其指标数据越可信。虽然现在学术界不同学者对信度分析结果持不同的态度，但普遍认可的结果是：0.8 以上被认为是非常好；0.7~0.8 是比较好；0.65~0.7 则是勉强可以接受；而 0.65 以下则认为该调查表是不可信的，不适合进行下一步分析。

克隆巴赫 α 信度系数是度量信度的一种重要方法。该例中的克隆巴赫 α 信度系数由表 4.2 的信度统计分析给出。表 4.2 中给出了标准化克隆巴赫 α 信度系数；可以看到，基于标准化项的 Cronbach's α 为 0.821，水平高于非常好的临界点值 0.8，从而可以认为前文所涉及的调查问卷的总体水平和内部一致性是非常理想的。

表 4.2　信度分析结果

基于标准化项的 Cronbach's α	项数
0.821	12

三　因子分析法

因子分析法是主成分分析法的推广和发展，也是利用降维方法进行统计分析的一种多元统计方法。因子分析是研究如何将众多的变量利用为数不多的几个因子表示，并且保证信息损失最小和因子间不具有显著相关性的多元统计分析方法。本书运用因子分析对自变量的二级指标进行处理。

（一）因子分析结果

1）描述性统计量

表 4.3 是因子分析过程中对所有解释变量的描述性统计量结果，这可以提供一个直接观察变量变化的机会，也为进一步剖析创造客观分析条件。

表 4.3　描述性统计量结果

变量	N	极小值	极大值	均值	标准差	方差
冒险精神	20	3.00	5.00	3.950 0	0.759 15	0.576
创新精神	20	3.00	5.00	4.100 0	0.640 72	0.411
市场洞察能力	20	3.00	5.00	4.500 0	0.606 98	0.368
组织管理能力	20	3.00	5.00	4.350 0	0.587 14	0.345
社会交往能力	20	2.00	5.00	4.250 0	0.850 70	0.724
驾驭风险能力	20	3.00	5.00	4.250 0	0.786 40	0.618
传统文化	20	3.00	5.00	4.300 0	0.732 70	0.537
社会网络	20	3.00	5.00	4.250 0	0.638 67	0.408
政府态度	20	4.00	5.00	4.700 0	0.470 16	0.221
有效的 N（列表状态）	20					

2）KMO 和 Bartlett's 球形检验

表 4.4 给出了因子分析的 KMO 和 Bartlett's 球形检验结果。Bartlett's 球形检

验的概率 p 值为 0.000，所以假设不成立，结果表明，根据 Bartlett's 球形检验标准认为单位矩阵与相关系数矩阵之间有着明显的差异。可以从表 4.4 中看到 KMO 的数值是 0.558，而根据 KMO 度量标准可知，变量之间有较强的相关性，已经达到了进行因子分析的条件，适宜进行因子分析。

表 4.4　KMO 和 Bartlett's 球形检验结果

项目		数值
取样足够度的 KMO 度量		0.558
Bartlett's 的球形度检验	近似卡方	147.085
	df	36.000
	p	0.000

3）因子分析的共同度

首先将所有变量标准化，其次对各个变量的变量共同度进行分析，因子分析共同度结果是最后所提取的公因子对原解释变量的解释程度（表 4.5）。

表 4.5　因子分析共同度结果

变量	初始	提取
冒险精神	1.000	0.803
创新精神	1.000	0.777
市场洞察能力	1.000	0.775
组织管理能力	1.000	0.842
社会交往能力	1.000	0.898
驾驭风险能力	1.000	0.901
传统文化	1.000	0.703
社会网络	1.000	0.767
政府态度	1.000	0.705

由表 4.5 可以看到，因子分析的共同度结果中，在驾驭风险能力上的提取数值是最高的，其值为 0.901；而在传统文化上的提取数值是最低的，其值为 0.703，这表明所提取的公因子能够比较好地反映出原始的 9 个变量。因此，从结果可以看出公因子的提取是比较合理的，因子分析的结果也会比较好地解释原解释变量所包含的信息。

4）因子分析的总方差解释

从表 4.6 可以看到因子分析总方差的解释结果，即提取的公因子对原解释变量的解释程度，可以得到初始特征值、提取平方和载入、旋转平方和载入，根据提取平方和载入和旋转平方和载入可以确定所提取的公因子数目及其对所有原解释变量的解释程度。由初始特征值可以看出方差的贡献值，如表 4.6 所示，方差累计值越高说明对原总方差的解释程度越高。总方差解释结果如表 4.6 所示。

表 4.6 因子分析总方差解释结果

成分	初始特征值			提取平方和载入			旋转平方和载入		
	合计	方差/%	累计/%	合计	方差/%	累计/%	合计	方差/%	累计/%
1	4.176	46.399	46.399	4.176	46.399	46.399	3.182	35.351	35.351
2	1.988	22.086	68.485	1.988	22.086	68.485	2.549	28.326	63.677
3	1.007	11.187	79.671	1.007	11.187	79.671	1.749	19.429	79.671
4	0.569	6.323	85.994	—	—	—	—	—	—
5	0.497	5.519	91.514	—	—	—	—	—	—
6	0.415	4.608	96.122	—	—	—	—	—	—
7	0.163	1.807	97.928	—	—	—	—	—	—
8	0.107	1.187	99.116	—	—	—	—	—	—
9	0.080	0.884	100.000	—	—	—	—	—	—

由表 4.6 可知，前面 3 个因子的方差贡献率累计值占全部总方差的 79.671%，说明新得到的 3 个因子已经基本反映了原来指标的绝大部分信息，这样就把原来的 9 个解释变量经过因子分析法简化成了 3 个，同时这 3 个新的解释变量基本反映了原 9 个解释变量的信息。从表 4.6 中可以看出，提取了 3 个变量并进行旋转，提取平方和载入累计是 79.671%，而旋转平方和载入累计也是 79.671%，这说明两者对原 9 个解释变量的信息包含量是基本一样的，而旋转后的变量重新分配各个因子的原始解释变量的方差，其值是 19.429%，比原始解释变量的方差更可靠，也易于进行下一步分析。

5）碎石图

图 4.2 所示的是因子分析碎石图，我们可以从碎石图中提取降维后的因子，确定其对初始解释变量的解释程度。在图 4.2 中，成分数是横坐标，特征值是纵坐标。从图中也可以看出，特征值大于 1 的变量只有 3 个，其他变量的特征值都小于 1，这点可以从特征值的曲线走势看到，同时根据碎石图的选取标准，一般是选取特征值大于 1 的因子为公因子，因此，得到的结果跟前面的分析是一致的。

第四章 企业家人力资本对集群企业创新绩效的影响 \ 85

图 4.2 碎石图

6）旋转前的因子载荷矩阵

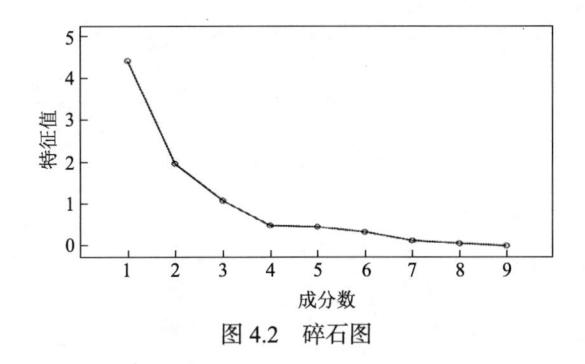

表 4.7 显示的是旋转前的因子载荷矩阵，因子载荷矩阵表明了原始解释变量在提取后的三个变量上的载荷。从表 4.7 可以看到，基本上 9 个变量在提取的第一个公因子上的载荷比第二个公因子和第三个公因子都要高。例如，市场洞察能力指标在第一个公因子的载荷是 0.768，而在第二个、第三个公因子上的载荷分别仅仅只有 0.396 和 –0.170 而已，放在成分矩阵中说明第一个公因子解释原 9 个解释变量的程度最高，同时两者之间的相关程度也相对最高，第二个公因子相对于第一个公因子来说，解释能力稍弱，但是比第三个公因子要强，相关程度一般，最后一个公因子的解释能力是最弱的，如果没有旋转平方和载入，那么其解释能力会更差，相应地其在 9 个解释变量上的数值也最低。

表 4.7 旋转前的因子载荷矩阵

变量	成分 1	成分 2	成分 3
冒险精神	0.492	0.696	–0.276
创新精神	0.688	0.374	–0.405
市场洞察能力	0.768	0.396	–0.170
组织管理能力	0.880	–0.199	–0.167
社会交往能力	0.660	–0.670	–0.112
驾驭风险能力	0.805	–0.502	0.025
传统文化	0.538	0.363	0.531
社会网络	0.705	–0.395	0.338
政府态度	0.477	0.421	0.548

7）旋转后的因子载荷矩阵

从表 4.8 可以看到，旋转后的因子载荷矩阵中给出了每一个变量在 3 个因子上的载荷。

表 4.8　旋转后的因子载荷矩阵

变量	成分1	成分2	成分3
冒险精神	−0.232	0.870	0.124
创新精神	0.158	0.857	0.069
市场洞察能力	0.185	0.729	0.191
组织管理能力	0.736	0.407	0.005
社会交往能力	0.972	0.029	−0.177
驾驭风险能力	0.927	0.075	0.011
传统文化	0.039	0.070	0.802
社会网络	0.764	0.018	0.378
政府态度	−0.047	0.064	0.824

虽然第一个因子仍然解释了比较多的变量信息，但是和没有旋转相比，第二个因子和第三个因子的含义都清楚了很多。第一个因子在驾驭风险能力、社会交往能力、组织管理能力等变量上的相关系数较高，因此，可以称第一个因子为企业家能力因子；第二个因子在冒险精神和创新精神上的相关系数较高，因此，可以称第二个因子为企业家精神因子；同理，第三个因子在政府态度、传统文化、社会网络上的相关系数较高，因此，可以称第三个因子为企业家环境因子。

（二）因子得分

表 4.9 所示的是利用回归法估计的因子得分系数。如果分别用 X_1 到 X_9 表示 9 个变量，则根据表 4.9 可以写出以下得分函数：

$$F_1 = -0.113X_1 - 0.021X_2 - 0.030X_3 + 0.229X_4 + 0.328X_5 \\ + 0.305X_6 + 0.005X_7 + 0.254X_8 - 0.034X_9 \quad (4.2)$$

$$F_2 = 0.400X_1 + 0.392X_2 + 0.315X_3 + 0.158X_4 - 0.039X_5 \\ - 0.002X_6 - 0.023X_7 - 0.137X_8 - 0.024X_9 \quad (4.3)$$

$$F_3 = -0.027X_1 - 0.105X_2 - 0.073X_3 - 0.038X_4 - 0.133X_5 \\ - 0.016X_6 + 0.521X_7 + 0.245X_8 + 0.537X_9 \quad (4.4)$$

从第一个因子得分函数可知，社会交往能力、驾驭风险能力等变量的权重较高，如社会交往能力和驾驭风险能力的权重分别为 0.328 和 0.305；第二个因子得分函数中，冒险精神和创新精神的权重较高，分别为 0.400 和 0.392，高于其他变量的权重；第三个因子中，传统文化、政府态度等因子的权重较高，如传统文化和政府态度的权重分别为 0.521 和 0.537。这些都和旋转后的因子载荷矩阵中得到的结果是一致的。表 4.10 即为通过因子分析法得到的因子得分结果。

表 4.9　因子得分系数矩阵结果

变量	成分 1	成分 2	成分 3
冒险精神	−0.113	0.400	−0.027
创新精神	−0.021	0.392	−0.105
市场机会洞察能力	−0.030	0.315	−0.073
组织管理能力	0.229	0.158	−0.038
社会交往能力	0.328	−0.039	−0.133
驾驭风险能力	0.305	−0.002	−0.016
传统文化	0.005	−0.023	0.521
社会网络	0.254	−0.137	0.245
政府态度	−0.034	−0.024	0.537

表 4.10　因子得分结果

企业家能力	企业家精神	企业家环境
−0.515 53	−0.319 91	0.233 55
−0.223 56	−1.504 03	0.532 95
0.107 24	−0.018 72	−1.617 78
−0.032 93	−1.305 34	2.519 91
−0.336 89	0.525 52	1.156 27
0.881 74	−0.632 42	0.218 54
0.814 31	−0.834 89	−0.223 56
0.869 85	−0.018 6	−0.950 93
0.208 27	−1.236 63	−1.128 16
1.009 51	1.119 78	−0.446 07
−1.355 76	−1.199 17	−0.483 24
1.318 88	−0.083 63	0.318 49
1.475 89	0.383 14	−0.046 33
−0.223 52	−0.259 61	2.059 36
1.475 89	0.383 14	−0.046 33
−0.940 51	2.349 95	0.640 66
−2.494 54	0.000 9	−0.907 84
−0.495 76	1.826 75	−0.055 55
−0.299 76	1.408 47	−0.194 08
−0.761 61	−0.183 61	−0.748 11

四 多重共线性、序列相关性与异方差检验

先用因子分析对变量进行降维,然后还要对结果进行多元线性回归分析,而在进行多元线性回归分析之前,首先要对模型中的多重共线性、序列相关性和异方差性进行检验,如果检验结果均不存在,那么才可以进一步进行回归分析。

多重共线性指的是某两个或多个解释变量之间出现了相关性,如果解释变量之间存在比较严重的多重共线性问题,那么会出现完全共线性下参数估计值不存在或参数估计值的方差无限大的情况。由于本书首先对解释变量进行了因子分析,所以本书的研究不存在多重共线性。

序列相关性,是指模型的随机误差项违背了互相独立的基本假设的情况,一般指样本值在不同的时间序列里非独立。如果存在序列相关性,那么会出现参数估计值无效、模型预测失败等后果。由于本项研究在问卷调查中运用定性指标定量化,所得到的数据是截面数据而非面板数据,所以模型不存在序列相关问题。

异方差性,指随着自变量的变化,因变量的方差有明显的变化趋势,不具有常数方差的特征,关于异方差性检验的方法有图示检验法、Goldfeld-Quandt 检验法、White 检验法、Park 检验法和 Gleiser 检验法。本书利用残差图分析判断其是否存在异方差问题。通过对模型残差分布的观察,如果分布的离散程度有明显扩大或缩小的趋势,则表明存在异方差性。经检验,本研究中回归模型的残差图(图 4.3)没有明显扩大或缩小的趋势,可认为不存在异方差性。

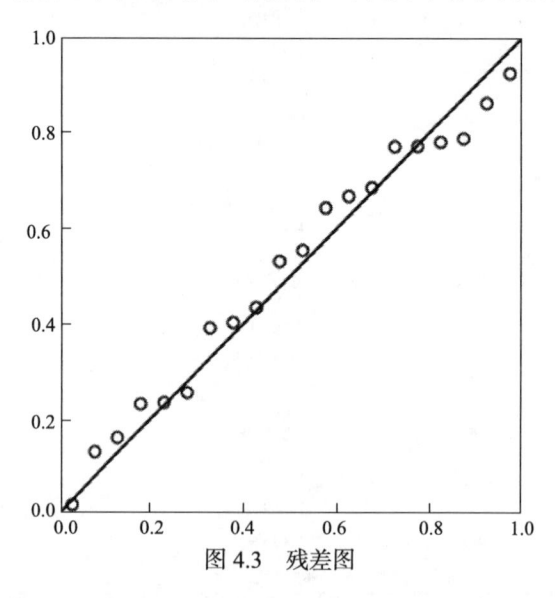

图 4.3 残差图

通过以上分析,可以判断本模型基本上不存在以上三类问题,具备了进行多元线性回归的条件。

五 多元线性回归分析

(一)回归方程建立与检验

由因子分析法对自变量二级指标进行降维得到了 3 个主要变量因子,分别是企业家能力因子、企业家精神因子、企业家环境因子,除此之外,前文还选择了 2 个控制变量——企业规模与集群金融服务环境,这些变量如何共同影响集群企业创新绩效,可用多元线性回归分析方法进行探究。建立回归方程如下

$$Y = \beta_0 + \beta_1 X_1 + \beta_2 X_2 + \beta_3 X_3 + \beta_4 X_4 + \beta_5 X_5 + \varepsilon \quad (4.5)$$

其中,X_1 代表企业家能力,X_2 代表企业家精神,X_3 代表企业家环境,X_4 代表企业规模,X_5 代表集群金融服务环境,β_0 是常数项(截距),ε 是随机干扰项。

利用 SPSS 软件,采用多元线性回归分析,首先得到表 4.11 所示的模型摘要,该表显示模型的拟合情况。从表 4.11 中可以看出,模型的复相关系数(R)为 0.797,判定系数(R^2)为 0.635,调整判定系数(调整后的 R^2)为 0.515,标准估计的误差为 0.119 74。这说明回归方程的拟合度为 51.5%,即有 51.5%能对集群企业创新绩效进行解释,这是因为集群企业创新绩效的影响因素众多,除了回归方程里的变量,还有其他很多变量会对其产生影响。

表 4.11 模型摘要结果

模型	R	R^2	调整后的 R^2	标准估计的误差
1	0.797	0.635	0.515	0.119 74

注:预测变量:(常量)、企业总人数、企业家精神、企业家环境、企业家能力、集群金融服务环境;因变量:新产品占销售收入比重

表 4.12 是多元线性回归的方差分析表(ANOVA),该表显示模型的方差分析结果。从表中可以看出,模型的 F 统计量的观察值为 2.644,在显著性水平为 0.1 的情况下,可以认为因变量与自变量之间有线性关系。

表 4.12 方差分析表

模型	项目	平方和	df	均方	F	p
1	回归	2.682	5	0.536	2.644	0.069[a]
	残差	2.841	14	0.203		
	总计	5.523	19			

注:预测变量:(常量)、企业总人数、企业家精神、企业家环境、企业家能力、集群金融服务环境;因变量:新产品占销售收入比重

表 4.13 是多元线性回归的系数列表,表中显示模型的偏回归系数(β)、标准

误差、标准化偏回归系数、偏回归系数检验的 t 统计量观测值和相应的概率 p 值。根据模型建立的多元线性回归方程为

$$Y=0.624+0.212X_1+0.242X_2+0.339X_3+0.264X_4+0X_5 \quad （4.6）$$

方程中的常数项为 0.624，偏回归系数分别为 0.212、0.242、0.339、0.264 和 0，经 t 检验，概率 p 值分别为 0.133、0.066、0.014、0.076、0.066，在给定的显著性水平 0.10 的情形下，除了企业家能力不显著外，企业家精神和企业家环境均显著，控制变量集群金融服务环境和企业总人数也显著。

表 4.13　偏回归系数结果

模型	预测变量	非标准化偏回归系数 β	非标准化偏回归系数 标准误差	标准化偏回归系数（试用版）	t	p
1	（常量）	0.624	0.648	—	0.963	0.352
	企业家能力	0.212	0.133	0.393	1.593	0.133
	企业家精神	0.242	0.121	0.448	1.995	0.066
	企业家环境	0.339	0.121	0.629	2.808	0.014
	集群金融服务环境	0.264	0.138	0.514	1.915	0.076
	企业总人数	0.000	0.000	−0.637	−1.991	0.066

注：因变量为新产品占销售收入比重

（二）回归结果分析

本章将集群企业创新绩效作为因变量，企业家能力、企业家精神、企业家环境作为自变量，集群金融服务环境、企业总人数作为控制变量，纳入模型进行了多元线性回归分析。

根据实证分析结果可以发现，企业家能力与集群企业创新绩效正相关，但没有达到显著水平。经分析原因可能有以下几个：①所选取的企业家能力二级指标涵盖了学者们认同度较高的几种因素，可能忽视了衡量企业家能力的其他因素，诸如企业家决策能力和人事管理能力等。②企业家能力发挥的约束性因素。人力资本理论认为，企业家能力的发挥受制于其现存知识存量和知识结构，但企业家所处的经济结构，如企业家所处的行业、企业所有制性质等对企业家能力的发挥和配置的影响同样是不可忽视的（边燕杰和丘海雄，2000）。

企业家精神与集群企业创新绩效之间存在显著的正相关关系，假设 H2 成立。这说明企业家精神作为企业家人力资本构架的基础，与集群企业创新绩效有比较大的正向关联，尤其是本节所研究的是传统产业集群中的企业家，如果敢于冒险，勇于创新，真正以创新驱动来带动企业的发展，集群企业的创新绩效也会提高。

如果缺乏企业家精神，没有冒险精神和创新精神，就没有工艺的革新和产品的改善，集群企业创新绩效就无法提高。

企业家环境与集群企业创新绩效存在显著的正相关性，假设 H3 成立。这可以解释为基于企业家个人社会关系网络的扩展，能够使显性和隐性知识在集群内快速传播，提升了集群内部知识的共享水平，加速集群企业的创新发展；而浙商优良的传统文化和政府的引导有利于增强集群内企业的创新氛围，促进集群内企业创新发展，提高集群企业创新绩效，加速集群向创新型集群转变的步伐。

企业规模与集群企业创新绩效不相关，如前所述，学者们对企业规模与企业创新绩效关系的看法并不一致。不过张福明（2010）认为，随着企业规模的扩张，企业更愿意将资金投向过程创新而减少产品创新过程。陈俊和吴进（2012）研究表明，规模越大的企业创新投入越多，但是其关注度也相对较广，所以导致资源的利用不充分；而有些小企业产品种类单一，企业资源集中，创新能力却较强。这说明本结论在一定程度上也具有合理性。

集群金融服务环境与集群企业创新绩效存在显著的正相关性，假设 H5 成立。集群金融服务条件良好，有利于集群企业获得所需要的创新资金，提升集群企业的创新积极性，增强集群整体创新氛围，促进企业间的相互交流和加大创新投入力度，那么集群的创新绩效也会不断提高。

第四节　结论与启示

本章通过理论和实证分析，可以得到以下几点结论和启示。

（1）通过理论分析，本章提出了以下理论逻辑：企业家人力资本可以划分为企业家能力、企业家精神和企业家环境三个维度。企业家能力可以从企业家市场洞察、组织管理、社会交往和驾驭风险 4 个方面对企业家行为产生影响，企业家能力能创造更好的组织环境和管理制度，妥善处理组织内外关系并有效控制企业风险，进一步满足顾客需求，开辟新的市场，提高集群企业的创新绩效。企业家精神具体表现为冒险精神和创新精神两个方面对企业家行为产生影响，企业家冒险精神作为一种非正式制度对企业家行为和企业创新具有持续的影响，企业家的创新意识使企业家行为作用于企业，产生高效率的组织形式、管理方法和先进制度，进而影响集群企业创新绩效。企业家环境具体表现在传统文化、社会网络和政府态度三个方面对企业家行为产生影响，企业家环境能够培育适宜创新的社会氛围，降低创新交易成本，能够让企业获得稀缺资源，把握市场信息，进而影响集群企业创新绩效。此外，本项研究也分析了企业规模和集群金融服务环境对集群企业创新绩效的影响。

（2）依据理论分析提出了相应的 5 个假设，通过对浙江省较为典型的产业集群调研资料的实证分析，得到了以下结论：企业家能力与集群企业创新绩效存在正相关，但未达到显著水平；企业家精神与集群企业创新绩效之间存在显著的正相关，验证了假设 2；企业家环境与集群企业创新绩效呈显著正相关，验证了假设 3。另外，实证结果表明企业规模与集群企业创新绩效之间并不存在相关性，即企业规模大小并不影响集群企业的创新绩效水平；集群金融服务环境与集群企业创新绩效正相关，优越的金融服务环境会在一定程度上提升集群内企业的创新积极性，促进企业的相互交流和创新投入力度，集群的创新绩效也会相应提高，从而证明了假说 5。

（3）本章的研究结果可以得到以下启示：企业家人力资本对集群企业开展创新和提高创新绩效发挥着重要作用；从企业家人力资本构成要素来看，激励和发挥企业家精神是集群企业开展创新和提升创新能力的前提，由于创新存在着风险，只有企业家具有冒险精神和创新精神，集群企业才会开展和坚持创新；企业家环境是集群企业创新的重要条件，创新能够获得成功是需要各方面适宜条件的，培育适宜创新的社会氛围，强化集群创新网络，加大政府对创新的支持，有利于提高集群企业创新绩效，增强创新能力；企业家能力是集群企业创新获得成功的保障，但企业家能力并不仅仅包括企业家市场洞察、组织管理、社会交往和驾驭风险四个方面的能力，可能还包括战略整合、协调控制等其他方面的重要能力，因此，重视和探索企业家能力构成要素，对集群企业提高创新能力和获得创新成功具有重要意义。

参考文献

彼得·德鲁克. 2012. 创新与企业家精神. 北京：机械工业出版社.
毕克新, 赵莉楠, 孙金花. 2006. 中小企业技术创新绩效评价研究现状和发展趋势. 中国科技论坛, (5): 5-7.
边燕杰, 丘海雄. 2000. 企业的社会资本及其功效. 中国社会科学, (2): 87-109.
陈俊, 吴进. 2012. 企业创新绩效影响因素研究. 价值工程, (18): 138-139.
陈琦. 2010. 企业集成创新的四维分析框架. 科技管理研究, 2010, (16): 180-184.
陈万思. 2001. 中国企业家人力资本投资体系研究. 发展研究, (10): 38-40.
陈钰芬, 陈劲. 2008. 开放式创新：机理与模式. 北京：科学出版社.
陈志辉. 2005. 中小企业家人力资本与绩效关系实证分析. 科学学与科学技术管理, (7): 126-131.
程承坪. 2001. 论企业家人力资本与企业绩效关系. 中国软科学, (7): 67-71.
程承坪, 魏明侠. 2002. 企业家人力资本开发. 北京：经济管理出版社.
崔建华. 2002. 企业家人力资本收益权的特殊性及其本质原因研究. 南京社会科学, (9): 21-29.

邓春玲. 2003. 借鉴西方企业家理论与实践构建中国企业家成长机制. 东北财经大学学报, (1): 14-18.
丁栋虹. 1999. 从经济人主体到企业家主体——当代中国经济学研究的发展与走向. 上海经济研究, (9): 15-16, 43-48.
杜兴强, 黄良文. 2003. 企业家人力资本计量模型探讨. 中国工业经济, (8): 84-92.
段兴民, 张生太. 2003. 企业集团人力资本管理研究. 北京: 机械工业出版社, (7): 23-40.
范爱军, 刘云英. 2000. 外贸增长方式评价指标体系的构建及实际运用——以山东省为例. 国际贸易问题, (8): 35-40.
冯子标. 2003. 人力资本参与企业收益分配研究. 北京: 经济科学出版社.
冯子标, 焦斌龙. 2001. 中国企业家人力资本定价制度变迁. 山西财经大学学报, (1): 1-6.
付维宁. 2003. 企业家人力资本与企业绩效: 一个理论分析模型. 财经科学, (6): 65-70.
胡蓓, 周均旭. 2009. 产业集群人才吸引力纵向分层研究——以佛山地区产业集群为例. 中国科技论坛, (1): 94-97.
黄群慧. 2000. 控制权作为企业家的激励约束因素: 理论分析及现实解释意义. 经济研究, (1): 41-47.
黄群慧. 2002. 企业家激励约束与国有企业改革. 北京: 中国人民大学出版社.
黄攸立, 陈如琳. 2010. 企业创新绩效影响因素的研究综述. 北京邮电大学学报, (4): 71-77.
焦斌龙. 2001. 企业家人力资源理论评价. 理论探索, (3): 57-591.
焦斌龙, 王路军. 2000. 企业家人力资本: 一个经济学分析框架. 山西财经大学学报, (5): 27-31.
康芒斯. 1997. 制度经济学(上、下册). 北京: 商务印书馆.
科斯. 1994. 论生产的制度结构. 盛洪, 陈郁译校. 上海: 上海三联书店.
兰玉杰, 陈晓剑. 2002. 企业家人力资本激励约束机制的理论基础与政策选择. 数量经济技术经济研究, (2): 16-18.
李晨. 2010. 我国加工贸易转型升级的路径选择. 产业经济研究, (4): 7-8, 82-90.
李翠娟, 杨军敏, 宋新平. 2013. 知识网络下的集群企业创新绩效研究. 价值工程, (9): 4-8.
李建民. 1999. 人力资本通论. 上海: 上海三联书店.
李志, 金莹, 陈永进. 2010. 企业员工信任力特征的探索性研究. 重庆大学学报: 社会科学版, (1): 105-109.
李忠民. 2009. 西部商学评论[2008年第一卷(2)]. 北京: 经济科学出版社.
刘克, 李戈. 2000. 浅谈企业家评价指标体系. 当代经济研究, (7): 31-32.
刘英. 2010. 基于SPSS分析的人力资源梯度分布研究. 决策与信息旬刊, (12): 227.
刘英, 赵晶晶. 2009. 企业家人力资本与企业绩效关系的分析模型. 现代管理科学, (6): 115-117.
刘云英. 2000. 浅谈宪法修定我国基本经济制度的内容及理由. 黑龙江教育学院学报, (2): 150-152.
陆根尧, 李勇军. 2009. 人力资本增强产业集群创新的途径、机理及对策研究. 浙江理工大学学报, (2): 266-271.
吕淑丽. 2007. 企业家社会资本对企业创新绩效的研究综述. 管理现代化, (5): 251-271.
马歇尔. 1981. 经济学原理. 康运杰译. 北京: 商务印书馆.
买忆媛, 聂鸣. 2003. 产业集群对企业创新活动的影响. 研究与发展管理, (2): 6-101.
奈特. 2011. 风险、不确定性和利润. 郭武军, 刘亮译. 北京: 华夏出版社.

彭新敏. 2009. 技术创新视角下企业网络与组织学习的演变关系研究——以海天公司为例//第三届中国人民大学管理论坛论文集: 488-503.

秦寿康. 2003. 综合评价原理与应用. 北京: 电子工业出版社.

舒尔茨. 1990. 论人力资本投资. 北京: 北京经济学院出版社.

宋东风. 2012. 技术能力对企业创新绩效的影响——基于创新战略中介作用的分析. 科技进步与对策, (15): 13-14.

宋晓洪. 2000. 企业技术创新的内源动力分析. 科学中国人, (10): 44-45.

宋艳, 邵云飞. 2009. 企业创新绩效影响因素的动态研究——以九洲电器集团公司创新实践为例. 软科学, (9): 88-92.

孙海燕, 2007. "2007 中国民营上市公司 100 强"揭晓典礼暨第四届民营企业发展论坛: 发现下一桶金——民营企业未来 20 年怎么走? 东方企业家, (8): I0028-I0031.

孙海燕. 2012. 现代企业内部控制中的问题和措施探讨. 中国电子商务, (22): 106.

孙锐. 2012. 知识型企业组群的知识状态系统演化. 北京: 知识产权出版社.

陶子毓, 陆根尧. 2006. 企业家人力资本评价体系的设计与运用. 经济论坛, (10): 21-23.

汪岩桥, 吴伟强. 2009. 浙商之魂——浙商企业家精神研究. 北京: 中国社会科学出版社.

王华. 2005. 知识管理与人才资源开发研究. 天津大学硕士学位论文.

王雷. 2013. 外部社会资本与集群企业创新绩效的关系: 知识溢出与学习效应的影响. 管理学报, (3): 11-13.

魏江. 2012. 文化嵌入与集群发展的共演机制研究. 自然辩证法研究, (2): 19-20.

魏江, 陈志辉. 2003. 提高浙江省中小企业集群学习绩效的理论分析与对策研究. 科技进步与对策, (11): 127-130.

魏晓栋, 姚春序. 2007. 产业集群视角下的人力资本指标体系的构建. 浙江理工大学学报, (2): 211-215.

吴传清, 张庆. 2008. 企业家精神与产业集群成长. 学习与实践, (10): 13-14, 36-43.

谢雅萍. 2008. 企业家人力资本与企业绩效关系的实证研究. 广西大学学报, (1): 26-31.

杨慧. 2003. 企业专业技术人员评价体系的构建. 统计与决策, (7): 94-95.

杨皎平, 李庆满, 金彦龙. 2011. 竞争环境、企业合作与集群创新绩效. 科技进步与对策, (24): 59-64.

约瑟夫·熊彼特. 1991. 经济发展理论. 何畏, 易家详译. 北京: 商务印书馆.

曾建权. 2004. 层次分析法在确定企业家评价指标权重中的应用. 南京理工大学学报, (1): 99-104.

张炳辉. 2009. 直销产品的定价策略. 知网/维普/lib.paperyy.com.

张福明. 2010. 基于柯布-道格拉斯模型分析的企业规模与创新关系研究. 科技管理研究, (9): 6-7.

张瑾, 吕冠珠. 2010. 企业家人力资本与民营中小企业绩效关系实证研究. 山东大学学报, (4): 1-9.

张士海. 2003. 企业人力资本形成的模型化研究.华中农业大学学报: 社会科学版, (4): 68-72.

张一力. 2005. 人力资本与区域经济增长. 杭州: 浙江大学出版社.

张志宏. 2009. 自主创新与中国新能源产业发展. 万方/道客巴巴.

赵延军, 王晓鸣. 2008. 企业家的冒险精神. 中国市场, (27): 86-87.

郑浩然. 2007. 产业集群创新的影响因素与动力研究. 电子科技大学硕士学位论文.

周黎安, 罗凯. 2005. 企业规模与创新——来自中国省级水平的经验证据. 经济学(季刊), (4): 623-638.

周丽. 2011. 企业文化与企业核心竞争力研究. 现代经济信息, (14): 256-257.

周明, 廖东玲. 1997. 论企业家人力资本市场化. 西北大学学报, (4): 82-85.

周霞. 2005. 企业家人力资本特性的经济学分析. 中国人力资源开发, (12): 25-27.

周小虎. 2002. 企业家社会资本及其对企业绩效的作用. 安徽师范大学学报, (1): 1-3.

朱宇. 2008-7-2. 企业家是企业创新的最大推力. 宁波日报, 4版.

Aldrich H, Zimmer C. 2004. Entrepreneurship through social networks//Sexton D, Smilor R. The Art and Science of Entrepreneurship. New York: 3-23.

Bain J S, Caves R E, Margolis J. 1958. Northern California's Water Industry: The Comparative Efficiency of Public Enterprise in Developing a Scarce Natural Resource. Johns Hopkins University Press.

Bandura A. 1986. Social Foundations of Thought and Action, a Social Cognitive Theory. Englewood Cliffs: Prentice-Hall: 230-236.

Bantel K A, Jackson S E. 1989. Top management and innovations in banking: Does the composition of the top team make a difference? Strategic Management Journal, (10): 107-124.

Barney J B. 1991. Firm resources and sustained competitive advantage. Journal of Management, 17(1): 99-120.

Barros C, Macho S. 1998. Competition for managers and product market efficiency. Journal of Economics and Management Strategy, (7): 1.

Baum J R, Locke E A. 2004. The relationship of entrepreneurial traits, skill and motivation to subsequent venture growth. Journal of Applied Psychology, 18(89): 587-598.

Beckman C M, Burton M D. 2008. Founding the future: The evolution of top management teams from founding to IPO. Organization Science, 2(1): 3-24.

Busenitz L W, West G P, Shepherd D, et al. 2003. Entrepreneurship research in emergence: Past trends and future directions. Journal of Management, 29(3): 285-308.

Chandler G N, Hanks S H. 1994. Founder competence: The environment, and venture performance. Entrepreneur Theory and Practice, (5):77-89.

Cooper A C, Gimeno F J, Woo C Y. 1994. Initial human and financial capital predictors of new venture performance. Journal of Business Venturing, (3):371-395.

Covin, Slevin. 1994. Social information processing and social networks: A test of social influence mechanisms. Human Relations, 47(9): 1013-1047.

Dillon J L, Anderson J R. 1977. The Analysis of Response in Crop and Livestock Production. Pergamon Press.

Firtha M, Tam M, Tang M. 1999. The determinants of top management pay. Omega, 27: 617-635.

Fischer M M, Diez J R, Snickars F. 2001. Metropolitan Innovation Systems, Theory and Evidence from Three Metropolitan Regions in Europe. Berlin: Springer Verlag.

Hagedoorn J, Cloodt M. 2003. Measuring innovative performance: Is there anadvantage in using multiple indicators. Research Policy, 32: 1365-1379.

Hallock K F, Murphy K J. 1999. The Economics of Executive Compensation. Edward Elgar

Publishing Limited.

Hambrick C, Donald C, Seung T, et al. 1996. The influence of top management team heterogeneity on firms' competitive moves. Administrative Science Quarterly, 23(41): 659-684.

Hermalin B E, Weisbach M S. 1988. The determinants of board composition. The Rand Journal of Economic, 19(4): 589-606.

Jantunen A. 2005. Knowledge-processing capabilities and innovative performance: An empirical study. European Journal of Innovation Management, 8(3): 336-349.

Justin V, van Praag M, Vijverberg W. 2005. Entrepreneurship, selection and performance: A meta-analysis of the role of education. World Bank Economic Review, 19(19): 225-261.

Kam W P, Kiese M, Singh A, et al. 2003. The pattern of innovation in Singapore's manufacturing sector. Singapore Management Review, 25(1): 1-34.

Karson, et al. 1982. Introduction to the Theory and Practice of Econometrics. 2nd ed. Wiley.

Kirzner I M. 1937. Competition and Entrepreneurship. Chicago: University of Chicago Press.

Lee C, Lee K, Pennings J M. 2001. Internal capabilities, external networks, and performance, a study on technology based ventures. Strategic Management Journal, 22(6): 615-640.

Leton. 2002. Organizational network Analysis as a tool for program evaluation. Evaluation and the Health Professions, 19: 488-507.

Nonaka, Takeuchi, et al. 1995. Organizational knowledge creation theory: Evolutionary paths and future advances. Organization Studies, 27(8): 1179-1230.

Park, Luo. 2001. Economics of Development: Empirical Investigations. Harper &Row.

Penrose E T. 1959. The Theory of the Growth of the Firm. New York: John Wiley.

Porter M. 1990. The Competitive Advantage of Nations. New York: The Free Press.

Raff E M. 1983. Diffusion of Innovations. 3rd ed. New York: Free Press.

Roberts E B. 1991. Entrepreneurs in High Technology: Lessons from MIT and Beyond. New York: Oxford University Press.

Roger V. 2005. The Wealth of States: Policies for a Dynamic Economy. Washington: Council of State Planning Agencies.

Rolinjn, Albaladejo. 2002. How Do Social Networks Affect Organizational Knowledge Utilization? CASOS Conference 2002.

Romijn H, Albaladejo M. 2002. Determinants of innovation capability in small electronics and software firms in southeast England. Research Policy, 31(7): 1053-1067.

Sarason Y, Dean T, Dillard J. 2006. Entrepreneur Ship as the Nexus of Individual and Opportunity : A Structuration Perspective. New York: Elsevier Science Publishing Co.: 286-305.

Say J-B. 1904. Disaggregated econometric analysis of U.S. slaughter beef supply. Technical Monograph No. 9. Texas Agricultural Experiment Station.

Schumpeter J A. 1934. Theory of Economic Development. Boston: Harvard University Press.

Stephan S. 1995. Gaining advantage by leaking information: Information trading. European Management Journal, 13(2): 156-163.

Tripsas M, Gavetti G. 2000. Capabilities, cognition, and inertia: Evidence from digital imaging. Strategic Management Journal, 21(10/11): 1147-1161.

Wernerfelt B. 1984. A resource-based view of the firm. Strategic Management Journal, 5(2): 171-180.

William F. 1853. Equitable taxation of property. Quarterly Journal of the Statistics Society, (5): 94-109.

Working H. 2000. Selected Writings of Holbrook Working. compiled by Anne E. Peck. Chicago: Chicago Board of Trade.

Zeng S, Xie X, Tam C. 2010. Relationship between cooperation networks and innovation performance of SMEs. Technovation, 30(3): 181-194.

Zhao H, Tong X, Wong P. 2005. Types of technology sourcing and innovative capability: An exploratory study of Singapore manufacturing firms. Journal of High Technology Management Research, (16): 209-224.

第五章 人力资本视角下技术密集型集群升级研究

与企业家人力资本一样，专业型人力资本在促进产业集群升级中也具有重要作用。因此，本章分析专业型人力资本在促进产业集群升级中的作用。同时，本章的分析还将涉及专业型人力资本促进产业集群升级的机理问题，并以高新技术产业集群——杭州软件产业集群为例进行实证检验。

第一节 相关研究综述

一 产业集群升级理论研究综述

（一）集群竞争力与产业集群升级

波特（2002）的国家竞争优势理论指出，集群的可持续发展与集群动力是息息相关的，并且需求客户、企业结构和竞争、要素禀赋及相关辅助产业四者之间的互动构建了集群动力的函数，故生产者、消费者和竞争者互动的高度本地化是集群获取竞争优势的过程。Ahuja（2000）、Tracey和Clark（2003）等研究发现，集群内企业与企业之间不仅可能会有生产、技术、市场等方面的联系，同时可能还会有在友谊、声誉及利他行为等方面的基础上产生的竞争与合作关系，故产业集群具有经济性、社会性和自学习性。功能差异化程度、网络密度、网络凝聚力、网络集中化、网络基础设施质量等构成了产业集群的竞争力。在刘芹（2007）看来，为了获取并保持产业集群的竞争力，集群升级是非常有必要且紧迫的。产业集群升级的基础和最终目的就是保持持续的竞争力。因此，产业集群竞争力理论为产业集群升级研究提供了研究基础。

（二）集群演化理论与产业集群升级

Krugman（1991）认为产业集群与生物体非常类似，从出生到死亡这一过程大约存在"形成阶段、持续发展阶段、饱和与转型阶段、衰退阶段、死亡或复兴成长阶段等 5 个阶段"[①]。

Porter（1998）认为产业集群的生命周期存在形成、发展和衰亡三个阶段。在研究集群解体时他发现，集群产生以后不是一成不变的，它们随时会因为外部威胁（如技术、需求改变等）和内部僵化（如由合并、垄断等引起创新不足等）而丧失竞争力。

Capello（1998）认为集群不断由低级向高级演进的路径为"地理接近型、专业化产品区、工业区、创新区"[②]。并且，该演化进程并非自发进行的，也不一定所有演化进程都能顺利完成，集群也存在停滞在某一发展阶段的可能性。

Ahokangas 等（1999）将区域集群的发展过程分为起源和出现、增长和趋同、成熟和调整三个阶段。

在朱海燕（2009）看来，"集群生命周期理论将集群发展的过程划分为不同阶段，为集群升级研究提供了理论支撑"。从某种意义上来看，集群从低级阶段发展到高级阶段也是一种升级的过程。另外，产业集群的竞争地位不是一成不变的，由于内外环境和力量的变化，它很有可能会逐渐丧失竞争力，所以产业集群必须积极主动地应对不同的发展阶段，通过"主动地影响和改变其行为模式和组织特征，以达到'升级'的目的"[③]。

可见，产业集群升级与集群演化理论研究的重点虽然有所不同，但是两者之间也存在着密切的联系。

（三）产业集群升级理论研究综述

Porter（1990）指出集群若要在国际贸易中获取和保持在劳动、资本上的持续竞争力，最好的途径就是升级，具体为产品升级、生产效率升级、生产环节升级。其观点与 Kaplinsky（2000）一致。

Gereffi（1999）认为集群升级的内涵应至少涵盖四个方面，分别是：①产品层面，从生产简单产品到生产复杂产品；②经济活动层面，更加熟悉复杂的生产、营销和设计，包括从装配到 OEM，再到 ODM，再到 OBM；③部门间的演变，生产向供应链两端高附加值的产品和服务演变；④产业间的转变，从劳动密集型产业转移至资本和技术密集型产业。

梅丽霞等（2005）对产业集群进行分析时，将文化、地理等因素考虑进去，认为在全球价值链的背景下集群升级的内容不仅包括技术能力、创新能力和外部

[①][②] 谭劲松，何铮. 2007. 集群研究文献综述及发展趋势. 管理世界，（12）：140-147.

[③] 朱海燕. 2009. 产业集群升级：内涵、关键要素与机理分析. 科学学研究，26（S2）：380-390.

关联方面的内容，还应该将社会资本、区域创新系统考虑包含进去。

刘芹（2007）认为产业集群升级应包含两个方面：一方面是通过集群内部各个主体间的频繁互动合作来使经济业务合作网络及社会关系网络得到加强；另一方面则是集群内部企业争取跟全球价值链上占支配地位的跨国企业合作来获得竞争力，进而沿着全球价值链攀升来获得更多的附加值，从而得到持续发展。

朱海燕（2009）从知识创新视角提出产业集群升级的内涵应包括：①知识结构的强化、更新和跃迁是产业集群升级的真正本质。②网络结构和知识行为是集群升级的动力因素；相对应的，知识结构则更多是静态要素。并且，她还认为"产业集群升级可以划分为三种类型：有关产品制造知识增加的集群升级、有关工艺流程制造知识增加的集群升级以及有关研发知识或市场知识跃迁的集群升级"[①]。

二 人力资本理论研究综述

（一）人力资本理论的发展

"土地是财富之母，劳动是财富之父"这一著名命题源于威廉·配第的劳动价值理论，这一思想充分体现了人的经济价值。在此基础上，亚当·斯密则明确将人的能力归于固定资本这一范畴。另外，萨伊、N.W.西尼尔及 E.恩格尔等也从不同角度阐述过有关人力资本的思想，不过对现代人力资本概念的提出产生影响最为深远的，则是 I.费希尔关于资本概念的思想。

20 世纪 50 年代后期，由于科技水平、生产条件的日益提高，越来越多的学者开始意识到人力资本的重要性。"人力资本理论之父"舒尔茨在对经济增长的研究中发现，仅仅考虑自然资源、实物资本和劳动力是无法完全解释生产力提高的，人力资本必须作为重要的生产要素考虑进去。物质资本、劳动力数量增加所带来的经济增长远比不上人力资本提高的贡献。贝克尔在其著作《人力资本理论：关于教育的理论和实证分析》中提出，人力资本投资活动通过增加对人力资源的投入进而影响人们的货币收入和心理收入。人力资本投资活动（尤其是教育）具有经济上的重要性。

20 世纪 80 年代后期，在阿罗的"干中学"模型的基础上，罗默和卡斯运用知识溢出效应来解释技术进步，进而说明正是人力资本的不断积累才使经济能够实现持续增长。

---

① 朱海燕. 2009. 产业集群升级：内涵、关键要素与机理分析. 科学学研究, 26（S2）: 380-390.

(二)人力资本对企业能力的影响研究

Ireland 和 Hitt（1999）指出，若想提升企业能力，最重要的保障则是对企业人力资本进行投资和有效分配。Spooner（2000）认为"企业能力的本质完全依赖于其载体的运营与管理，人力资本在企业能力的培养和提升过程中具有主导和能动作用"[1]。

贺小刚（2005）认为组织能力的源泉为企业家能力，并且企业家的关系能力、创新能力和战略能力对企业家培育组织能力的作用最为直接，另外，企业家任职时间、学历与参与培训等学习活动对企业组织能力的形成也有相当大的影响。

张冬梅（2006）认为企业核心能力的形成高度依赖于人力资本。经营者人力资本作为企业中的主导资本要素，对企业核心能力及企业异质性具有非常大的决定作用。并且，经营者人力资本的技术能力创新是企业能力的最直接体现，其制度创新和价值创新也是企业核心能力的依托。

刘晔和彭正龙（2006）支持企业能力的"知识本质论"这一观点，并认为人力资本作为知识的载体，对企业能力的形成和发展进化起决定作用。首先，人力资本投资直接促进了知识的增长和积累；其次，知识结构体系（由人力资本存量形成）为企业能力的发展提供了内在可能性，而企业能力提升的实现过程则依赖于知识结构的改变（包括知识扩散和整合）；最后，人力资本的激励同样是决定企业能力发展程度的重要因素。并且，刘晔（2007）还认为人力资本作用基础上的资源之间的结合和运用对企业能力的形成也具有非常重要的影响。

李舒（2008）认为人力资本不仅是企业一种新的生产要素还是企业能力的集中反映。首先，管理层人力资本结构一旦发生改变，有可能会引起企业组织结构及经营理念发生改变；其次，企业是员工发挥自有人力资本作用及企业培养新人力资本的平台，但企业业绩的好坏取决于企业员工人力资本是否充分发挥了作用。

蒋瑞（2008）指出，专业型人力资本和管理型人力资本分别构成了企业组织功能性能力和整合性能力的真正源泉。

李忠民和宋晓亮（2008）研究发现，企业家人力资本是影响企业绩效的众多因素中最具有主观能动性的。企业家人力资本不仅能通过培育组织能力来间接促进企业成长，并且在企业不断发展壮大的过程中，企业家"个人英雄主义"作用的发挥，直接影响企业绩效，并决定了企业的发展。

---

[1] 刘晔，彭正龙. 2006. 人力资本对于企业能力的作用机制研究——基于知识视角的分析. 科学管理研究，24（4）：90-102.

许红胜和王晓曼（2010）研究发现，人力资本、结构资本和关系资本不仅能对财务绩效产生显著的正向影响，也能对企业能力产生显著的正向影响。

孙鸿飞等（2012）认为人力资本运营的四个机制（人力资本形成、人力资本激励与约束、人力资本配置和人力资本流动）是通过影响知识型企业的战略能力和基本能力两个方面，进而对知识型企业的企业能力产生作用的。

三 企业能力理论研究综述

(一) 企业能力理论的发展

企业能力理论的思想源头最早应始于亚当·斯密的劳动分工理论。而现代企业能力理论的雏形则形成于马歇尔的企业内部成长理论中的观点，即企业的异质性源于内部职能分工所带来的知识积累和职能协调。他认为不同职能部门会产生不同的专门知识和技能，这不仅决定了企业之间的异质性的存在，还要求企业不断协调与整合已有的和新产生的职能分工。

伊迪比·潘罗斯（2007）则更注重单个企业的成长过程，认为"企业是资源的集合，并且企业的内部资源是企业成长的源泉"[①]。虽然"企业能力"这一概念并没有被她专门提出来，但她指出"生产性服务"发挥作用的过程促进知识积累，知识积累则会引起管理水平的提高，进而促进企业成长。20世纪六七十年代，企业内部成长理论的另一代表人物 Richardson（1972）明确提出企业能力的概念，他认为"企业积累的知识、经验和技能即为能力，企业的生产、开发、营销等组织活动都是以企业能力为基础的"[②]。

组织学习理论的先驱 Cyert 和 March（1963）提出组织惯例是组织学习的基础。企业会遵循组织惯例整合历史所得的知识，进而指导组织及其个体的行为。演化经济理论的代表人物 Nelson 和 Winter（1982）整合了组织惯例、组织知识与动态竞争，认为企业是知识的储藏室，通过惯例来指导集体行动。Wernerfelt（1984）认为公司所拥有的内部资源决定了企业能否获得持续超额收益并维持其竞争优势。

在企业内部成长理论、组织学习理论、演化经济理论、知识理论等的影响下，现代企业能力理论研究逐渐形成了以 Wernerfelt、Barney 等为代表人物的资源基础观，以 Prahalad、Hamelde 等为代表人物的核心能力观，以 Teece、Pisano、Shuen 等为代表人物的动态能力观，以及以 Kogut、Zander、Grant 等为代表人物的知识

[①][②] 田佳欣，贾生华. 2008. 网络视角下的集群企业能力构建与升级战略：理论分析与实证分析. 杭州：浙江大学出版社.

基础观。至此，初步形成了企业能力理论的研究体系。

（二）企业能力对产业集群升级的影响研究

王缉慈（2004）提出，企业的战略选择和产业竞争方式决定了企业在竞争中能否获得成功。中小企业取得竞争优势的途径就是通过加入集群来促进技术创新。

梅丽霞等（2005）认为本土企业在与外部关联企业合作的过程中，应不断突破和创新自主开发能力及生产能力，完成升级，并且还要重视自主技术研发和知识产权的保护。

王珺（2005）认为主导企业对外部资源的组织和运作能力对衍生型集群的形成所产生的作用非常关键。

于明超等（2006）指出，企业沿着全球价值链攀升提高竞争能力并获取持续收入增长的过程中，关键在于持续提高创新能力并持续开发产品和生产工艺。

杨锐等（2008）指出，地方产业集群升级就是在全球价值链上进行重新定位。无论集群是进入新市场还是提高在原有市场的地位，形成能够适应市场环境变化的动态能力是必要条件，这同时也要求集群企业具备快速学习和整合资源的能力。

吴先华等（2010）研究指出，集群整体的动态学习能力取决于集群内部企业对知识的吸收、扩散、创造和利用的能力。而集群的学习能力和学习方式自然会对整个集群知识系统的动态创新能力产生重大影响。

戴维奇等（2013）认为集群升级的真正行动者归根结底是集群企业。集群企业通过构建本地业务网络来获得市场信息和知识，企业的吸收能力决定了企业能否顺利将获得的外部知识与集群现有知识整合，进而产生新知识（新能力），以此推进集群升级。

四 文献评述

迄今为止，人们对产业集群升级的定义和内涵还没有达成共识。并且，关于集群升级的研究多以理论研究为主，实证研究相对较少。以波特（2002）、Ahuja（2000）等学者为代表对产业集群竞争力的研究指出，获得和保持持续的竞争力是产业集群升级的基础和最终目标，这为产业集群升级的相关研究提供了理论基础。Krugman（1991）、Capello（1998）等学者对集群生命周期的相关研究，则是产业集群升级研究的另一个理论来源。现有对产业集群升级的研究逐步形成了两种思路：一种是认为通过加强内部合作、促进知识流动为集群带来持续竞争优势，完成集群升级；另一种是认为通过加强与集群外部的联系、沿着全球价值链攀升来实现集群升级。

另外，李琳（2004）、陆根尧（2008）、胡蓓（2009）、王缉慈等（2010）等学者对产业集群进行相关研究时，发现了人力资本对产业集群竞争力及集群升级的重要作用。虽然对人力资本与提升产业集群竞争力已有一些研究，但是有关人力资本通过哪些途径、以什么样的机制影响产业集群升级的文献却很少。由此可见，一方面，集群企业作为集群最重要的主体之一，其创新、整合资源、学习等涉及企业能力方面的内容，关系到集群能否真正实现升级；另一方面，如 Ireland 和 Hitt（1999）、Spooner（2000）等学者指出"企业能力本质就是知识，高度依赖于其载体即人力资本的运营和管理，企业能力的培养和提升离不开企业人力资本"。因此，从人力资本这个视角出发，通过人力资本提高企业能力来推动产业集群升级这一研究具有重要的理论和实践意义。

第二节　人力资本视角下技术密集型集群升级：理论分析

这部分的研究以技术密集型集群为例，从理论和实证两个方面来研究人力资本视角下产业集群升级问题，即研究人力资本与企业能力和产业集群升级的关系问题。

一　相关概念界定与维度划分

（一）人力资本的概念界定与维度划分

1. 人力资本的概念界定

舒尔茨（1990）提出人力资本是指"凝结在劳动者身上的，用体力劳动者和脑力劳动者的数量和质量表示的资本"[①]。贝克尔（1987）认为人力资本应包含才干、知识、技能、时间、健康和生命。Arrow（1962）认为人们获得知识的途径是学习，而知识和学习的产物带来的是技术进步。通过学习这一过程不断积累经验并逐渐形成人力资本。Lucas（1988）则认为专业化生产某种商品的人力资本是通过"干中学"获得，并会随着生产的商品数量的增加而增加。其增长主要取决于生产者从事一种商品生产的时间长短或整个社会分配于该种商品的劳动系数，以及本行业的平均技术水平所决定的每种商品生产的知识和技能。波尔弗和埃德文森（2007）把人力资本定义为个体在完成国家任务和实现国家目标方面拥有的知识、教育和能力。一个国家的人力资本始于其国民的知识财富。

国内学者如魏杰（2002）、蒋满霖（2006）等对人力资本的定义大都沿用舒尔

[①] 魏后凯. 2011. 现代区域经济学. 北京：经济管理出版社.

茨的思路来界定。如前所述，本书也认为人力资本是指通过人力资本投资存在于人体之中，并对未来收益产生影响的知识、技能、经验、精神、创新能力及健康素质等因素的集合。

2. 人力资本的维度划分

Lepak 和 Snell（1999）划分企业人力资本的维度主要是个体人力资本对组织的价值及个体人力资本所含的知识技能对于组织的独特性。周其仁（1996）则从人力资本在生产过程中的作用这一角度出发进行了划分。丁栋虹和刘志彪（1999）依据人力资本的报酬能力将人力资本分成同质型人力资本与异质型人力资本。郭玉林（2002）从知识要素构成的角度出发，将人力资本划分为显性人力资本和隐性人力资本。魏杰和赵俊超（2002）、刘晔（2007）、蒋瑞（2008）、刘剑雄（2008）、马振华（2009）则从人力资本在组织活动中的功能、地位、能力结构、作用范围等角度出发对人力资本进行维度划分，具体见表5.1。

表 5.1 人力资本的维度划分

学者	人力资本维度
周其仁（1996）	工人的劳动、经理的管理知识和能力、企业家的经营决策
Lepak 和 Snell（1999）	核心人力资本、通用人力资本、辅助人力资本和独特人力资本
丁栋虹和刘志彪（1999）	同质型人力资本、异质型人力资本
郭玉林（2002）	显性人力资本、隐性人力资本
魏杰和赵俊超（2002）	技术人员人力资本、企业家人力资本
刘晔（2007）、蒋瑞（2008）	管理型（企业家）人力资本、专业型人力资本和普通型人力资本
刘剑雄（2008）	企业家人力资本、非企业家人力资本
马振华（2009）	一般型人力资本、技能型人力资本、技术型人力资本、管理型人力资本、企业家型人力资本

贝克尔（1987）将知识分为通用知识、企业专有知识和产业专有知识。其中，通用知识即一般知识，其转移并不会对企业的竞争力造成影响；而企业专有知识则只有在特定企业才能充分发挥作用，并固定在特定企业的文化、技术和管理等知识之中，所以包括技术知识和管理知识两个部分[①]。在此基础上，笔者将人力资本划分为主要具备通用知识的一般人力资本和具备专有知识的专业型人力资本，其中，专业型人力资本又可划分为具有专业技术知识的技术技能型人力资本和具备专业管理知识的管理决策型人力资本。考虑到专有知识中大量的隐性知识对创新具有决定性作用，因而本书着重讨论和分析技术技能型人

---

① 刘晔. 2007. 人力资本对企业能力作用的理论与实证研究. 同济大学博士学位论文.

力资本和管理决策型人力资本这两种人力资本。其中,技术技能型人力资本是指具有某种特殊专业知识和技能,并能凭借这些专业知识和技能完成特定技术方面的工作甚至进行一定创新的个体所具有的人力资本。管理决策型人力资本是指具备该人力资本特点的人在配置资源、管理协调、洞察市场、发现机会等方面能力比较突出,并且该类人力资本还有一个非常重要的功能,就是推动组织创新和制度创新,从广义角度来说,第四章所分析的企业家人力资本也应包括在这种类型的人力资本中,但由于企业家人力资本的作用比较突出,所以在第四章中首先进行了专门分析。

（二）企业能力的概念界定与维度划分

1. 企业能力的概念界定

邓修权等（2003）认为企业能力不仅具备资源组合的属性,同时也是合理配置和使用资源的途径和本领。张钢（2001）认为企业资源只有被操作和运用来抓住市场机会和应对外部威胁时才会产生价值,企业能力即表现为企业资源被操作和运用的过程。因此,企业的资源、能力和惯例三者相互依存、无法分割。权锡鉴和宋扬（2007）认为企业能力就是整合配置企业所拥有的各种资源,并且在不同外部环境下企业自有的有关组织机制、惯例和流程的一系列安排。郑承志（2012）认为企业能力是企业资源组织某种经营活动的熟练性和成功的可能性,经营绩效即为成果体现。企业能力作为企业的高阶资源,能够保障顾客价值的创造和企业利益的实现,是促进企业成长并推动社会经济发展的根本动力。陈艳艳和颜红桂（2013）认为对知识密集型服务企业（KIBS）来说,企业能力是指在服务过程中处理、创造和应用知识的能力,它是构建知识密集型服务企业竞争力的最基本要素。

目前,企业能力具有多种不同的定义:"有些是关于完成企业基本职能活动的能力,有些则与企业特定能力系统的动态改进有关,还有些则涉及更深层次上的组织模式、战略洞察能力、创造新核心能力等方面的能力改进和变革。"[①]本章则主要从知识角度来对企业能力进行界定,企业具有并能利用的知识决定了其活动范围,企业能力即企业消化、吸收、整合、应用及创造知识并取得相应经济成果的能力。

2. 企业能力的维度划分

杜纲等（2001）指出,划分企业能力最基本的关键维度是"刚性"和"柔性"。

[①] 田佳欣,贾生华. 2008. 网络视角下的集群企业能力构建与升级战略:理论分析与实证分析. 杭州:浙江大学出版社.

黄津孚（2001）认为企业能力主要有技术能力、商业能力和管理能力，三者的有机结合则构成了企业的核心能力。齐庆祝和杜纲（2006）从企业的运作方式（即企业价值实现方式）的角度出发，将企业能力的构成分为：资源与基础层面（最内层面）、业务与技术层面（中间层面）、市场与盈利层面（最外层面）。刘晔（2007）、蒋瑞（2008）则从企业知识的角度出发，郑承志（2012）则从市场环境对企业能力需求的角度出发，陈艳艳和颜红桂（2013）从能力的动态性出发，朱桂龙和黄金胜（2006）从技术创新的角度出发等，分别对企业能力的维度进行了划分。各学者对企业能力维度的具体划分如表5.2所示。

表 5.2　企业能力的维度划分

学者	企业能力维度
杜纲等（2001）	"刚性"（企业自主技术的实力和水平）、"柔性"（企业对动态环境的有效反应和适应能力）
黄津孚（2001）	技术能力（包括产品开发、工艺实现、技术创新能力等）、商业能力（包括融资能力、招聘能力、采购能力、商务谈判能力等）和管理能力（包括计划能力、组织能力、领导能力、协调能力和控制能力）
张钢（2001）	员工技能运用、技术系统操作、管理系统操作、价值观运用
邓修权等（2003）	技术能力、创新能力、制造能力、营销能力、后勤保障能力和人力资源管理能力等
朱桂龙和黄金胜（2006）	创新战略的整合能力、创新组织的整合能力、创新技术的整合能力
齐庆祝和杜纲（2006）	资源与基础层面（最内层面）、业务与技术层面（中间层面）、市场与盈利层面（最外层面）
刘晔（2007），蒋瑞（2008）	功能性能力（技术能力、生产能力、营销能力及财务运作能力）、整合性能力（企业决策能力、学习创新能力及风险防范能力）
郑承志（2012）	职能能力、核心能力、动态能力和企业家能力
陈艳艳和颜红桂（2013）	研发能力、关系能力及客户响应能力

由于研究背景和研究目的不同，国内外学者对企业能力的划分各不相同。如前所述，本书则根据企业专有知识分为技术知识和管理知识两个部分，进而讨论两种形成企业持续竞争优势的最基本能力：技术能力和管理能力。前者为企业消化、吸收、整合和改变内外界知识来开发和设计新产品、新技术和新工艺的能力；后者是通过构建组织结构和内部制度来协调并整合各项经营活动和资源来促进生产效率提高的能力[①]。

[①] 田佳欣，贾生华. 2008. 网络视角下的集群企业能力构建与升级战略：理论分析与实证分析. 杭州：浙江大学出版社.

(三) 技术密集型集群升级的概念界定与维度划分

1. 技术密集型集群升级的概念界定

Porter (1990)、Kaplinsky (2000) 认为集群升级的目的就是获取持续竞争力，意味着生产更好的产品、生产效率更高或向技能含量更高的环节转移。Humphrey 和 Schmitz (2000) 认为产业集群升级是通过价值链治理和企业自身学习来使集群在全球价值链上的附加值获取能力得到提高。Pietrobell 和 Rabellotti (2004) 认为产业集群升级是通过不断创新使集群从低附加值生产环节转移到高附加值生产环节，并生产出更具竞争力的产品。刘芹 (2007) 认为产业集群升级应包含两个方面，一方面是通过集群内部各个主体间的频繁互动合作来使经济业务合作网络及社会关系网络得到加强，另一方面则是集群内部企业争取通过与跨国企业的各种合作来获得竞争力，进而沿着全球价值链攀升来获得更多的附加值，从而得到持续发展。朱海燕 (2009) 从知识创新视角提出产业集群升级的内涵应包括：①知识结构的强化、更新和跃迁是产业集群升级的真正本质；②网络结构和知识行为是动力因素。

目前国内外关于产业集群的定义还未统一，基于研究需要，本书认为技术密集型集群升级是指集群凭借自身所积累的知识，以人力资本为载体，通过增强集群企业能力（包括技术能力、管理能力等方面）进入到附加值更高、竞争优势更明显的全球价值链环节的过程。

2. 技术密集型集群升级的维度划分

如前所述，Porter (1990)、Kaplinsky (2000) 认为集群升级主要包括：产品升级、生产效率升级及生产环节升级。Gereffi (1999) 认为升级应涵盖四个方面，分别是：①产品层面，从生产简单产品到生产复杂产品；②经济活动层面，更加熟悉复杂的生产、营销和设计，包括从装配到 OEM，再到 ODM，再到 OBM；③部门间的演变，即生产沿着供应链向两端高附加值的产品和服务演变；④产业间的转变，从劳动密集型产业转移至资本和技术密集型产业。Humphrey 和 Schmitz (2000)、Kaplinsky 和 Morris (2001) 认为集群升级主要有四种类型：过程升级、产品升级、功能升级和价值链升级。梅丽霞等 (2005) 认为在全球价值链的背景下集群升级的内容不仅包括技术能力、创新能力和外部关联方面的内容，还应该将社会资本、区域创新系统考虑包含进去。朱海燕 (2009) 从知识创新视角分析认为产业集群升级的类型可以划分为："有关产品制造知识增加的集群升级、有关工艺流程制造知识增加的集群升级以及有关研发知识或市场知识跃迁的集群升级。"[1]

---

[1] 朱海燕. 2009. 产业集群升级：内涵、关键要素与机理分析. 科学学研究, 26 (S2): 380-390.

考虑到我国技术密集型集群升级的具体情况，大多数集群能实现过程升级及产品升级，部分集群能完成功能升级，但能够完成价值链升级的集群则比较少见。因此，本章主要从工艺流程升级、产品升级和功能升级三个方面来考察技术密集型集群的升级。其中，工艺流程升级是指技术密集型集群可通过加速存货周转、减少废料、加快贸易文件处理等提高投入产出率，从而比对手获得更强的竞争力；产品升级是指技术密集型集群不断和快速开发与改善质量更好、价格更低、款式更新颖的产品；功能升级是指技术密集型集群为了改变自身在全球价值链上的地位，主动向附加值高的设计环节、营销环节或物流方面转移[1]。

二 人力资本对技术密集型集群升级影响的总体模型

（一）产业集群升级的内部途径和外部途径

目前学术界关于产业集群升级的研究大致归为"两种主要观点：一是基于地域化视角由内部力量来推动集群升级的路径，二是基于外部价值链攀升的外部力量来拉动集群升级的路径"[2]。

通过内部途径来获取竞争优势进而完成升级的相关研究认为，"集群内部的知识流动（尤其是隐性知识的流动）能够提升集群企业创新能力，使得集群能够获得并保持持续的竞争优势"[3]。因此，应该通过加强企业之间的分工合作、促进集群不同主体间知识的传播和整合、构建和完善创新网络等来促进集群升级。Porter（1990）认为地理临近性可以增进集群内经验类的默会知识的产生和传播，进而能使集群企业获得具有竞争优势的战略资源。Brenner 和 Greif（2003）指出产业集群升级的内部途径就是随着集群内企业的不懈努力和组织化程度的不断提高，集群主体间的合作网络和人际关系网络得以巩固和加强，通过集群的知识创新来促进集群完成组织、技术、产品及价值的升级。[4]Ottati（1996）、Meyer（1998）认为集群内企业是否紧密合作是集群能否成功度过危机并实现升级的关键。王缉慈和张晔（2008）认为产学研近距离紧密合作和隐含经验类知识的交流网络等对高科技产业集群的创新和新兴产业的形成非常重要。朱海燕（2009）基于集群竞争优势总结出网络化创新和使能组织等集群基础性设施能促进集群发展和升级。李文秀（2007）则通过实证研究证明了产业集群创新网络建设会对产业集群升级产

---

[1] 王缉慈，等. 2010. 超越集群：中国产业集群的理论探索. 北京：科学出版社.
[2] 朱海燕. 2009. 产业集群升级：内涵、关键要素与机理分析. 科学学研究，26（S2）：380-390.
[3] 徐乾. 2012. 基于产业集群升级机制的现状分析及展望探讨. 机制工程，（26）：10-12.
[4] 王娇俐，王文平，王为东. 2013. 产业集群升级的内生动力及其作用机制研究. 商业经济与管理，（2）：90-96.

生影响,并且创新网络内的非正式交流、员工信任程度及创新文化建设与产业集群升级呈正相关。

认为产业集群应该沿着全球价值链攀升实现升级的学者们指出:"在全球化背景下,集群倘若只顾加强集群内部联系而不重视集群外部信息的获取,很容易被'锁定'在全球价值链的低端,无法实现持续升级而面临被淘汰的危险。"[1]Schmitz(2000)、Kishimoto(2002)等均强调"面对激烈的全球竞争,产业集群不仅要加强本地合作,更要加强集群外的联系"[2]。Gereffi 等(2005)提出沿着全球价值链攀升实现产业升级,能够帮助企业获得更多利润、更先进的技术资本及进入技能密集型产业领域。其中,主导企业对产业集群顺利实现升级的促进作用不容忽视。Humphrey 和 Schmitz(2000,2002)深入地分析了全球价值链治理对产业集群升级的影响。张辉(2005)指出全球价值链上的产业集群有着依据附加值高低分布的"金字塔式"等级体系,集群升级和反升级是在激烈的竞争中进行的。朱允卫和董美双(2006)在研究温州鞋业集群升级时指出,集群要突破生产要素紧缺、国际销售渠道匮乏等发展瓶颈,解决低成本优势弱化、企业外迁所带来的问题,关键在于构建自主品牌、拓展国际销售渠道。集群企业也应该根据自身的资源优势及企业战略,选择合适的全球价值链升级途径。

(二)人力资本、企业能力对技术密集型集群升级影响的概念模型

集群无论是通过发挥集群网络的作用,还是通过嵌入全球价值链来达到升级的目的,都改变不了创新才是升级的本质这一事实。在知识经济和全球化背景下,我国产业集群尤其是技术密集型集群应该既通过挖掘内部资源、加强内部联系,又通过获取外部资源、加强外部联系来实现持续升级。作为集群最重要的创新主体,集群升级的任务归根结底要落到企业身上。集群内企业既可以通过构建本地业务网络来获取市场和技术知识,还可以通过在全球价值链上的再定位来进行快速学习和资源整合,在充分并有效利用既有知识的基础上来生成新的知识和新的能力,促进产业集群实现升级。因此,"集群升级的真正行动者是集群内的相关企业"[3],企业能力则是集群能否实现持续升级的关键。然而,又因为"企业核心能力的本质是知识"[4],知识的开发、获取、吸收、转化、积累和传播高度依赖于人

---

[1] Dicken P, Kelly P F, Olds K, et al. 2001. Chains and networks, territories and scales: Towards a relational framework for analyzing the global economy. Global Networks, 1(2): 89-112.

[2] 谭力文,赵鸿洲,刘林青. 2009. 基于全球价值链理论的地方产业集群升级研究综述. 武汉大学学报:哲学社会科学版,62(1):56-63.

[3] 戴维奇,林巧,魏江. 2013. 本地和超本地业务网络、吸收能力与集群企业升级. 科研管理,34(4):79-89.

[4] 魏江. 1999. 基于知识的核心能力载体和特征. 管理工程学报,2(20):53-55.

这一个体。人力资本作为知识（尤其是难以编码的隐性知识）的载体，对企业能力的培养和提高起决定性作用[①]。

李琳和袁灵（2004）也强调了人力资本对产业集群可持续发展具有非常重要的作用。陆根尧（2008）等研究发现，产业集群竞争力与人力资本水平具有显著的相关性，人力资本通过提升集群生产率、增强集群创新、激励集群企业竞争性等途径，提升产业集群竞争力。胡蓓（2009）研究认为，产业集群的人才集聚能够引发创新，并且通过创新来带动集群发展，这是一种良性的循环和互动。王缉慈等（2010）指出，一些集群难以成为真正的创新集群，主要因素是缺乏关键技术和人才。由此可见，产业集群升级与人力资本具有密切的关系。

综合前面的分析，可以认为人力资本促进了企业能力的提高，企业能力的提高促进了产业集群升级。因此，本项研究提出人力资本、企业能力与技术密集型集群升级三者之间关系的总体理论框架（图 5.1），后文将详细分析论述三者及其构成要素之间的关系，至于其内部具体的运行机制，本书不做过多深入的考虑。

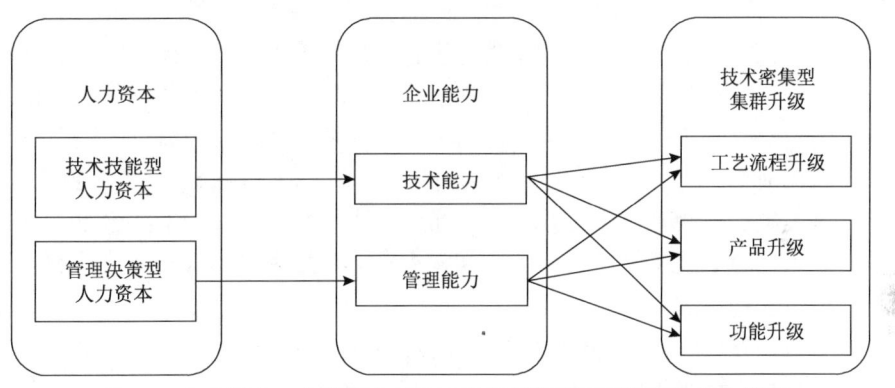

图 5.1 人力资本、企业能力与技术密集型集群升级关系的概念模型

三 人力资本对技术密集型集群升级影响的机理研究

（一）人力资本对企业能力影响的分析

1. 技术技能型人力资本与技术能力

制度学派代表人物凡勃伦指出，由于现代科学技术的规模巨大及内容复杂，不是所有的人都能成为性质不同、要求苛刻的工作领域（如企业）中当之无愧的专家，并且能够有效地把握企业的生产技术状况。他还认为企业的工程师和专家

[①] 刘晔，彭正龙. 2006. 人力资本对于企业能力的作用机制研究——基于知识视角的分析. 科学管理研究，24（4）：90-102.

在企业系统中扮演着非常重要的角色，生产技术的突飞猛进也让专家人员在企业生产和技术组织上肩负的责任越来越大。专家型员工"已经产生并成长为生产性企业中非常关键的要素，成为现代生活中的一大名人"[①]。技术技能型人力资本拥有丰厚的专业知识和操作技能，因而更能在学科交叉和产业融合的基础上找到创新的灵感，从而促进企业对新技术的应用、新产品的开发及解决技术攻关问题。毫无疑问，技术技能型人力资本是企业乃至整个集群生存和发展的基础。

首先，技术技能型人力资本能解决生产技术上的关键问题及设备维修的难题，保证企业生产的技术、工艺、产品的质量。Grant（1996）指出一个高水平的技术人员将其所掌握的有关质量控制的知识（尤其是隐性知识）传授给每一个生产工人是非常低效率的。将其知识（尤其是隐性知识）整合到生产过程中更为有效的方法是：建立一套关于质量控制的程序和规则，将其程序化并制度化。这些规则制度则是将技术技能型人力资本所具有的隐性知识转化为显性知识的有效工具。另外，马克思（1975）指出工人能够结合自身的技能和经验，运用最简便的方法来解决生产过程中所遇到的实际问题，这也是理论指导实际生产的过程[②]。

其次，技术技能型人力资本作为先进技术转移最重要的载体，能有效利用新设备开发和推广新技术和新产品。例如，日本采用"引进—消化—吸收—创新"模式来引进欧美先进技术。他们在引进国外先进的技术硬件和软件的同时派出相关技术人员前往学习，待外派的技术人员充分理解、消化和吸收这些新技术以后，再在这些基础上结合企业自身的实际情况进行改进和创新。王金营（2000）认为，技术潜在采用者的技术原始积累水平和人力资本存量决定了其对新技术的学习、消化、吸收和创新能力。

最后，技术技能型人力资本也是企业自主创新的重要主体之一。王金营（2000）指出，不管是进行自主创新还是学习他人的先进技术，单位或区域都必须投入相匹配的物质资本和人力资本。那些拥有掌握高技术和创新能力的科学家和科技开发人员的单位或区域，将拥有较高的"技术势"。同样，陆根尧（2008）认为技术创新是企业整合创新资源（包括专业化人才、资金、信息、公共服务等）进行创新的过程，是企业生存与发展的基础和根本。技术创新能为企业带来竞争优势，并决定着企业的命运及其竞争地位。企业技术创新活动中最重要的创新资源是专业化人力资本。另外，马振华（2009）提到，一方面，技能人才（生产技术人员）能根据技术研发人员对产品的技术要求，通过产品创新来使技术从潜在转化为现实形态；另一方面，由于技术中介具有较大的变动性与差异性，技能人才（生产技术人员）必须根据已有专业知识和经验，及时发现产品设计、工艺流程及技术

---

① 马尔科姆·卢瑟福. 1999. 经济学中的制度. 陈建波，郁仲莉译. 北京：中国社会科学出版社.
② 马克思. 1975. 资本论（第3卷）. 中共中央马克思恩格斯列宁斯大林著作编译局编译. 北京：人民出版社.

设备的问题与不足,并采取相应的行动来进行改进或创新。

基于上述分析,本章提出以下假设:

H1:集群企业技术技能型人力资本与企业技术能力正相关

2. 管理决策型人力资本与管理能力

首先,管理决策型人力资本拥有丰富的经验管理知识和技能,以及长期在企业的管理经营活动中所积累的经验,在给定资源的条件下,他们能对各种资源实现最佳配置、组合和协调,这也是其最基本的功能。潘罗斯在其《企业成长理论》一书中提到,起初管理人员会花费大量时间来处理新的管理职能和决策问题,然而随着对这类问题的熟悉和掌握,管理人员凭借以往所积累的经验、知识能够得心应手地处理好这些复杂棘手的问题,并且在大家都能理解的知识基础上将其程序化。这样不仅能节约决策资源、提高企业的程序性管理能力,还能释放新的管理者才能去解决新问题,促进企业成长。

其次,在面对不确定市场的情况下,管理决策型人力资本能凭借自己相对突出的经营管理能力来协调和整合企业资源及活动、洞察企业发展过程、发现新机会等。张维迎(1996)指出经营决策是企业经营活动中最重要的活动,面对瞬息万变的市场,企业的决策者或企业家往往是凭借其经验、才华、胆略甚至直觉来进行判断和决策,这使企业的成败与企业家素质被绑在了一起。倘若企业中每个理性的参与者都希望实现合作收益的最大化,他们必须让最有经营决策力的人成为企业决策者或企业家。"随着企业规模不断发展,企业产品生产、市场销售、财务管理以及组织管理变得极其复杂,专业的经营管理知识在企业运营过程中的作用越来越大。由于现代经营管理在企业中的地位,专业经营管理者成为一种独立的人力资本并决定着企业的兴衰。"[1]陆根尧(2008)认为现代企业需要具有博而专的知识及企业家基本素质的专业管理人才。由于科技发展日新月异、知识更替的速度越来越快,专业管理人才只有凭借广博的基础知识和精深的专业知识,才能有实力应对各种挑战。其丰富的知识构架使他们具备了创新意识与创新能力、合作与沟通能力、适应社会变革的能力等,从而能适应日益残酷的竞争并带领企业走上康庄大道。另外,张冬梅(2006)认为对高新技术企业来说,其竞争优势对组织成员的知识、技能和经验的依赖性日益增加,人力资本(尤其是经营者人力资本)的作用至关重要。一方面,作为最稀缺的企业资源,经营者人力资本能凭借其边际报酬递增的生产力属性为企业创造更多附加值。因此,经营者人力资本与组织资本能否良好匹配、有效协同、递进式互动决定了企业绩效乃至企业成长。

---

[1] 胡静林. 2001. 人力资本与企业制度创新. 北京:经济科学出版社.

基于上述分析，本章提出以下假设：

H2：集群企业管理决策型人力资本与企业管理能力正相关

（二）企业能力对技术密集型集群升级的影响分析

1. 集群企业技术能力与技术密集型集群升级

曹兴和潘金丽（2007）认为人才、技术、资金等诸多因素会影响高技术企业的成长，这些因素整合形成的技术核心能力则是高技术企业形成并保持竞争优势，以及不断成长和发展的重要推动力。作为生产力的直接体现，技术能力直接决定了集群能否实现产品升级和工艺流程升级。据此，梅丽霞等（2005）指出集群的升级首先体现为集群技术能力的升级。汤长安（2009）认为高技术集群企业技术能力的本质是企业所拥有的知识，企业知识积累与技术能力正相关，当整个集群固化和活化的知识积累达到一定阈值时，集群便能顺利达到升级的目的。另外，还有诸多学者如寿涌毅和孙宇（2009）、彭灿（2009）、陈劲等（2007）、陈曦和缪小明（2012）等通过实证分析证明了集群企业技术能力对创新绩效的重要影响。企业能够通过借助集群网络等多种渠道，方便快捷地获得技术信息和知识并加以利用，促进企业技术能力的提高，借由产品创新和工艺创新来提升创新绩效。

包玉泽等（2009）提出企业升级所需的技术能力可以是外生的（主要是通过对外直接投资的溢出效应及 GVC 关系来获得技术能力），也可以是内生的（企业通过自身来逐步积累和提高技术能力）。因此，可以分别从"获取"和"创新"两个维度来研究企业能力。相对应地，Howard 和 Larry（1986）、何建洪（2012）等则将企业技术能力分为技术吸收能力和技术创新能力。

还有学者强调吸收能力是指企业通过获取、吸收、转化和应用知识来创造动态组织能力的一系列方法和过程，即通过创造和利用知识来获得并保持持续竞争优势的一种动态能力。在面对变幻莫测的市场竞争时，企业通过获取和吸收外部知识能够更新知识基础和必要技能。这样一来，不仅可以帮助企业在适当时机来对生产能力和技术能力进行更为有效的部署，还能帮助企业以更低的成本获得相关经验和管理方法。

然而，一味引进、消化和吸收国外成熟的先进技术是不够的。一方面，陈劲（2007）指出企业的竞争优势是由技术诀窍等默会知识决定的，但隐性知识转移难度相对较大。另一方面，如陈曦和缪小明（2012）所说，过度依赖外部技术和资源会使企业面临搜寻或交易成本过大、在关键技术问题上受合作伙伴控制等诸多问题。因此，汪建成等（2008）在技术能力基础上，通过研究格兰仕由 OEM 向 ODM 最终至 OBM 的升级过程，提出后发企业应该在引进和吸收国外成熟的先进技术基础上来创新技术范式，即具备自主创新能力。Barton（1992）指出，掌握专业知识的人、技术系统和管理系统是形成企业技术创新能力的核心，这些系统对生产工艺的改进和新产品的开发，以及包容创新价值观的组织文化的形成起着重要的作用。Howard 和 Larry（1986）还指出，企业不仅要通过"干中学"来保持竞争优势，还应该熟练掌握初始技术并在此基础上进行多样化的产品创新和工艺创新。他认为引发技术创新的原因有多种：有些是为了解决使用初始技术过程中所面临的未预料的问题；有些是为了响应环境的变化（如不同条件下影响原材料供给或产出需求的变化）；还有些是为了通过扩大产品生产和调整生产工艺来主动适应或利用环境变化的结果。

与诸多学者的研究一致，本项研究认为集群升级的本质即创新。集群内企业通过各种渠道和方法获得外部技术知识，并在充分消化、吸收的基础上加以利用来不断进行创新，最终将外部知识内部化从而形成自己的技术能力。随着技术能力的提升，集群企业便有实力通过工艺、产品创新甚至功能创新来实现集群的升级。基于上述分析，提出产业集群内企业技术能力与技术密集型集群升级之间的研究假设：

H3：集群企业技术能力与集群工艺流程升级正相关

H4：集群企业技术能力与集群产品升级正相关

H5：集群企业技术能力与集群功能升级正相关

2. 集群企业管理能力与技术密集型集群升级

良好的企业管理能明确企业的发展方向；提高生产效率，加强企业运作效率；充分发挥每个员工的潜能；明晰企业财务，通过恰当的投融资使企业资本结构更趋合理；为顾客提供令其满意的产品和服务；树立良好的企业形象。[1]随着劳动分工越来越精细、生产技术日益复杂、企业规模不断扩大，有效的管理已经变得越来越重要，对其要求也越来越高。在应对市场和技术的变化时，企业对主营业务进行整合，合理改变生产中心、管理中心、设计中心和研发中心的布局，乃至资产重组等，都属于管理创新，并且均体现了企业的管理能力。如张兵（2004）所说，"管理能力是企业产生和发展的动力，企业的本质是基于管理能力的分工协作组织，企业的本质是管理能力的物质表现"[2]。Wernerfelt（1984）从资源和能力的角度出发，将企业所拥有的技术和管理看作是特殊的能力。Prahalad 和 Hamel（1990）指出，企业核心能力（一般包括技术能力、管理能力和商业能力）才是企业的竞争优势之源。其中，管理能力是指为了达到既定目标，其资源整合和配置、相关秩序的建立、企业文化营造等方面的能力（由计划、组织、领导、协调及控制等方面的能力组成）。Teece 和 Pisano（1994）认为企业动态能力是"企业为了

---

[1] 陆根尧. 2008. 人力资本对产业集群竞争力影响的研究. 北京：经济科学出版社.

[2] 张兵. 2004. 管理者持股本质问题研究——一个基于管理能力的分析框架. 中国人民大学博士学位论文.

适应快速变化的环境而整合、建立以及重构企业内外资源、能力的能力，其中'企业整合、建立以及重构企业内外资源'同样还是管理范畴的能力"[1]。

创新作为组织的现实，是任何管理工作都无法分割的一部分[2]。无论是工艺流程升级、产品升级还是功能升级，宝贡敏和杨静（2004）指出创新实现的过程即从构思到研发最后到投放市场，其中每一个环节都离不开管理和管理层的支持。Cooper（1996）认为影响新产品绩效的三大关键因素为：高质量的新产品工艺、充足的资源投入，以及明确的并经过充分交流讨论的新产品战略。毛蕴诗等（2009）研究发现，升级不仅意味着企业要面对全新的目标客户和市场竞争对手，还有经营体系的转变。在升级转型过程中，生产流程、组织结构、内外部供应链、企业文化等各方面无不在考验企业的管理整合能力。实现企业升级不仅需要生产制造能力与技术基础，还要求企业充分做好创新人才储备、企业家精神和管理能力等方面的组织准备。Cyert 和 March（1963）、Winter（2000）等诸多学者研究指出企业家精神和管理能力等是决定企业实施自主创新进而达到升级的关键因素。[3]另外，张洁（2010）发现高新技术企业自主创新活动是一次性、独特性和不确定性很高的活动，具有项目的特征。其实证研究表明，创新组织结构、创新知识管理能力、创新战略管理能力、创新组织文化、创新计划管理能力和创新变更管理能力均与创新绩效正相关。

企业作为产业集群的主体和基本组成单位，不仅是集群升级的基础，还是集群能否实现升级的关键。在面对技术和市场变化时，企业倘若无法顺利整合、建立及重构企业内外资源来应对外部环境变化所带来的挑战，则很容易被竞争所淘汰，进而影响集群的升级；相反，倘若企业能够把握变化趋势，做到不断调整甚至改变发展战略和方向、组织结构、企业文化等，以满足全球价值链的不同环节对企业管理整合能力的要求，企业便能发展壮大。产业集群只有当"内部企业具备能够依据周围环境形势的变化，而不断制造、改进或设计出更好的产品来满足消费者，才能实现不断升级"[4]。

基于上述分析，本章提出企业管理能力与技术密集型集群升级之间的研究假设：

H6：集群企业管理能力与集群工艺流程升级正相关

H7：集群企业管理能力与集群产品升级正相关

H8：集群企业管理能力与集群功能升级正相关

---

[1] 毛武兴. 2006. 企业全面创新管理能力研究：以中国电子信息产业为例. 浙江大学博士学位论文.
[2] 斯蒂芬·P. 罗宾斯. 2003. 管理学. 黄卫伟等译. 北京：中国人民大学出版社.
[3] 毛蕴诗，姜岳新，莫伟杰. 2009. 制度环境、企业能力与OEM企业升级战略. 管理世界，（6）：135-145.
[4] 张扬. 2009. 社会资本、知识溢出对产业集群升级的影响研究. 吉林大学博士学位论文.

第三节 人力资本视角下技术密集型集群升级：
以杭州软件产业集群为例的实证分析

一 样本与方法

这部分研究以杭州软件产业集群为例，以人力资本为视角对技术密集型集群升级进行实证分析。

（一）杭州软件产业集群概况

1. 杭州软件产业集群发展现状

杭州软件产业自 20 世纪 90 年代开始迅速发展起来，继 2009 年被评为全国唯一的"电子商务之都"、2011 年成为全国首批 21 个国家电子商务示范城市之一之后，2014 年 4 月 18 日，杭州市成为第八个被工业和信息化部授予"中国软件名城"称号的城市，充分肯定了杭州软件和信息服务产业过去发展的成就。例如，2013 年，杭州软件业务收入 1650.6 亿元，占浙江省比例长期保持在 8%以上，增加值占杭州市 GDP 的 8.13%，利润达 534.6 亿元，出口 11.47 亿美元，从业人员 20.77 万人。2014 年，杭州市共有 33 家企业是以软件和信息服务为核心的上市企业（名列全国省会城市第二位），有 26 家企业被认定为 2011~2012 年度国家规划布局内的重点软件企业和集成电路设计企业。全市有 2 家 2013 年收入超百亿元的企业，有 112 家软件收入超亿元的企业。其中，海康威视、浙江大华、恒生电子、中控科技、浙大网新等 10 家企业入围"2013 年（第十二届）中国软件业务收入前百家企业"。2014 年 1~5 月，阿里巴巴旗下的浙江天猫技术有限公司、淘宝（中国）软件有限公司、阿里巴巴（中国）网络技术有限公司、阿里巴巴（中国）有限公司和支付宝（中国）网络技术有限公司共实现营业收入 253.8 亿元，利润 136.6 亿元，分别占规模以上高技术服务业企业的 22.4%和 47.1%，人均创造利润 8.5 万元，是规模以上服务业企业的 2.8 倍。

杭州软件产业集群围绕国家软件产业基地这一核心，以高新软件园、东部软件园和西湖数源科技软件园等科技园为依托迅速崛起，软件企业的数量、规模、效益等不断提高，其综合实力、核心竞争力等在全国名列前茅。在浙江省经济信息中心首次发布的"2015 年浙江省县（市、区）经济竞争力、发展潜力和创新力 30 强"中，杭州软件产业集群所在的杭州市滨江区三项排名均居首位。

高新软件园于 1997 年成立，为第 8 个国家级软件产业园，1998 年被科学技术部认定为国家火炬软件产业基地。2013 年园区拥有近 1300 家软件企业，从业人员 15.26 万名。2013 年软件收入同比增长 14.3%，达到 962.14 亿元。以软件为主的高技术服务业所产生的税收占区内全部税收的 38.9%，是开发区第一大税源产业。园区内海康威视、恒生电子等8家企业入围2013年全国软件百强企业，列入国家规划布局内重点软件企业的有22家，其中上市企业达到29家。杭州高新软件园的技术优势主要集中在电子商务、集成电路设计、安防产业等领域。阿里巴巴、网盛生意宝等为海内外著名电子商务企业。国内80%百万级以上的视频监控项目均由园区内的安防企业承担，其中海康威视、大华股份的数字视频产品销售额分别居全球市场第一和第二。园区的创新能力也在不断提升，2013年新获2项国家科技进步奖，其中1项为一等奖，实现了历史性的突破；获10项省科技进步一、二等奖。2013年，园区被新认定为国家高新技术企业的有46家，园区被新认定为技术先进服务企业的有2家；园区新获国家授权专利达到3129件，其中5项获得了中国专利优秀奖，占杭州市的55.6%，为历年之最。

东部软件园于2001年成立，园区附近聚集了大量高校、科研机构及高科技企业，吸引了大量资本、信息和人才等资源，成为杭州天堂硅谷不可或缺的重要组成部分，同时也是国内具有一定影响力的高科技集聚与辐射中心。目前，园区拥有无线传感网产业、服务外包产业、集成电路产业、电子商务产业、地理信息产业、电子通信产业等八大产业建设平台，主要有阿里巴巴、华为杭州研究所、联想科技、神州数码、中兴通讯等国内外著名企业的入驻，并带动了中正生物、家和智能、国芯科技等中小科技企业的快速成长。先后获得2012年第十六届中国国际软件博览会创新奖、国家级科技企业孵化器、中国中小企业创新服务先进园区、国家电子信息产业基地实训中心等荣誉。

北部软件园于2008年正式成立，经过这些年的建设发展，其产业集聚效应和规模效应日益突出，较好较快地实现了产业高端化的升级转型。目前，北部软件园已经成为杭州培育众多软件、服务外包、网络、电商、动漫游戏等企业的热土，同时也是杭州高技术产业和现代服务业向外辐射、扩散和转移的平台。园区代表企业有阿拉伯亚洲商务卫视、磐石科技、连连科技、飞龙动画、缔顺科技等。

同样作为杭州天堂硅谷的重要组成部分，西湖数源科技软件园也属于高新技术产业开发区的十大特色产业园之一。在杭州市高新技术产业开发区管委会的推动下，西湖电子集团有限公司依照"国家级"软件园的构想，负责西湖数源科技软件园的投资、建设和经营。占地面积约80亩①，并且总建筑面积达到4万平方米的园区，同样还具备完善便利的商务、餐饮、医疗等配套服务体系。另外，基于软件企业的成长和发展需要，园区不仅按照智能大楼的标准将园区建筑进行了改造，具备宽带数据接入、电视传播、电信增值服务三位一体的功能，还建立了1000兆/秒的高速宽带信息平台。②园区作为杭州国家级软件基地的重点扩展区，已成为基地网

---

① 1亩≈666.7平方米。

② 来源：www.soyeapark.com。

络系统的主干点，将与在高新软件园（核心区）等软件园区、10个大型骨干企业和40多个软件企业集聚的大楼形成相互连接且可不断扩展的高速环。随着园区高技术产业发展的良好氛围的形成，杭州高新企业尤其是软件企业得到了不断发展。[①]

2. 杭州软件产业集群从业人员情况

杭州软件产业集群始终将创新人才的集聚、引进和培养作为创新能力建设的中心环节，并通过积极实施人才国际化战略来不断吸纳全球创新人才。杭州高新区自2009年被批准成为国家级"海外高层次人才创新创业基地"之后，开始实施海外引才"5050计划"。不仅集聚了一大批海外高层次精英人才，还带来了他们身上所携带的国际领先并能迅速转化的前沿技术。2012年，杭州高新区将"5050计划"实施升级，不仅重点面向全球顶尖的科学家倾斜项目的扶持资金（最高可获得3个"1000万元"的扶持），并且为了快速落地孵化这些项目，还在六和路上创建了杭州高新区（滨江）海创基地。2013年，新增国家"千人计划"人员7名（累积33名），新增浙江省"千人计划"人员13名（累积71名）；新批国家级企业博士后科研工作站2家（累积15家）、区级分站3家（累积22家）；新引进留学人员114人（累积1016人），新增留学人员创办企业59家（累积561家）；拥有国家"百千万工程"培养人选69人，省重点企业技术创新团队9家，高层次人才总量位居浙江省前列；组织实施海外引才"5050计划"，有88个项目入选；完善大学生创业扶持政策，全年新增大学生创业企业320家。[②]

图5.2显示的是2008～2013年，基地从业人员总人数增长率的变化趋势及其中各学历人员增长率的变动情况。图5.3表示的是2007年和2013年基地从业人员学历构成情况对比。由此可以得到以下结论。

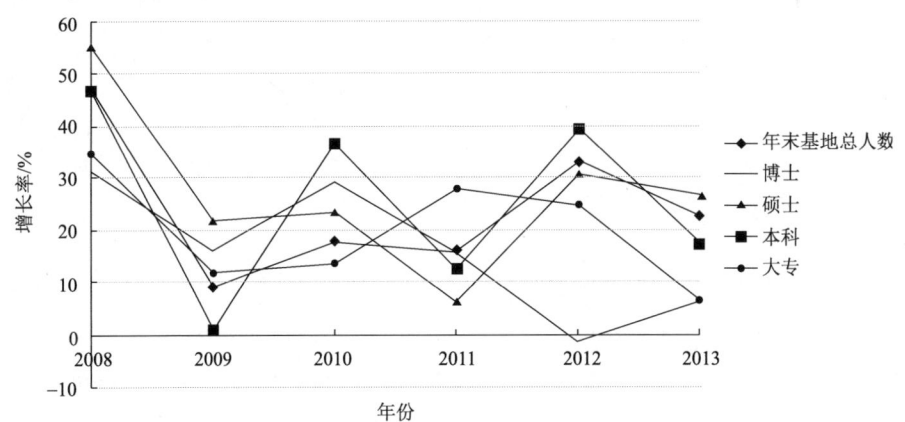

图5.2 2008～2013年杭州软件产业集群从业人员增长率、各学历人员增长率变化情况

---

① 来源：杭州国家高新技术产业开发区招商引资网。
② 来源：滨江统计局.2013年杭州高新软件园发展报告。

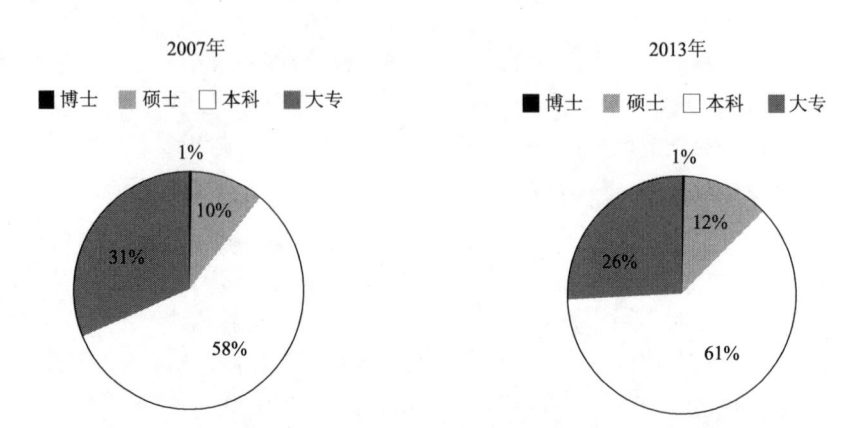

图 5.3 2007 年和 2013 年杭州软件产业集群从业人员学历构成情况

首先，基地创新人才的集聚和引进策略卓有成效。总体来说，2008~2013 年基地从业人数增长率始终维持在较高水平，年均增长率达到近 20%。虽然受国际金融危机的影响，2008~2009 年基地从业人员增长率骤降 37%，但得益于 2009 年被相关部门批准成为国家级"海外高层次人才创新创业基地"，开始实施海外引才"5050 计划"，后 4 年的人才引进情况恢复到了近年来的平均水平。

其次，人才结构实现初步优化，但有待进一步提升。对比 2007 年和 2013 年基地从业人员学历构成情况，本科及以上学历占比增加 5%，其中硕士占比增加 2%，本科占比增加 3%，博士占比不变。这一现象说明：一方面，人才优化战略的实施帮助产业集群吸引到了大批高层次的人才，实现了人才结构的初步优化；另一方面，对尖端人才（博士）的集聚效应并没有显现出来，人才构成仍然有待进一步升级。

最后，高层次人才需求取向并不明显。2009 年，硕、博学历人才增长速度曾一度高于本科及以下学历人才，部分原因可能是金融危机的冲击对高层次人才的影响较小。之后几年硕、博学历人才的增长速度并未呈现出明显的优势，且本科学历人才增长速度波动剧烈。这一现象表明，基地近几年的人才引进过程中并没有呈现出鲜明的高层次人才需求取向。

（二）变量设置

依据前面建立的概念模型，本章需要度量的变量有人力资本、企业能力及技术密集型集群升级。由于变量的度量是实证研究的重要环节，其准确性决定了定量研究的质量，所以本章尽可能选用国内外已有研究中的成熟量表，对于没有成熟测量指标项目的相关变量则依据国内外学者相关研究成果、公认的变量理论内涵及技术密集型集群的实际情况来设计。

1. 人力资本的度量
1）技术技能型人力资本

集群企业技术技能型人力资本是指企业组织中具有一定专业技术知识的组织成员所拥有的知识、技能、经验等的集合。亚当·斯密认为培养熟练工人必须有教育、学习等稀缺资源的投入；舒尔茨则进一步指出，教育是人力资本的有力代表。Barro 和 Lee（1993a，1993b）指出人力资本水平的高低可用受教育年限的高低来表示。Jorgenson 和 Barbara（1989）则按照性别、年龄、受教育程度将一个国家的人口分成不同群体，然后用其预期生命周期的未来终生收入的现值来表示人力资本水平。还有的学者则认为人力资本价值相当于花费在人身上的一切支出的总和。基于上述分析，本书从员工受教育程度、从业年限、接受相关培训次数和时间、企业培训支出等方面来衡量集群企业技术技能型人力资本的大小，具体测量指标如表 5.3 所示。

表 5.3　企业技术技能型人力资本测度项目

变量	序号	测度项目
技术技能型人力资本	1	企业员工各类学历人数及其结构比例
	2	企业现有职能部门骨干人员在本行业的平均工作年限
	3	企业每年培训费用占工资比例（针对岗位技能提高）
	4	企业提供培训次数（针对岗位技能提高）
	5	企业员工人均脱产培训时间

2）管理决策型人力资本

本书所指的管理决策型人力资本面向的是集群企业中承担组织管理或决策功能的管理团队，该人力资本是稀缺且异质的，不仅包括学者们通常所说的管理型人力资本，而且也包括企业家人力资本（即影响企业组织、战略和绩效并决定企业成败的人力资本）。与前文对企业技术技能型人力资本测度原理相同，本书将从企业管理层成员受教育程度、从业年限、参加交流活动情况、听取员工意见情况等方面来衡量集群企业管理决策型人力资本的大小，具体测量指标如表 5.4 所示。

表 5.4　企业管理决策型人力资本测度项目

变量	序号	测度项目
管理决策型人力资本	1	企业管理层成员各类学历人数及其结构比例
	2	企业管理层成员在本行业的平均工作年限
	3	企业管理层成员在本企业任职的平均年限
	4	企业管理层成员参加相关交流活动平均次数
	5	企业管理层成员听取一线员工意见或建议变化情况

2. 企业能力的度量

1）技术能力

现有研究由于各自研究目的不同，采用的研究方法相异，所以目前对技术能力的评价和度量尚未达成一致观点。魏江和寒午（1998）建立的企业技术能力评价体系从人的因素、组织协调与权变能力、生产设备和测试手段、信息情报能力、企业申请的专利数和发表的论文数及产品高科技含量等来测度。寿涌毅和孙宇（2009）从显在能力（包括产品技术领先性、产品的系统集成能力、产品平台的构建能力、产品研发设备的先进性等）和潜在能力（包括吸收外部知识、该种设备工艺的能力等）来测度技术能力。刘晔（2007）则从技术水平和研发能力两个维度（具体测度项目为研发人员占比、研发费用占比、技术研发设施的先进性、能否快速引进先进设备和技术、产品技术的先进性及专利拥有量等）来测度。结合以上分析，本书参照 Howard 和 Larry（1986）、何建洪（2012）等从技术吸收能力和技术创新能力两个方面来测度集群企业技术能力，具体测量指标见表5.5。

表 5.5 企业技术能力测度项目

变量	序号	测度项目
技术能力	1	企业能及时、准确评估从外部获取的技术知识的价值
	2	企业能将外部的技术知识与企业已有知识充分融合
	3	企业能独立开发出新产品或服务
	4	企业开发的新产品或服务的成功率很高

2）管理能力

通常意义上所说的企业管理能力，即通过各种科学方法充分利用企业现有资源（包括人力、财力、物力、技术、信息和知识等），来适应外部环境的变化并实现企业经营目标的计划、组织、控制等的能力。对于企业管理能力包括哪些维度，至今仍众说纷纭。Prahalad 和 Hamel（1990）、黄津孚（2001）、吕殿平（2005）等认为管理能力应包括计划能力、组织能力、领导能力、协调能力及控制能力。而从企业具体的经营活动来看，企业管理能力又可以分为战略管理能力、质量管理能力、知识管理能力、营销能力、企业文化等。本书则主要基于计划能力、组织能力、战略管理能力等角度来衡量集群企业管理能力，具体测量指标见表5.6。

表 5.6 企业管理能力测度项目

变量	序号	测度项目
管理能力	1	企业管理层能合理有效整合企业现有资源
	2	企业具有健全的组织机构和完善的治理结构
	3	企业管理层能及时调整战略目标和经营思路
	4	企业具有进取、创新的企业文化

3. 技术密集型集群升级的度量

对于产业集群升级，Porter（1990）、Kaplinsky（2000）认为升级就是生产更好的产品、生产效率更高或向技术含量更高的环节转移。Gereffi（1999）认为升级应涵盖产品层面、经济活动层面、部门间的演变和产业间的转变。类似地，Humphrey 和 Schmitz（2000）、Kaplinsky 和 Morris（2001）认为集群升级主要有工艺流程升级、产品升级、功能升级及价值链的升级。结合我国集群的实际情况（即集群鲜有成功实现价值链升级的），本书参照张扬（2009）根据 Gereffi（1999）、Humphrey 和 Schmitz（2000）、Kaplinsky 和 Morris（2001）等文献设计的升级指标，分别从工艺流程升级、产品升级与功能升级来衡量技术密集型集群升级，具体测量指标见表 5.7。

表 5.7　技术密集型集群升级测度项目

产业集群升级	序号	测度项目
工艺流程升级	1	集群对生产工艺或生产组织进行创新和改进的速度快
	2	与 3 年前相比，集群现有生产设备和工艺的技术水平更先进
	3	与 3 年前相比，集群目前的生产组织更合理
	4	与 3 年前相比，集群目前的生产成本更低
产品升级	5	集群成功推出新产品的种类多
	6	集群成功推出新产品的速度快
	7	集群目前产品的技术含量好档次高
功能升级	8	集群已经从制造环节进入到产品营销环节
	9	集群已经把物流纳入到工作范围之内
	10	集群已经积累部分设计能力，可在一定程度上自行调控产品范围、销售、客户开发与价格
	11	集群内企业已经开拓了自主品牌和终端市场

（三）研究样本与数据收集

1. 问卷设计

结合此次研究的主要目的，本部分研究以参考借鉴国内外大量相关文献中提及的度量项目为依托，参照前文提及的概念模型及相关假设内容，经认真分析相关专家和企业管理者对集群升级的意见和建议后，设计问卷来调查集群企业的人力资本、企业能力、技术密集型集群升级等方面的具体问题。本部分将简单易答的问题列在问卷前面，之后列出各个变量的具体测度项目。按照国际学术界经济管理问题通用的问卷设计格式，采用李克特 5 点打分法。要求问卷填写人按照"非常不同意—1；不同意—2；不确定—3；同意—4；非常同意—5"进行打分。在与多名相关专家及专业人员讨论交流后，改动调整了问卷中不易理解和填写的内容，确定了问卷初稿，并在杭州软件产业集群中的部分企业进行了预测试。根据预测试反馈的结果，经本项研究人员共同讨论后，对问卷初稿进行了修正和调整，最后确定了使用的问卷终稿。

2. 数据收集

基于数据的可获取性，本研究主要是向杭州软件产业集群内的企业发放问卷（附录4），调查对象为企业内的中高层管理人员和技术人员。通过面谈直接发放，以及以电子邮件和个人关系网络等方式发放问卷。累计发放问卷200份，顺利回收问卷113份，其中无效问卷7份，共获得有效问卷106份，问卷的有效回收率为53%。有关样本企业所有制分布情况汇总如表5.8所示。

表 5.8 样本企业所有制分布

企业性质	样本数	百分比/%
国有	8	7.55
民营	83	78.30
合资	10	9.43
外商独资	2	1.89
合作	3	2.83
合计	106	100.00

（四）分析方法

本研究主要应用了信度和效度检验分析、结构方程模型分析等方法。

（1）信度分析。信度分析主要是通过Cronbach' α 系数来检验待测变量与其在问卷上所对应的题项的一致性和稳定性。

（2）效度分析。效度分析主要是为了检验测量工具的真实性和正确性。

（3）结构方程模型分析。通过结构方程模型来对集群人力资本、集群企业能力与技术密集型集群升级的理论假设进行验证分析。

二、量表的信度和效度检验

（一）量表的信度分析

信度即可靠性，具体指使用同一测量工具反复多次测量同一测量对象，其测量结果是否具有一致性、一贯性、再现性和稳定性。通常用信度系数的大小来表示信度的测验，测量学将其定义为真实得分的方差与测量得分的方差的比例。由于信度系数只受测量误差影响，所以测量得分中测量误差所占比例越小，真实得分所占的比例越大，从而信度系数越大，说明测量的可信程度越大。通常假定测量误差（随机误差）的期望值为 0，并与真实得分相互独立，则测量得分的方差等于真实得分的方差与测量误差的方差之和，即

$$E(X) = E(T) \tag{5.1}$$

$$\sigma_X^2 = \sigma_T^2 + \sigma_E^2 \tag{5.2}$$

从而，信度系数 γ_{XX} 可用以下公式来表示

$$\gamma_{XX} = \frac{\sigma_T^2}{\sigma_X^2} = 1 - \frac{\sigma_E^2}{\sigma_X^2} \tag{5.3}$$

其中，σ_T^2 表示真实得分的方差，σ_X^2 表示测量得分的方差，σ_E^2 表示测量误差的方差。

目前最常用的信度系数为 Cronbach' α 系数，它是指同一群被试在同一测验上只做一次，求测验的实得分数与实际分数之间的相关程度的系数，其公式为

$$\alpha = \frac{n}{n-1}\left(1 - \frac{\sum S_i^2}{S_x^2}\right) \tag{5.4}$$

其中，n 为题目数，S_i^2 为第 i 题得分的方差，S_x^2 为测验所有题目所得总分的方差。Nunnally 和 Bernstein（1994）建议以 0.7 为标准，具体取值范围及含义见表 5.9。

表 5.9 Cronbach' α 系数值及其含义

Cronbach' α 系数值	含义
0.9 ≤ Cronbach α ≤ 1	量表的内在信度非常高
0.8 ≤ Cronbach α < 0.9	量表的内在信度比较高
0.7 ≤ Cronbach α < 0.8	量表的内在信度可以接受
0 ≤ Cronbach α < 0.7	量表的内在信度较差

本书利用 SPSS17.0 进行信度检验，人力资本、企业能力和技术密集型集群升级三个要素内各变量的 Cronbach' α 系数分析结果如表 5.10 所示。

表 5.10　变量信度检验结果

主要因素	变量	题项范围	Cronbach' α 值
人力资本	技术技能型人力资本	1~5	0.773
	管理决策型人力资本	6~10	0.878
企业能力	技术能力	11~14	0.809
	管理能力	15~18	0.849
技术密集型集群升级	集群工艺流程升级	19~22	0.865
	集群产品升级	23~25	0.817
	集群功能升级	26~29	0.853

由表 5.10 可知，人力资本、企业能力和技术密集型集群升级三者中内部具体变量的 Cronbach' α 值均超过 0.7 这一可接受水平，满足变量信度一致性检验的标准，说明量表各指标通过了变量信度的检验，具有较好的信度。

（二）量表的效度分析

效度即测量结果能够准确和真实反映考查内容的程度。在问卷调查研究中，效度越高代表测验结果越符合测验的目的。效度在统计学角度的定义为，与测量目的有关的真实得分的方差与测量得分的方差的比例，即

$$\gamma_{XY} = \frac{\sigma_V^2}{\sigma_X^2} \quad (5.5)$$

其中，γ_{XY} 表示效度系数，σ_V^2 表示有效的真实得分的方差，σ_X^2 表示测量得分的方差。

本项研究主要采用因子分析法来衡量量表的建构效度。建构效度是指测验能够测量理论概念或特性的准确程度。运用因子分析法从量表的全部变量中提取出与理论结构高度关联的公因子，因子载荷越大（需大于 0.5），说明建构效度越好。在提取因子之前，首先要检验变量是否适合进行因子分析，一般通过 KMO 和 Bartlett's 球形检验。其中，KMO 值与 1 越接近，说明越适合做因子分析；KMO 值越小，越不适合建立因子模型。其具体判断标准见表 5.11。Bartlett's 球形检验的统计值的显著性概率小于等于显著性水平，说明相关系数矩阵非单位矩阵，即原有变量存在关联性，能够在提取较少因子的同时解释大部分的方差。

表 5.11　KMO 取值及判断标准

KMO 值	适合做因子分析的程度
KMO≥0.9	非常适合
0.8≤KMO<0.9	很适合
0.7≤KMO<0.8	适合
0.6≤KMO<0.7	不太适合
0.5≤KMO<0.6	很勉强
KMO<0.5	不适合

本书通过技术技能型人力资本和管理决策型人力资本两个维度来测定集群企业的人力资本，表 5.12 为各指标因子分析的结果。

从表 5.12 可以看到集群企业技术技能型人力资本和管理决策型人力资本各指标的因子载荷值和 KMO 检验结果：首先，技术技能型人力资本及其 5 个用于测度的题项的 KMO 值为 0.739，因子载荷最大值为 0.820，最小值为 0.745，5 个题项的因子载荷值均大于 0.5，Bartlett's 球形检验统计值的显著性概率为 0，说明技术技能型人力资本的建构效度较好；其次，管理决策型人力资本及其 5 个用于测度的题项的 KMO 值为 0.837，因子载荷最大值为 0.917，最小值为 0.748，5 个题项的因子载荷值均大于 0.5，Bartlett's 球形检验统计值的显著性概率为 0，说明管理决策型人力资本的建构效度较好。

表 5.12　人力资本各指标因子载荷值及 KMO 检验结果

变量	题项	因子载荷值	KMO 检验结果
技术技能型人力资本	企业员工各类学历人数及其结构比例	0.820	KMO 统计量：0.739 Bartlett's 球形检验：164.514 显著性 p：0.000
	企业现有职能部门骨干人员在本行业的平均工作年限	0.817	
	企业每年培训费用占工资比例（针对岗位技能提高）	0.745	
	企业提供培训次数（针对岗位技能提高）	0.814	
	企业员工人均脱产培训时间	0.771	
管理决策型人力资本	企业管理层成员各类学历人数及其结构比例	0.917	KMO 统计量：0.837 Bartlett's 球形检验：278.173 显著性 p：0.000
	企业管理层成员在本行业的平均工作年限	0.835	
	企业管理层成员在本企业任职的平均年限	0.826	
	企业管理层成员参加相关交流活动平均次数	0.769	
	企业管理层成员听取一线员工意见或建议变化情况	0.748	

本书通过技术能力和管理能力两个维度来测定集群企业的企业能力。表 5.13 显示了集群企业技术能力和管理能力各指标的因子载荷值和 KMO 检验结果：首先，技术能力及其 4 个用于测度的题项的 KMO 值为 0.759，因子载荷最大值为 0.813，最小值为 0.786，4 个题项的因子载荷值均大于 0.5，Bartlett's 球形检验统计值的显著性概率为 0，说明技术能力的建构效度较好；其次，管理能力及其 4 个用于测度题项的 KMO 值为 0.819，因子载荷最大值为 0.861，最小值为 0.800，4 个题项的因子载荷值均大于 0.5，Bartlett's 球形检验统计值的显著性概率为 0，说明管理能力的建构效度较好。

表 5.13 企业能力各指标因子载荷值及 KMO 检验结果

变量	题项	因子载荷值	KMO 检验结果
技术能力	企业能及时、准确评估从外部获取的技术知识的价值	0.786	KMO 统计量：0.759 Bartlett's 球形检验：135.535 显著性 p：0.000
	企业能将外部的技术知识与企业已有知识充分融合	0.805	
	企业能独立开发出新产品或服务	0.788	
	企业开发的新产品或服务的成功率很高	0.813	
管理能力	企业管理层能合理有效整合企业现有资源	0.818	KMO 统计量：0.819 Bartlett's 球形检验：170.520 显著性 p：0.000
	企业具有健全的组织机构和完善的治理结构	0.841	
	企业管理层能及时调整战略目标和经营思路	0.861	
	企业具有进取、创新的企业文化	0.800	

本书通过集群工艺流程升级、集群产品升级及集群功能升级三个维度来测定技术密集型集群升级。表 5.14 显示了集群工艺流程升级、集群产品升级及集群功能升级各指标的因子载荷值和 KMO 检验结果：首先，集群工艺流程升级及其 4 个用于测度的题项的 KMO 值为 0.804，因子载荷最大值为 0.879，最小值为 0.821，4 个题项的因子载荷值均大于 0.5，Bartlett's 球形检验统计值的显著性概率为 0，说明集群工艺流程升级的建构效度较好；其次，集群产品升级及其 3 个用于测度的题项的 KMO 值为 0.715，因子载荷最大值为 0.874，最小值为 0.844，3 个题项的因子载荷值均大于 0.5，Bartlett's 球形检验统计值的显著性概率为 0，说明集群产品升级的建构效度较好；最后，集群功能升级及其 4 个用于测度的题项的 KMO 值为 0.819，因子载荷最大值为 0.879，最小值为 0.798，4 个题项的因子载荷值均大于 0.5，Bartlett's 球形检验统计值的显著性概率为 0，说明集群功能升级的建构效度较好。由此可见，产业集群升级的三个维度，即集群工艺流程升级、集群产品升级及集群功能升级均具有良好的建构效度。

表 5.14 技术密集型集群升级各指标因子载荷值及 KMO 检验结果

变量	题项	因子载荷值	KMO 检验结果
集群工艺流程升级	集群对生产工艺或生产组织进行创新和改进的速度快	0.821	KMO 统计量：0.804 Bartlett's 球形检验：198.990 显著性 p：0.000
	与 3 年前相比，集群现有生产设备和工艺的技术水平更先进	0.879	
	与 3 年前相比，集群目前的生产组织更合理	0.858	
	与 3 年前相比，集群目前的生产成本更低	0.821	
集群产品升级	集群成功推出新产品的种类多	0.852	KMO 统计量：0.715 Bartlett's 球形检验：109.446 显著性 p：0.000
	集群成功推出新产品的速度快	0.844	
	集群目前产品的技术含量好档次高	0.874	
集群功能升级	集群已经从制造环节进入到产品营销环节	0.814	KMO 统计量：0.819 Bartlett's 球形检验：179.401 显著性 p：0.000
	集群已经把物流纳入到工作范围之内	0.798	
	集群已经积累部分设计能力，可在一定程度上自行调控产品范围、销售、客户开发与价格	0.879	
	集群内企业已经开拓了自主品牌和终端市场	0.846	

三 结构方程模型分析

（一）结构方程模型方法

结构方程模型早期也被称作线性结构关系模型、潜在变量分析、协方差结构模型、验证性因素分析、简单的 LISREL 分析等，它是用可以直接观测的变量（指标）来反映无法直接观测而又欲研究探讨的变量（潜变量），进而建立起潜变量间的结构关系。结构方程模型整合了因素分析与路径分析，同时检验模型中包含的显性变量、潜在变量、干扰或误差变量间的关系，进而获得自变量对因变量影响的直接效应、间接效应和总效应。作为一种验证性的方法，通常必须有理论或经验法则的支持和引导来构建假设模型图，然后采集数据，再验证这些理论假设是否成立。

另外，Bollen 和 Long（1993）还指出，与大多数经济计量方法不同，结构方程模型可允许同时考虑许多内衍变量的方程式，同时它还允许外衍变量与内衍变量之间存在测量误差或残差项。这也是结构方程模型大受欢迎的关键。因此，本书采用结构方程模型作为实证研究的分析方法。

结构方程模型分析的主要步骤有以下五个[①]：

---

① 易丹辉. 2008. 结构方程模型方法与应用. 北京：中国人民大学出版社.

（1）模型设定，即依据相关理论或经验法则建立研究假设的初始理论模型，并明确各潜变量之间的关系，以及选择能全面反映潜变量含义的可测变量。

（2）模型拟合，即判断观测数据能否求解出模型中每一个待估计的参数（自由参数）的唯一的估计值。倘若由观测数据无法估计出方程中任何一个自由参数，则该方程无法识别；如果都能得到，则该方程可以识别。

（3）模型参数估计，即对初始理论模型的参数进行估计，通常采用最大似然法、未加权最小二乘法和广义最小二乘法。

（4）模型评价，模型参数估计后，需要对模型进行检验和评价。模型评价通常包括三个方面：参数检验、拟合程度检验和解释能力评价。

（5）模型修正，模型评价后发现初始假设模型并不合适，就要考虑模型是否需要修正或重设。

LISREL 和 AMOS 是目前进行结构方程模型分析最常用的软件。其中，AMOS 软件是一种容易使用的可视化模块软件，可通过图像按钮快速绘制结构方程模型图形、浏览与修改估计模型图、评估模型的适配与参考修正指标，输出最佳模型。再加上 AMOS 软件能直接将变量间的直接效应和间接效应清晰地反映出来，更加有利于本书研究人力资本、企业能力及技术密集型集群升级三者之间的关系。因此，本书选用 AMOS17.0 软件作为分析工具进行数据分析和模型检验。

结构方程模型的拟合度指标如下。

（1）卡方自由度比（χ^2/df）：$\chi = (N-1)F_{min}$，其中 F_{min} 是使用不同参数估计方法（如 ML、GLS、ADF 等）所得到的拟合函数最小函数估计值。卡方自由度比值越小，说明模型拟合度越高；反之，则说明模型的拟合度越差。卡方自由度比若小于 2，说明模型的拟合度非常理想；卡方自由度比大于 2 且小于 5 时，表明模型可以接受。

（2）拟合优度指数（GFI）：

$$\text{GFI} = 1 - \frac{F(S;\sum)}{F(S;\sum(0))} \quad (5.6)$$

其中，$F(S;\sum)$ 表示理论假设模型的拟合函数数值，$F(S;\sum(0))$ 表示独立模型的拟合函数数值。GFI 表示全部观测变量的方差与协方差能够多大程度上被 $\sum$ 所解释。因此，GFI 越接近 1，说明模型拟合度越高，GFI 大于 0.9 表示模型的拟合情形理想。

（3）近似误差均方根（RMSEA）：

$$\text{RMSEA} = \sqrt{\frac{\hat{F}_0}{df}} \quad (5.7)$$

$$\hat{F}_0 = \min\left\{\hat{F} - (df/(n-1);0)\right\} \qquad (5.8)$$

其中，$\hat{F}_0$ 表示总体差异函数值。RMSEA 等于 0.08 说明模型拟合度可以接受，其数值若小于 0.06，表明模型适配度良好。

（4）相对拟合指数，包括 NFI、NNFI、PNFI、IFI 和 RFI 等。主要是将理论模型与虚拟模型进行比较，看拟合程度改进多少。通常取值在 0 和 1 之间，值越大，表示模型拟合越好。

（二）模型检验

本部分通过运用本章第二节人力资本视角下技术密集型集群升级的机理理论，构建企业人力资本、集群企业能力影响技术密集型集群升级的结构方程模型，通过模型检验来验证和明晰人力资本视角下技术密集型集群升级的理论模型。

1. 结构方程模型的构建

本模型设置了 10 个外生显变量，这些外生显变量为：企业员工各类学历人数及其结构比例、企业现有职能部门骨干人员在本行业的平均工作年限、企业每年培训费用占工资比例、企业提供培训次数、企业员工人均脱产培训时间，分别用符号 JR1、JR2、JR3、JR4、JR5 表示；企业管理层成员各类学历人数及其结构比例、企业管理层成员在本行业的平均工作年限、企业管理层成员在本企业任职的平均年限、企业管理层成员参加相关交流活动平均次数、企业管理层成员听取一线员工意见或建议变化情况，分别用符号 GR1、GR2、GR3、GR4、GR5 表示。以此来对 2 个外生潜变量（技术技能型人力资本、管理决策型人力资本）进行测量。

设置了 19 个内生显变量，这些内生显变量为：企业能及时准确评估从外部获取的技术知识的价值、企业能将外部的技术知识与企业已有知识充分融合、企业能独立开发出新产品或服务、企业开发的新产品或服务的成功率很高，分别用符号 JN1、JN2、JN3、JN4 表示；企业管理层能合理有效整合企业现有资源、企业具有健全的组织机构和完善的治理结构、企业管理层能及时调整战略目标和经营思路、企业具有进取与创新的企业文化，分别用符号 GN1、GN2、GN3、GN4 表示；集群对生产工艺或生产组织进行创新和改进的速度快、集群现有生产设备和工艺技术水平与 3 年前相比更先进、集群目前的生产组织与 3 年前相比更合理、集群目前的生产成本与 3 年前相比更低，分别用符号 GY1、GY2、GY3、GY4 表示；集群成功推出新产品的种类多、集群成功推出新产品的速度快、集群目前产品的技术含量档次高，分别用符号 CP1、CP2、CP3 表示；"集群已经从制造环节进入到产品营销环节""集群已经把物流纳入到工作范围之内""集群已经积累部分设计能力,可在一定程度上自行调控产品范围、销售、客户开发与价格""集群内企业已经开拓了自主品牌和终端市场",分别用符号 GS1、GS2、GS3、GS4 表示。以此来对 5 个内生潜变量(技术能力、管理能力、集群工艺流程升级、集群产品升级及集群功能升级)进行测量。

运用 AMOS17.0 软件绘制本研究的结构方程模型,如图 5.4 所示。

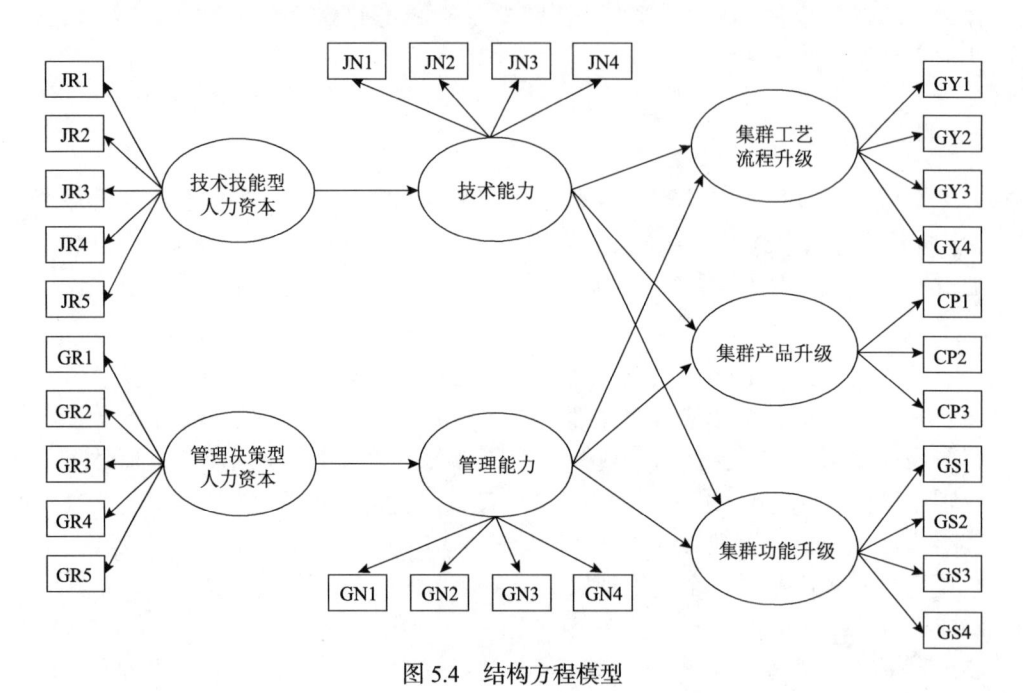

图 5.4 结构方程模型

2. 正态性检验

本书采用 ML 法来进行参数估计。研究证实,在大多数情境下 ML 法的参数估计结果比其他方法更好。变量必须符合多变量正态性假定是使用 ML 法的前提假设。因此,在进行结构方程分析前,必须对观测变量进行正态性检验。[①]Kline(1998)指出若变量偏度系数值大于 3、峰度系数值大于 8,说明样本在变量的分布非正态;若峰度系数值大于 20,则偏离正态的情形较严重。由表 5.15 可知,各观测变量的偏度系数和峰度系数的绝对值均小于 1,且偏度系数的临界比值和峰度系数的临界比值的绝对值均小于 2,说明所有观测变量在 0.05 的显著水平上接受假设,该模型的观测变量服从正态分布,可使用 ML 法进行参数估计。

---

① 吴明隆. 2009. 结构方程模型——AMOS 的操作与应用. 重庆:重庆大学出版社.

表 5.15　变量的正态性检验

变量	偏度	临界比	峰度	临界比
JR1	−0.186	−0.781	0.27	0.568
JR2	0.02	0.084	−0.524	−1.101
JR3	0.348	1.461	−0.353	−0.741
JR4	0.05	0.209	−0.827	−1.737
JR5	0.216	0.91	−0.946	−1.888
GR1	0.171	0.718	−0.985	−1.071
GR2	−0.098	−0.411	−0.659	−1.386
GR3	0.161	0.675	−0.451	−0.948
GR4	−0.29	−1.221	−0.705	−1.482
GR5	−0.235	−0.99	−0.058	−0.122
JN1	0.091	0.383	−0.501	−1.054
JN2	−0.081	−0.341	−0.421	−0.885
JN3	−0.275	−1.157	−0.394	−0.828
JN4	−0.283	−1.189	0.18	0.378
GN1	−0.314	−1.321	−0.394	−0.828
GN2	−0.305	−1.281	−0.317	−0.666
GN3	−0.348	−1.464	−0.642	−1.349
GN4	−0.572	−1.402	−0.104	−0.218
GY1	−0.295	−1.241	−0.382	−0.802
GY2	−0.223	−0.937	−0.789	−1.657
GY3	−0.095	−0.401	−0.55	−1.156
GY4	−0.347	−1.458	−0.632	−1.328
CP1	−0.326	−1.37	−0.096	−0.203
CP2	−0.256	−1.074	−0.274	−0.575
CP3	−0.131	−0.549	−0.087	−0.184
GS1	−0.232	−0.974	−0.27	−0.567
GS2	0.272	1.142	−0.738	−1.55
GS3	0.056	0.237	−0.777	−1.633
GS4	−0.193	−0.811	−0.32	−0.673

（三）结构方程模型检验

路径系数表示的是当其他变量保持不变时，自变量对因变量的直接作用（或贡献）的大小，即当自变量改变一单位时因变量的改变值。自变量对因变量的总路径系数是自变量对因变量的直接作用加上所有的间接作用。间接作用是指自变量通过其他路径对因变量所起的作用。而标准化路径系数则是自变量标准化后的路径系数，用来评估自变量对因变量的相对贡献大小，即当其他变量保持不变，自变量改变一个标准差时因变量的改变量。表 5.16 为模型各路径系数的检验结果。临界比为参数估计值与估计标准误差的比值，相当于 t 检验。临界比的绝对值大于 1.96，则参数估计在 0.05 水平内显著；临界比的绝对值大于 2.58，表明参数估计在 0.01 水平内显著。显著性概率 $p<0.001$，p 值栏以符号 "***" 表示；显著性概率 $p>0.001$，p 值栏直接呈现其数值大小。如表 5.16 所示，所有变量的临界比都大于 1.96 的参考值，并且 $p<0.05$，路径系数显著不为 0，均通过检验。

表 5.17 为模型的拟合结果。其中，卡方（χ^2）值为 387.3，df 为 351，卡方自由度比为 1.103<2，显著性概率 $p=0.088>0.05$，接受虚无假设，说明由假设模型导出的协方差矩阵同由样本数据估计的协方差矩阵比较契合，表明理论模型与观察数据可以适配。另外，模型的各项拟合指数 GFI、AGFI、RMSEA、NFI、CFI、IFI、TLI 值分别为 0.819、0.776、0.031、0.82、0.979、0.98、0.976，总体符合各自相应的标准和要求，说明假设模型与观察数据可以契合，模型拟合效果较好，可以接受该模型。

表 5.16　模型路径系数检验结果

项目	标准化路径系数	路径系数	临界比	p	检验结果
技术技能型人力资本→技术能力	0.941	0.813	4.906	***	通过检验
管理决策型人力资本→管理能力	0.62	0.644	4.859	***	通过检验
技术能力→集群工艺流程升级	0.566	0.689	5.353	***	通过检验
技术能力→集群产品升级	0.738	0.931	5.900	***	通过检验
技术能力→集群功能升级	0.805	1.116	6.336	***	通过检验
管理能力→集群工艺流程升级	0.369	0.392	3.678	***	通过检验
管理能力→集群产品升级	0.274	0.301	3.018	0.003	通过检验
管理能力→集群功能升级	0.177	0.214	2.207	0.027	通过检验

注：***表示 $p<0.001$

表 5.17　模型总体拟合检验

拟合指标	指标值	拟合情况
χ^2	387.3	—
df	351	—
χ^2/df	1.103	小于 2，拟合度良好
p	0.088	大于 0.05，未达显著水平，接受虚无假设
GFI	0.819	基本可以接受
AGFI	0.776	基本可以接受

续表

拟合指标	指标值	拟合情况
RMSEA	0.031	小于 0.05,适配度良好
NFI	0.82	大于 0.8,比较好
CFI	0.979	大于 0.9,非常好
IFI	0.98	大于 0.10,非常好
TLI	0.976	大于 0.11,非常好

表 5.18、表 5.19 和表 5.20 分别为模型的直接效应、间接效应和总效应值。通过路径的效应分解,比较各变量的作用效果,从而能更全面深入地解释各变量之间的关系。"直接效应是指由原因变量(可以是外生变量或内生变量)对结果变量(内生变量)所产生的直接影响,主要采用原因变量到结果变量的路径系数衡量直接效应;间接效应是指原因变量通过影响一个或者多个中介变量,对结果变量的间接影响,当只有一个中介变量时,间接效应为两个路径系数的乘积;总效应则为两者之和。"[①]

表 5.18 模型的直接效应

变量	管理决策型人力资本	技术技能型人力资本	管理能力	技术能力	功能升级	产品升级	工艺流程升级
管理能力	0.62	0	0	0	0	0	0
技术能力	0	0.941	0	0	0	0	0
功能升级	0	0	0.177	0.805	0	0	0
产品升级	0	0	0.274	0.738	0	0	0
工艺流程升级	0	0	0.369	0.566	0	0	0

注:表中所列均为标准化处理后的效应值

表 5.19 模型的间接效应

变量	管理决策型人力资本	技术技能型人力资本	管理能力	技术能力	功能升级	产品升级	工艺流程升级
管理能力	0	0	0	0	0	0	0
技术能力	0	0	0	0	0	0	0
功能升级	0.11	0.758	0	0	0	0	0
产品升级	0.17	0.695	0	0	0	0	0
工艺流程升级	0.229	0.532	0	0	0	0	0

注:表中所列均为标准化处理后的效应值

[①] 易丹辉. 2008. 结构方程模型方法与应用. 北京:中国人民大学出版社.

表 5.20 模型的总效应

变量	管理决策型人力资本	技术技能型人力资本	管理能力	技术能力	功能升级	产品升级	工艺流程升级
管理能力	0.62	0	0	0	0	0	0
技术能力	0	0.941	0	0	0	0	0
功能升级	0.11	0.758	0.177	0.805	0	0	0
产品升级	0.17	0.695	0.274	0.738	0	0	0
工艺流程升级	0.229	0.532	0.369	0.566	0	0	0

注：表中所列均为标准化处理后的效应值

四 实证结果讨论

实证研究结果表明模型拟合较好，根据理论模型所提出的 8 条假设均得到了实证的支持，下面将对假设的结果进行讨论。

（一）集群企业人力资本与集群企业能力关系讨论

假设 1 探讨的是集群企业技术技能型人力资本与集群企业技术能力的关系。集群企业技术技能型人力资本对集群企业技术能力的路径系数为 0.941，临界比为 4.906，$p=0.000$，各项检验值均符合标准，假设 1 通过检验。说明集群企业技术技能型人力资本对集群企业技术能力具有显著的推动作用。企业技术技能型人力资本水平的提高，意味着企业核心的技术员工积累了更加丰富的专业知识和技能，从而能够更好地解决生产技术上的关键问题，改进生产设备、方法和生产流程，不断进行自主创新，有利于提升集群企业的技术能力。换言之，企业技术能力的外在表现与企业技术技能型人力资本的知识技能的运用和释放的这一过程息息相关。此外，在长期的知识积累和应用过程中，技术技能型人力资本同时也具备了不断学习和持续创新的特质，能够有效应对外界环境变化所带来的各种挑战，直接推动企业层面技术能力的提升。

假设 2 探讨的是集群企业管理决策型人力资本与集群企业管理能力的关系。集群企业管理决策型人力资本对集群企业管理能力的路径系数为 0.62，临界比为 4.859，$p=0.000$，各项检验值均符合标准，假设 2 通过检验。说明集群企业管理决策型人力资本对集群企业管理能力具有显著的推动作用。集群企业的中高层管理人员作为管理决策型人力资本的载体，同时还是企业利益的相关者。他们凭借自身丰富的管理知识和卓越的管理技能，从事计划、组织、领导、协调和控制的工作，既是人力资本尤其是管理决策型人力资本运用的过程，还是人力资本积累和增值的过程。管理决策型人力资本更是组织创新和制度创新的直接推动力。常年积累的管理经验，使中高层管理人员集聚了大量边际报酬递增的隐形人力资本，面对竞争日益激烈的市场也能洞察一切并发现成功的机会。因此，集群企业管理决策型人力资本是企业管理能力的核心知识源泉，其载体的专业知识、技能和管理经验等能显著影响企业整体的管理决策能力。

（二）集群企业能力与技术密集型集群升级关系讨论

假设 3、假设 4、假设 5 分别探讨集群企业技术能力与技术密集型集群工艺流程升级、产品升级、功能升级的关系。集群企业技术能力对技术密集型集群工艺流程升级的标准化路径系数为 0.566，临界比为 5.353，$p=0.000$，假设 3 通过检验。集群企业技术能力对技术密集型集群产品升级的标准化路径系数为 0.738，临界比为 5.900，$p=0.000$，假设 4 通过检验。集群企业技术能力对技术密集型集群功能升级的标准化路径系数为 0.805，临界比为 6.336，$p=0.000$，假设 5 通过检验。这说明集群企业技术能力对技术密集型集群工艺流程升级、产品升级及功能升级均起显著的推动作用。技术密集型集群中的企业可以借助集群网络等渠道，在知识溢出效应下，方便快捷地获取集群内龙头企业甚至集群外的行业领导者先进的技术、信息和知识，在充分消化和吸收外部知识的基础上，参照集群内龙头企业或集群外的行业领导者的标准，对工艺流程和产品加以改进，逐步缩小与集群内龙头企业或集群外的行业领导者的差距。在形成属于自己的核心技术能力后，集群企业将通过自主创新完成工艺和产品的升级，甚至完成由生产到营销和设计等价值链上高附加值环节的转移，进而推动整个集群的升级。

假设 6、假设 7、假设 8 分别探讨集群企业管理能力与技术密集型集群工艺流程升级、产品升级、功能升级的关系。集群企业管理能力对技术密集型集群工艺流程升级的标准化路径系数为 0.369，临界比为 3.678，$p=0.000$，假设 6 通过检验。集群企业管理能力对技术密集型集群产品升级的标准化路径系数为 0.274，临界比为 3.018，$p=0.003$，假设 7 通过检验。集群企业管理能力对技术密集型集群功能升级的标准化路径系数为 0.177，临界比为 2.207，$p=0.027$，假设 8 通过检验。这说明集群企业管理能力对技术密集型集群工艺流程升级、产品升级及功能升级也均起显著的推动作用。创新作为集群升级的本质，无论是工艺流程升级、产品升级还是功能升级，都必须有管理和管理层来支持其中的每一个环节。倘若企业能不断通过组织创新和制度创新，构建出能够促进创新的组织结构、企业文化、创新战略等，工艺流程和产品的持续创新便无疑获得了更为强有力的支撑。作为集群升级的基础和动力，集群企业必须具备高水平的协调整合内外资源的能力，来确保企业管理效率和实现管理创新，满足产业集群升级不同环节对企业管理整合能力的要求，来应对不断变化的外部竞争环境。

第四节 结论与启示

本部分研究在参阅大量国内外相关文献的基础上，提出了专业型人力资本通过提高集群企业能力来促进技术密集型集群升级的理论框架和若干假设，并以浙江杭州软件产业集群为例，做了全面系统的实证检验，得出了以下结论和启示。

（1）技术密集型集群升级的本质是创新，集群升级与人力资本密不可分。集群升级的内部途径理论强调集群网络主体之间应加强分工合作、充分交流，通过集群内知识、信息的流动和碰撞来促进集群创新，从而推动集群升级；全球价值链理论强调集群应该同外部加强联系，获取外部更先进、更雄厚的技术资本支持，从而沿着全球价值链不断攀升实现集群升级。前者重点关注集群内部知识的获取和运用，后者则重点关注外部知识的获取和运用。然而，无论知识的获取渠道如何，能否有效利用既有知识来形成新的知识和能力决定了集群能否顺利实现升级。因此，以知识为基础的创新才是集群升级的实质，而人力资本作为知识的载体，与集群升级密不可分。

（2）人力资本通过提升集群企业能力来促进技术密集型集群升级。本章确立了"人力资本—企业能力—技术密集型集群升级"的理论分析框架，构建了以企业能力为中间变量的人力资本促进技术密集型集群升级的关系模型，并在实证检验中通过路径分析深入剖析了人力资本对集群企业能力的影响和集群企业能力对技术密集型集群升级的影响作用。理论研究和实证分析验证了集群企业技术技能型人力资本和管理决策型人力资本分别通过提升集群企业技术能力和管理能力，来促进技术密集型集群升级（工艺流程升级、功能升级和产品升级），以及集群企业能力对技术密集型集群升级的直接作用。

（3）根据上述研究结论，可以得出以下重要启示：为促进产业集群升级，应该着力提高集群企业技术能力和管理能力，而要提高集群企业技术能力和管理能力，关键是要提高集群企业技术技能型人力资本水平和管理决策型人力资本水平，只有提高集群企业技术技能型人力资本水平和管理决策型人力资本水平，才能为促进产业集群升级提供坚实的基础和保障。

参考文献

阿莫德·波尔弗, 利夫·埃德文森. 2007. 国家、地区和城市的知识资本. 于鸿君, 石杰译. 北京: 北京大学出版社.

包玉泽, 谭立文, 刘林青. 2009. 全球价值链背景下的企业升级研究——基于企业技术能力视角. 外国经济与管理, 31: 37-43.

宝贡敏, 杨静. 2004. 企业技术管理在技术创新中的角色——基于浙江省企业的研究. 科学学研究, 22: 546-551.

曹兴, 潘金丽. 2007. 技术核心能力演进与高技术企业成长的作用机制分析. 中南大学学报(社会科学版), (5): 556-561.

陈劲, 邱嘉铭, 沈海华. 2007. 技术学习对企业创新绩效的影响因素分析. 科学学研究, (6): 1223-1232.

陈曦, 缪小明. 2012. 开放式创新、企业技术能力和创新绩效的关系研究. 科技管理研究, (14): 9-12.

陈艳艳, 颜红桂. 2013. 知识密集型服务企业网络位置、组织学习与企业能力的关系研究. 科技管理研究, (19): 106-110.

戴维奇, 林巧, 魏江. 2013. 本地和超本地业务网络、吸收能力与集群企业升级. 科研管理, 34: 79-89.

邓修权, 吴旸, 夏国平. 2003. 核心能力的构成及动态发展机理研究. 工业工程, 6: 9-12.

丁栋虹, 刘志彪. 1999. 从人力资本到异质型人力资本. 生产力研究, (3): 7-9.

杜纲, 姚长佳, 王义兴. 2001. 企业能力的关键维度及其指标体系. 数量经济技术经济研究, 18(11): 63-65.

郭玉林. 2002. 隐性人力资本的价值度量. 中国工业经济, (7): 84-90.

何建洪. 2012. 创新型企业的形成路径: 基于技术能力和创新战略作用的实证分析. 中国软科学, (4): 143-152.

贺小刚. 2005. 组织能力的源泉: 企业家能力与个体特征分析. 经济管理, (1): 6-13.

胡蓓. 2009. 产业集群的人才集聚效应——理论与实证研究. 北京: 科学出版社.

黄津孚. 2001. 资源、能力与核心竞争力. 经济管理, (20): 4-9.

加里·S. 贝克尔. 1987. 人力资本: 特别是关于教育的理论与经验分析. 梁小民译. 北京: 北京大学出版社.

蒋满霖. 2006. 人力资本要素贡献与企业制度创新. 中国社会科学院研究生院学报, 3: 11-15.

蒋瑞. 2008. 人力资本对企业能力作用的理论与实证研究. 南京工业职业技术学院学报, (3): 1-4.

卡尔·马克思. 1975. 资本论. 中共中央马克思恩格斯列宁斯大林著作编译局译. 北京: 人民出版社.

李琳, 袁灵. 2004. 产业集群中的知识流动与创新机制研究述评. 社会科学家, 5: 80-84.

李舒. 2008. 关于人力资本与企业能力的思考. 番禺职业技术学院学报, (1): 31-37.

李文秀. 2007. 基于非正式创新网络建设的产业集群升级实证研究. 工业技术经济, 2007, (10): 41-46.

李忠民, 宋晓亮. 2008. 企业家人力资本与企业成长——一个理论的分析框架. 吉林师范大学学报(人文社会科学版), (4): 31-33.

刘剑雄. 2008. 企业家人力资本与中国私营企业制度选择和创新. 经济研究, (6): 107-118.

刘芹. 2007. 产业集群升级研究述评. 科研管理, (3): 57-62.

刘晔. 2007. 人力资本对企业能力作用的理论与实证研究. 同济大学博士学位论文.

刘晔, 彭正龙. 2006. 人力资本对于企业能力的作用机制研究——基于知识视角的分析. 科学管理研究, (4): 90-102.

陆根尧. 2008. 人力资本对产业集群竞争力影响的研究. 北京: 经济科学出版社.

吕殿平, 李晓静, 余元冠. 2005. 现代企业管理学. 北京: 中国社会科学出版社.
马振华. 2009. 我国技能型人力资本的形成与积累. 北京: 中国物资出版社.
迈克尔·波特. 2002. 国家竞争优势. 李明轩, 邱如美译. 北京: 华夏出版社.
毛蕴诗, 姜岳新, 莫伟杰. 2009. 制度环境、企业能力与 OEM 企业升级战略. 管理世界, (6): 135-145.
梅丽霞, 柏遵华, 聂鸣. 2005. 试论地方产业集群的升级. 科研管理, (5): 147-151.
彭灿. 2009. 基于知识系统工程观的企业集群核心能力解析. 技术经济, (9): 17-22.
彭灿, 杨玲. 2009. 技术能力、创新战略与创新绩效的关系研究. 科研管理, 30(3): 26-32.
齐庆祝, 杜纲. 2006. 企业能力系统的构建与关键维度分析. 统计与决策, (22): 153-155.
权锡鉴, 宋扬. 2007. 知识转化为企业能力的机制与方式的探讨. 特区经济, (4): 284-286.
寿涌毅, 孙宇. 2009. 集群企业创新来源、技术能力及创新绩效关系研究. 管理工程学报, (S1): 59-64.
孙鸿飞, 李鹤, 岳伟伟. 2012. 人力资本对知识型企业能力作用的过程分析. 东北电力大学学报, (5): 118-120.
汤长安. 2009. 基于网络的高技术集群企业技术能力成长与演进研究. 中南大学博士学位论文.
汪建成, 毛蕴诗, 邱楠. 2008. 由 OEM 到 ODM 再到 OBM 的自主创新与国际化路径——格兰仕技术能力构建与企业升级案例研究. 管理世界, (6): 148-160.
王缉慈. 2004. 关于发展创新型产业集群的政策建议. 经济地理, (4): 433-436.
王缉慈, 张晔. 2008. 沿海地区外向型产业集群的形成、困境摆脱与升级前景. 改革, (5): 53-59.
王缉慈, 等. 2010. 超越集群: 中国产业集群的理论探索. 北京: 科学出版社.
王金营. 2000. 人力资本在技术创新, 技术扩散中的作用研究. 科技管理研究, (1): 12-16.
王金营. 2001. 人力资本与经济增长——理论与实证. 北京: 中国财政经济出版社.
王珺. 2005. 衍生型集群: 珠江三角洲西岸地区产业集群生成机制研究. 管理世界, (8): 80-86.
魏江, 寒午. 1998. 企业技术创新能力的界定及其与核心能力的关联. 科研管理, (6): 12-17.
魏杰, 赵俊超. 2002. 关于人力资本作为企业制度要素的思考. 哈尔滨市委党校学报, (1): 16-18.
吴先华, 郭际, 胡汉辉, 等. 2010. 知识吸收能力影响内生型产业集群创新的实证——以苏州市乌鹊桥电脑产业集群为例. 科学学研究, (6): 941-951.
西奥多·W. 舒尔茨. 1990. 论人力资本投资. 吴殊华译. 北京: 北京经济学院出版社.
许红胜, 王晓曼. 2010. 智力资本、企业能力及财务绩效关系研究——以电力、蒸汽、热水的生产和供应产业为例. 东南大学学报(哲学社会科学版), (3): 67-73.
杨锐, 胡宇杰, 王缉慈. 2008. "地方—全球"力量下地方产业集群升级——地方企业商业模式创新与地方能力. 科学发展, (1): 97-105.
伊迪比·潘罗斯. 2007. 企业成长理论. 赵晓译. 上海: 上海人民出版社.
于明超, 刘志彪, 江静. 2006. 外来资本主导代工生产模式下当地企业升级困境与突破——以中国台湾笔记本电脑内地封闭式生产网络为例. 中国工业经济, (11): 108-116.
张兵. 2004. 管理者持股本质问题研究——一个基于管理能力的分析框架. 中国人民大学博士学位论文.
张冬梅. 2006. 经营者人力资本与企业核心能力提升. 安徽师范大学学报(人文社会科学版), 34(1): 44-47.
张钢. 2001. 基于技术转移的企业能力演化过程研究. 科学学研究, (3): 70-77.

张辉. 2005. 全球价值链下地方产业集群升级模式研究. 中国工业经济, (9): 11-18.
张洁. 2010. 高新技术企业自主创新管理能力成熟度模型与提升方法. 南开大学博士学位论文.
张维迎. 1996. 企业的企业家——契约理论. 上海: 上海三联书店.
张扬. 2009. 社会资本和知识溢出对产业集群升级的影响研究. 吉林大学博士学位论文.
郑承志. 2012. 论企业能力的内涵及层次结构. 荆楚理工学院学报, (12): 49-54.
周其仁. 1996. 市场里的企业: 一个人力资本与非人力资本的特别合约. 经济研究, (6): 71-80.
朱桂龙, 黄金胜. 2006. 基于技术创新的企业核心能力构建. 科技管理研究, (7): 95-98.
朱海燕. 2009. 产业集群升级: 内涵、关键要素与机理分析. 科学学研究, (S2): 380-390.
朱允卫, 董美双. 2006. 基于全球价值链的温州鞋业集群升级研究. 国际贸易问题, (10): 55-61.
Ahokangas P, Hyry M, Räsänen P. 1999. Small technology-based firms in fast-growing regional cluster. New England Journal of Entrepreneurship, (2): 19-26.
Ahuja G. 2000. Collaboration Networks, structural holes, and innovation: A longitudinal study. Administrative Science Quarterly, (3): 425-456.
Arrow K J. 1962. The economic implications of learning by doing. Review of Economics Studies, (6): 155-173.
Barro R J, Lee J W. 1993a. International comparisons of educational attainment. NBER Working paper, No. 4349.
Barro R J, Lee J W. 1993b. Winner and losers in economic growth. NBER Working paper, No. 4341.
Barton D L. 1992. Core capability and core rigidities: A paradox in managing new product development. Strategy Management Journal, 13: 111-125.
Bollen K A, Long J S. 1993. Testing Structural Equation Models. London: Sage Publications Inc.
Brenner T, Greif S. 2003. The dependence of innovation on the local firm population: An empirical study of German patents. Industry and Innovation, (1): 21-39.
Capello R. 1998. Spatial transfer of knowledge in hi-tech milieux: Learning versus collective learning progresses. Regional Studies, (4): 352-365.
Cohen W M, Levinthal D A. 1999. Absorptive capacity: A new perspective on learning and innovation. Administrative Science Quarterly, (1): 128-152.
Cooper R G. 1996. Overhauling the new product process. Industrial Marketing Management, (25): 465-482.
Cyert R M, March J G. 1963. A Behavior Theory of the Firm. Englewood Cliffs: Prentice Hall.
Gereffi G. 1999. International trade and industrial upgrading in the apparel commodity chain. Journal of International Economics, (48): 37-70.
Gereffi G, Humphrey J, Sturgeon T. 2005. The governance of global value chains. Review of International Political Economy, (1): 78-104.
Grant R M. 1996. Toward a knowledge-based theory of the firm. Strategic Management Journal, 17(winter special issue): 109-122.
Howard P, Larry W. 1986. Industrial strategy and technological change: Theory versus reality. Journal of Development Economics, (1): 87-128.
Humphrey J, Schmitz H. 2000. Governance and Upgrading: Linking Industrial Cluster and Global Value Chain Research. IDS Working paper, No.120.

Humphrey J, Schmitz H. 2002. How does insertion in global value chains upgrading in the industrial clusters? Regional Study, (9): 1017-1027.

Ireland R D, Hitt M A. 1999. Achieving and maintaining strategic competitiveness in the 21st century: The role of strategic leadership. Academy of Management Executive, (1): 43-57.

Jorgenson D W, Barbara M F. 1989. The Accumulation of Human and Non-Human Capital, 1948-1984. Chicago: University of Chicago Press.

Kaplinsky R. 2000. Spreading the gains from globalization: What can be learned from value chain analysis? Journal of Development Studies, (2): 117-146.

Kaplinsky R, Morris M. 2001. A Handbook for Value Chain Research. Report prepared for IDRC.

Kishimoto C. 2002. The Taiwanese personal computer clusters: Trajectory of its production and knowledge systems. D. phil. thesis, Institute of Development Studies, University of Sussex.

Kline R B. 1998. Principles and Practice of Structure Equation Modeling. New York: The Guilford Press.

Krugman P. 1991. Increasing returns and economic geography. Journal of Political Economy, (3): 483-499.

Lepak D P, Snell S A. 1999. The human resource architecture: Toward a theory of human capital allocation and development. Academy of Management Review, (1): 31-48.

Lucas R E, Jr. 1988. Why doesn't capital flow from rich to poor country? American Economic Review, (22): 92-96.

Meyer S J. 1998. Path dependence in regional development: Persistence and change in three industrial clusters in Santa Catarina, Brazil. World Development, (8): 1495-1511.

Nelson R R, Winter S G. 1982. An Evolutionary Theory of Economic Change. Cambridge: The Belknap Press.

Ottati G D. 1996. Economic changes in the District of Prato in the 1980's towards a more conscious and organized industrial district. European Planning Studies, (1): 25-52.

Pietrobelli C, Rabelloti R. 2004. Upgrading in the Cluster and Value Chains in Latin American: The Role of Policies. Washington: Inter-American Development Bank.

Porter M E. 1990. The competitive advantage of nations. Harvard Business Review, (2): 73-91.

Porter M E. 1998. Clusters and the new economics of competition. Harvard Business Review, (6): 77-90.

Prahalad C K, Hamel G. 1990. The core competence of corporation. Harvard Business Review, 3: 79-91.

Richardson G B. 1972. The organization of industry. Economie Journal, (82): 883-896.

Schmitz H. 2000. Global competition and local cooperation: Success and failure in the Sinos Valley Brazil. World Development, 9: 1627-1650.

Spooner S K. 2000. Strategies for implementing knowledge management: Role of human resources management. Journal of Knowledge Management, (4): 337-345.

Teece D J, Pisano G. 1994. The dynamic capability of firms: An introduction. Industrial and Corporate Change, 3: 537-556.

Tracey P, Clark G L. 2003. Alliances, networks and competitive strategy: Rethinking clusters of innovation. Growth & Change, (1): 1-16.

Wernerfelt B. 1984. A resource-based view of the firm. Strategic Management Journal, 2: 171-180.

Winter S G. 2000. The satisfying principle in capability learning. Strategic Management Journal, 21: 981-996.

Zahra S A, George G. 2002. Absorptive capacity: A review, reconceptualization, and extension. Academy of Management Review, (2): 185-203.

第六章 网络资源异质性、资源识别、先验知识对集群企业自主创新的影响

人力资本最显著的特性就是知识。集群知识的有效共享和互动又是建立在集群创新系统即创新网络之上的。因此,本章将集群网络资源异质性、资源识别和集群企业人力资本所承载的先验知识这三者结合起来,研究集群网络资源异质性、资源识别和先验知识对集群企业自主创新的影响。现有文献对集群企业人力资本所承载的先验知识在网络资源异质性对资源识别、资源识别对集群企业自主创新绩效影响中的调节作用的研究还很少涉及,所以这是本章研究的一个重点。

第一节 相关研究综述

一 集群企业自主创新文献综述

(一)集群企业自主创新的含义

自主创新理论可以追溯到熊彼特的创新理论,美国经济学家熊彼特(1912)首次从经济学的角度提出了创新的概念,即"生产要素的新组合",并阐述了创新所包括的五方面内涵。费里德曼继承和发展了熊彼特创新的概念,强调了创新不单指技术创新,还包括组织、管理等其他方面的创新。德鲁克也在一定程度上继承了熊彼特的生产要素重新组合的创新理论,他认为创新是可以建立一个相应的生产函数,通过改变该函数中的变量,也就是影响创新的各个要素,就能实现创新在不同程度上的变化。随后,学者们对创新的研究主要集中于技术创新。Rainer 和 Franeo (2005)对创新概念进行了进一步的探讨和细分,提出了内生创新的概念,认为这是一种不同于模仿创新和技术引进的创新模式,而是由企业内部自发而成的。

企业自主创新这一概念是学者们根据我国的特殊国情提出的一个概念。傅家骥等(1998)认为自主创新是企业通过自身的努力和研究得以实现技术上的突破,攻克技术上的难关,并在此基础上依靠自身能力推动创新的后续环节,完成技术的商品化,获取商业利润,达到预期目标的创新活动。李伟等(2009)认为,企业自主创新是指本土企业通过技术知识资源积累和创新能力培育,进行研发创新

活动，包括技术引进的消化吸收、技术二次创新、集成创新及原始性创新，最终获得主导性创新产权和长期竞争优势。王黎娜（2006）认为企业自主创新能力的含义是：企业有效利用内外部各类创新资源，通过自身努力攻克技术难关，形成有价值的自主核心技术以获取自主知识产权的能力。施培公（1996）认为，自主创新的本质特点是"技术突破的内生性"，自主创新并不代表企业要独立完成研究开发的方方面面，攻克每一个技术环节，但其中的核心技术（或称为主导技术）必须是由企业依靠自身力量、独立研究开发而获得的。随着研究的深入，学者们逐渐将自主创新的探讨扩展到产业集群领域。唐玲（2008）将产业集群的自主创新能力定义为通过集群各个成员在网络中互动交流，从而提高产业集群整体的科技原始性创新能力、集成创新能力和引进消化吸收能力的合力。

（二）集群企业自主创新的特征

学者们对自主创新的特征有着不同的定义方式。杨荧彬（2010）认为自主创新本质上就是技术创新，并由此归纳了技术创新的三个特征：第一，创新主体的主动性，也就是技术创新的发起者具有对技术开发的巨大创新热情，并且积极主动地投身于技术研发活动中；第二，创新过程的主导权，也就是在创新过程中发起者一直掌握着创新的主导权，能够自主地把控整个创新的过程；第三，创新类型的主导权，也就是技术创新的发起者能够根据自身的情况自主选择适合公司发展的创新类型。

熊勇清（2008）认为自主创新的特征有以下几点：第一，技术的核心性，自主创新并不是意味着要实现每一个技术环节的开发，而是针对关键性技术的开发；第二，技术的领先性，自主创新的最终目的还是要将技术投放市场，如果技术没有得到市场的检验，不具备市场的领先性，那么自主创新也就没有意义；第三，知识依赖性，对自主创新来说，存在一部分隐形知识，它们是依赖于技术人员自身而无法剥离的知识，这部分知识很难被复制和模仿，具有一定的依赖性。

从产业集群这个角度来讲，唐玲（2008）认为自主创新具有以下几个方面的特征：第一，集群企业自主创新的基础是良好的集群网络资源，也就是网络中的知识和信息能够得以流动和溢出；第二，自主性，即集群企业能够依靠自身的创造力实现技术创新的突破，获得相关的知识产权。

二 网络资源异质性、资源识别文献综述

（一）网络资源异质性文献综述

1. 网络资源异质性的含义和特性

企业的资源具有异质性而非同质的，这一点已经被众多学者研究验证。Peteraf

（1993）认为企业的资源存在差异性，并且企业能够依靠资源的异质性获取租金。许多学者对资源异质性进行了大量的研究，并从不同的角度对其进行了界定和解读，但是至今还没有形成一致的结论。归纳现有学者的观点，主要可以分为三类：第一类是将资源异质性定义为关系资源的异质性，即企业在网络中与其他企业或组织形成不同关系的差异性；第二类是从资源种类的差异性来阐释异质性的定义；第三种认为资源异质性是指资源数量和质量的差异。

第一类观点同样适用于集群网络，任何一个企业都不是单独存在的，而是与其他组织或企业形成了各种各样的复杂关系。比如，对集群中的生产型企业来说，与它形成一定关系的包括生产材料的供应商、客户、同行的竞争对手、提供相关服务的咨询公司等，这些关系资源因关系不同、对象不同、获得资源的性质不同而产生一定程度的异质性。关于网络资源异质性的含义，Gulati（2000）认为网络资源异质性主要是指主体关系的异质性，企业通过嵌入网络与其他组织或企业形成不同的关系所产生的有价值的、稀缺的、异质的关系。党兴华和刘景东（2013）将网络资源异质性看作是关系资源异质性，将其定义为来源于企业与商业伙伴之间独特的、有价值的、稀缺的关系。Birley（1985）在研究技术创新网络时认为异质性的关系资源能够为企业提供大量的非冗余知识和信息，有助于企业进行创新。

第二类观点强调资源种类的差异性，现有学者在研究创新网络和企业联盟中发现网络资源异质性不仅包括与企业联系的关系主体的多样性，而且也包括由这些主体给企业带来的有形或无形的资源种类的多样性。陈浩然等（2007）通过研究不同技术资源条件下组织间学习模式的差异表明，合作网络中企业的资源异质性主要体现在技术资源异质性。

第三类观点从资源的量和质两个维度来衡量，周伊莎（2012）认为在开放式创新的过程中，企业的创新资源异质性主要体现在两个方面：一方面是与网络内其他企业相比，本企业的外部创新资源在"质"方面的差异程度；另一方面体现在与网络内其他企业相比，本企业的网络创新资源的多样化程度。

关于网络资源异质性的特性，杨瑞龙和刘刚（2002）认为资源异质性是企业资源具有的特性之一，是独特且难以替代的，即这种资源是企业形成竞争优势的关键；网络资源异质性的另一个特点是不易模仿且具有非竞争性，即无法通过市场公开定价和获得。Ahituv和Carmi（2007）认为合作网络中企业资源的异质性主要体现在资源的应变能力、难以替代性、核心性三个方面。其中，应变能力是指企业是否能够利用异质性资源来应对内外部环境的不确定性；难以替代性主要是指资源是否具有独特性，无法被其他资源取代；核心性是指具有异质性资源的企业与其他企业的活动和功能的相关程度较高。

2. 网络资源异质性分类

关于网络资源异质性的维度划分主要是对其定义的研究经衍生而成，现有研究主要有三种分类方式。第一种是由关系异质性概念衍生出来的，将网络中与企业建立联系的成员类型分为供应商、竞争者、客户、大学或其他技术研究服务机构、风险投资机构和政府部门等（陈钮芬和陈劲，2009；Gemunden et al.，1996）。周伊莎（2012）结合国内外学者的已有研究将网络资源异质性分为主流用户、领先用户、供应商、竞争同行、产业外企业、大学或科研院所、技术服务组织、知识产权机构、网络上的创新社群、风险投资企业、政府部门11类。第二种是从网络中获得知识资源的种类这个角度来划分的，主要有四类：研发技术类资源、营销类资源、资金资源及其他信息资源等（顾慧君和杨忠，2012）。Wernerfelt（1984）认为企业资源的异质性可以分为企业有形资源和无形资源的异质。Barney（1991）将企业资源异质性分为三个方面：企业物理资源异质性、人力资源异质性及组织资源异质性。第三种结合了以上两种分类方式将其分为关系异质性和知识异质性，其中关系异质性是指集群企业与网络内组织所建立的关系种类的多样性，知识资源异质性是企业通过网络建立的关系所带给企业的知识、信息及技术等资源与自身的差异程度（党兴华和刘景东，2013；Gemunden et al.，1996）。

综合以上对网络资源异质性的国内外文献回顾可见，现有学者的研究基于企业个体的比较多，而缺乏基于网络视角的资源异质性的研究。尤其是对集群企业来说，每一个企业都会形成一个或大或小的网络，在这个网络中存在不同程度的网络资源异质性。现有的研究缺乏一个针对集群网络的资源异质性的统一的概念界定，同时研究其对集群企业自主创新绩效影响和影响机理的文献还不多，因此，本书将其运用于集群企业中进行深入研究。

（二）资源识别文献综述

Brush 等（2001）认为资源识别是指创业者根据本身所拥有的资源，对企业在创业阶段所需要的资源进行辨识，并确认企业目前所需资源的过程。刘树森（2014）结合国内外学者对资源识别的研究，将其定义为创业者根据自身所拥有的资源禀赋，对企业在创业过程中所需的各种资源加以识别，进而明晰创业所需各类资源的一个过程。

资源识别可以分两种类型来看，一种类型是针对创业企业，这类企业往往是处于发展初期，企业的基础建设和发展壮大都需要识别和获得大量资源；另一种类型是针对发展型和成熟型的企业，这类企业往往迫切需要识别那些具有高度价值的有助于企业创新的异质性资源来形成企业的核心竞争力，从而使企业在不断变化的市场环境中保持领先地位。

目前很多学者提出的资源识别的概念大多都是第一种类型，即针对新创企业的资源识别，但是新创企业所需的资源往往比较多而且泛，无法通过研究得知哪种资源的识别更加有利于企业的发展，研究的焦点也主要集中于资源识别对新创企业成长的影响。而随着企业的发展壮大，企业只有不断识别更多的资源才能在变化的市场中始终占据领先优势，这对于集群企业更是如此。因此，资源识别对于集群企业更加重要，本部分要研究的是集群企业创新资源识别能力对自主创新的重要作用。

三 先验知识文献综述

集群人力资本所承载的先验知识是衡量企业内部核心能力的一个重要指标，也是提高集群企业实现自主创新能力的关键。Reuber 和 Fiscber（1999）将先验知识定义为企业领导者在创业之前所积攒的经验和知识的总和。杨俊等（2011）认为先验知识就是企业先前所积累的经验和知识的总和。Eisenhardt 和 Schoonhoven（1990）在研究创业团队中发现，创业团队先前工作或创业经验越丰富，就越能推出更加符合市场需求的产品，企业初期的绩效也就越好。

由于不同的知识种类对企业发展的作用是不同的，所以 Shane（2000）按照知识的类别来对先验知识进行划分，分为市场相关的先验知识、服务市场的先验知识、顾客相关的先验知识。Reuber 和 Fiscber（1999），将先验知识看作是一种静态的存量并将其划分为深度和广度两个维度，其中先验知识的深度是指先验知识的时间维度和相关性程度，通常用工作经验的时间长短及经验的相关性来进行衡量；先验知识的广度即经验种类的多样性，通常用经历的多样性来度量。杨俊等（2011）的分类方式和 Reuber 和 Fiscber（1999）有些类似，将先验知识分为多样性和相关性两个维度，其中先验知识的多样性指的是企业领导者在创立该企业之前有过的相关职能管理经验次数；先验知识的相关性表现为创业者创业之前所拥有的行业层面经验和职能管理经验与目前所处的企业之间的相关程度，相关性的大小会影响创业者将先前工作经验复制到新创企业管理成功的可能性大小。

先验知识目前运用最为广泛的是创业企业的研究领域。张华和郎淳刚（2013）将先验知识推广到其他领域，把以往绩效看作是先验知识的反馈，研究发现个体以往绩效越高，处于网络中心的企业就越能促进知识创新能力的提升。目前鲜有学者关注集群企业人力资本所承载的先验知识及其对集群企业创新的影响，因此，将先验知识放入网络资源异质性对自主创新影响的模型中进行研究是本章的重点。

四 文献评述

通过上述文献梳理，发现现有研究还存在以下不足：第一是现有研究往往都只从资源识别角度来分析网络资源异质性对企业自主创新的影响，这种单一视角的研究忽略了集群企业个体特质的差异对自主创新的影响，相关研究也十分匮乏；第二是尽管学者们已经认识到人力资本所承载的先验知识对创新的重要性，但多数研究只是局限于创业企业领域，运用于集群企业的相关研究十分少见，关于集群人力资本所承载的先验知识如何对资源识别和自主创新产生影响还有待深入研究。

第二节 网络资源异质性、资源识别、先验知识对集群企业自主创新的影响：理论分析

一 相关概念界定与维度划分

（一）网络资源异质性

根据现有研究对资源异质性的定义，本书结合产业集群的特性将网络资源异质性定义为集群企业通过网络所获得的关系资源和知识资源的异质性。集群企业网络资源的异质性主要体现在关系资源异质性和知识资源异质性两个层面。其中，网络关系资源异质性指企业在网络内所建立的合作交流的企业或组织（如大学、科研机构、风险投资机构、同行竞争对手、政府机构等）类型的多样性；网络知识资源异质性是指企业通过集群网络所获得的资源（如知识、技术、文化等）与自身资源的差异程度。

（二）资源识别

基于前文对资源识别相关文献的讨论可知，大部分学者都是研究创业企业对创新资源识别的问题，但对集群企业来说同样存在资源识别。现有的资源识别的概念侧重于新创企业的起步阶段，而本书对集群企业资源识别侧重于企业的发展或者是转型升级阶段。因此，本书将资源识别定义为集群企业根据自身资源禀赋状况，对企业自主创新所需资源进行评估和判断，并最终确定其所需资源的一个过程。

（三）先验知识

综合现有关于先验知识的文献可以发现，目前大多数学者都是研究新创企业

的先验知识及其对企业成长阶段的影响。在企业不断发展过程中，多数学者对知识资源的研究局限于流量，即知识吸收或溢出等影响，而忽略了存量对企业进行创新活动的影响。对集群企业来说，本书将先验知识定义为集群企业过去所积累的经验和知识的总和，这实质上也就是集群企业人力资本所积累的存量。本书将其分为广度和深度两个维度，先验知识的广度是指集群企业之前所积累的经验和知识的多样化程度；先验知识的深度是指集群企业先前所积累的关于本行业经验和知识的专业化程度。

（四）集群企业自主创新

结合以上关于自主创新的文献研究，本书提出的集群企业自主创新的概念主要是指集群企业通过识别和利用网络内外部资源，由集群企业内部自发形成的一种相关创新活动，包括产品技术的原始性创新、集成创新及技术二次创新等，最终实现技术上的突破，获得相关知识或技术产权，并增强集群企业产品在市场上持续而有力的竞争力。

二 概念模型和理论分析

（一）概念模型

资源是自主创新的源泉，它和自主创新有着密不可分的关系。近年来，学者们关于何种资源能够促进自主创新进行了深入研究，Peter等（2011）通过研究合作网络发现，网络资源异质性有助于企业接触到更广泛的知识和信息资源，并通过识别和利用这些资源来促进企业自主创新。曹红军等（2011）的研究表明，网络中的异质性资源是企业提升创新绩效的关键所在，企业拥有的异质性资源越多，企业的创新能力就会相对提升。异质性资源能否成功转换为创新成果也取决于集群企业对资源的识别能力，只有当集群企业识别出有利于创新的资源之后充分利用资源，才能真正实现创新突破。Lichtenstein和Brush（2001）的研究表明资源识别对企业发展的不同阶段都具有非常重要的作用。

网络资源代表着外部动力因素，除此之外，影响集群企业创新能力的还有非常重要的内部动力因素，也只有当内外部动力因素共同作用于企业中才能真正提高企业创新能力。张玉利等（2008）的研究发现先验知识对社会资本与创业机会创新性具有较大的影响力，具有丰富创新经验的创业者更容易从高密度的网络结构中发现创新性更强的机会。因此，本书将先验知识加入网络资源异质性与集群企业自主创新的研究模型中，很多学者通过划分不同知识类型的方法来讨论自主创新绩效的差异，但是这种研究的结果并不能全面解释差异的来源，因此，本书从先验知识的广度和深度两个角度来进行分析。先验知识的广度代表集群企业经验和知识资源的多样性程度，丰富多样的先验知识有助于增强集群企业对网络中异质性资源的识别能力；先验知识的深度代表集群企业经验和知识资源的专业化程度，集群企业的行业知识积累得越深厚，如技术资源，集群企业越能将集群识别所得的资源灵活运用，并将资源转换为创新成果。

归纳以上分析，可以构建以下概念模型（图6.1），并在下一部分进行实证检验。

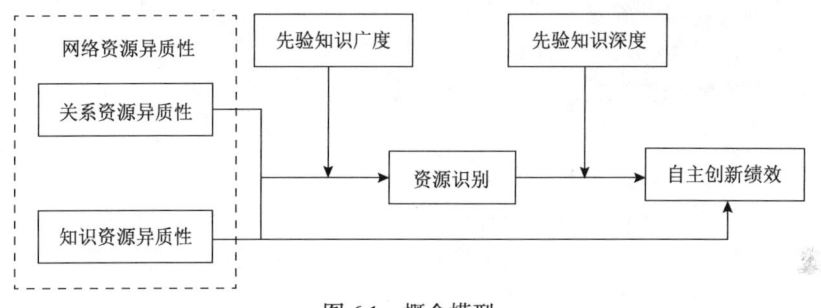

图 6.1　概念模型

（二）理论分析

1. 网络资源异质性对集群企业自主创新的影响分析

企业要实现自主创新，单靠企业自身积累的知识资源是不够的，还需要从集群网络中获取更多异质性知识和信息资源（Corey and Phelps, 2010）。姚小涛等（2008）运用社会网络理论来分析中小型企业如何实现快速成长，并构建了一个基于中小型企业成长与社会网络演进的发展模型，他认为企业的发展不能仅仅依赖于自身知识和关系资源的丰富和积累，更重要的是对集群网络的异质性资源的获取。

从关系资源异质性的角度来看，在经济全球化时代，任何企业尤其是集群企业都无法孤立形成持续的竞争力，集群中的每一个企业都通过与其他组织交流合作建立了一定的网络关系，如果这些网络关系都是同质的，那么企业将无法获得一些新颖的知识和信息资源。反之，Uzzi（1991）认为当集群企业拥有丰富的异质性关系资源时，企业能够与不同的组织机构进行沟通交流。这些异质性的组织机构所拥有的资源是不同的，通过知识溢出，企业可以以低成本获取本行业或跨行业非冗余的知识和信息。Larsson等（2003）在研究中发现，外部专家和咨询机构提供的知识和建议有助于中小型企业成长和发展。另外，集群网络中的这些关系资源各自都有自己的关系网络，企业可以通过这些关系资源来撬动更为广泛的社会资源，这能让企业有机会接触到更多的信息和知识资源。党兴华和刘景东（2013）的研究表明，关系资源异质性越强，企业核心性也就越强。这就是说，合作伙伴的异质性有利于企业的成长与发展创新，具有异质性的关系资源可以提高企业对创新资源的辨识度和敏感度，使企业有机会接触更多的信息，从而帮助企业更广泛地收集知识和信息资源。

从知识资源异质性角度来看，这些新的信息和知识被企业转化为自主创新的原材料时，会对集群企业实现自主创新产生积极的促进作用（Baum et al.，2000）。目前集群企业自主创新能力低下的一个重要的原因就是企业所接收到的知识具有高度相似性且相对滞后，而多样化的知识来源是企业不断实现自主创新的关键。因此，只有当企业拥有异质性的网络资源时，才可以为企业不断输送新颖的知识资源，并提供更多创造性思维的角度，避免集群企业由于长时间固定于某个行业而形成知识僵化和惯性思维。从这个角度来看，企业网络资源的异质性有助于提升自主创新能力。

知识资源异质性和关系资源异质性是相辅相成的，Burt（2001）提出的结构洞理论也强调了企业在网络中所处位置的重要性，而处于结构洞的企业之所以能获得更多的异质性资源，就是由于它构建了一个异质性的关系网络。关系资源的异质性可以给企业带来更多接触知识载体的机会，而知识资源的异质性有助于企业吸引其他关系资源，从而丰富整个企业的网络资源的异质性。基于上述分析提出以下假设：

H1：网络资源异质性有助于提升集群企业自主创新绩效

H1a：网络关系资源异质性有助于提升集群企业自主创新绩效

H1b：网络知识资源异质性有助于提升集群企业自主创新绩效

2. 资源识别对企业自主创新的影响分析

通过集群网络来识别对企业有价值的资源是企业利用网络资源实现自主创新的前提条件。资源识别是企业自主创新不可或缺的一大要素，面对同样的网络资源，有的企业能够识别出潜在的创新机会，而有的企业则不能。集群企业只有通过不断识别出有价值的资源，才能将这些资源转化利用，从而提高自主创新绩效。

资源识别的重要作用主要体现在以下两点：一方面，企业通过识别有益于企业发展的网络资源，有助于完善企业的资源评价和识别体系，从而提高企业识别创新资源的能力，这将会促进企业自主创新的实现（Shane，2000）；另一方面，资源识别是企业创新资源整合过程中的一个重要环节，也是企业利用资源实现创新的前提条件，资源识别能力越强，企业对创新资源的整合能力也就越强，那么自主创新能力也会相应提高（Barney，1992；董保宝等，2011）。

有学者通过实证研究发现，资源识别关乎企业的成长与发展，也是企业获得持续竞争优势的关键（Barney，1991），通过对潜在资源的识别有助于提升企业的自主创新绩效（Shane，2000）。其他学者的研究也表明，提高企业的资源识别能力有助于企业从集群网络中识别出对企业创新有益的异质性资源，并实现自主创新（Wernerfelt，1984）。基于上述分析提出以下假设：

H2：资源识别有助于提升集群企业自主创新绩效

3. 资源识别的中介作用

相关文献研究表明，集群企业网络所提供的异质性资源对资源识别活动有积极影响（周强，2011）。一方面，网络的异质性资源会形成直观的对比，有助于企业通过对比识别，进而发现更有价值的资源；另一方面，在目前创新速度非常快的情况下，集群网络环境中的一些企业或组织由于拥有某些独特的资源而实现了突破式的自主创新，通过与这些先发企业建立良好的关系和沟通交流，有助于企业快速明确实现自主创新还需要哪些资源，从而在未来的资源识别过程中加强对这些资源的关注（Vesper，1994）。李玲（2010）认为建立异质性的关系资源可以使企业接触到更多的非冗余信息，掌握更为广泛的最新信息，增强企业对创新资源的认知能力，这还有利于集群企业在网络关系中占据结构洞位置，成为其他网络企业或组织交换信息的枢纽，通过比较与评估不同关系的价值，提高企业网络资源的异质性，从而有助于企业进行自主创新。

网络资源异质性是企业自主创新绩效的一个重要影响因素，但如果这些多样性的网络资源不能被企业很好地识别，那么这些资源也就无法被企业吸收并对企业创新产生作用。资源识别是企业资源整合的关键和前提，通过对创新资源进行识别，有助于企业实现快速成长和自主创新（Wernerfelt，1984）。在企业对资源的识别过程中，企业需要明晰目前自身具备的资源与实现自主创新之间的差距，这样能有助于企业从网络中众多异质性资源中快速地识别出企业自主创新所需的资源并为企业所利用，从而对企业自主创新绩效产生积极影响（Ritala and Hurmelinna-Laukkanen，2013）。基于上述分析提出以下假设：

H3：网络资源异质性有助于提升集群企业的资源识别能力

H3a：网络关系资源异质性有助于提升集群企业的资源识别能力

H3b：网络知识资源异质性有助于提升集群企业的资源识别能力

H4a：资源识别在网络关系资源异质性和集群企业自主创新之间具有中介作用

H4b：资源识别在网络知识资源异质性和集群企业自主创新之间具有中介作用

4. 先验知识的调节作用

就集群企业而言，共享同一网络的企业也存在创新绩效及资源识别能力的差异，这是因为每个集群企业人力资本所拥有的先验知识都存在不同程度的差异。Griffith 等（2003）认为企业先验知识的广度决定了企业评价和识别网络知识资源的能力，而企业先验知识的深度影响企业吸收和利用能力提高的速度。也就是说，集群企业人力资本所拥有的先验知识的涉及面越广，先验知识种类越多，企业识别网络资源的能力就越强；而集群企业人力资本所拥有的先验知识深度越高，先验知识的专业性越强，企业吸收和利用知识并实现创新的能力就越强。

1）先验知识广度的调节作用

集群企业人力资本长期积累的知识会形成一个"知识走廊"，并通过这个虚拟的知识库存储在集群企业的组织记忆中（Barney，1991）。一方面，Ahuja（2000）等认为技术创新网络中，企业所拥有的知识和关系资源在企业间合作过程中发挥着重要作用，也是企业间合作的基础。Pérez-Nordtvedt（2008）也认为具有异质性知识资源的企业在网络中对其他企业具有吸引力，有利于与特定合作伙伴建立起关系，网络内的其他成员会更加倾向于与拥有先验知识广度相对较高的企业或组织建立互利互惠的良好合作关系。这有利于集群企业人力资本在沟通交流中识别和获取有价值的资源。

另一方面，当集群企业人力资本所拥有先验知识的广度较高时，企业就会有丰富多样的知识储备，在面对异质性的网络资源时，可以帮助企业发现知识库的漏洞，不断丰富企业人力资本的先验知识，完善企业的资源评价体系。同时，丰富的"知识走廊"也有助于企业将这些异质性资源与原有的资源联系起来，当遇到类似的资源时能很快地进行匹配和识别。许多学者的研究都表明，具有丰富的先验知识背景的企业具有较高的知识敏感度和洞察力，有助于企业提升准确评价知识价值的能力，并从纷繁杂乱的知识资源中识别出对企业有益的知识（Barney，1991）。基于分析提出以下假设：

H5a：先验知识的广度正向调节网络资源异质性对资源识别的影响，即当集群企业先验知识的广度较高时，网络资源异质性越高，集群企业对创新资源的识别能力越强

2）先验知识深度的调节作用

目前集群企业已逐步认识到资源识别的重要性，大多数企业迫切地从集群网络中识别和汲取最前沿的知识资源，但是知识的有效利用率和转化率却很低。集群企业通过资源识别所获得的前沿知识最后大多只是成了模仿创新的素材，并没有实现真正的自主创新。因此，集群企业要实现自主创新仅仅靠识别创新的资源和机会是不够的，更为关键的是企业如何把这些好的资源转变为自主创新的能力（Ritala and Hurmelinna-Laukkanen，2013），而先验知识在其中扮演着十分重要的角色。

先验知识的深度体现的是企业人力资本所积累的关于本行业经验和知识的专业化程度，当集群企业人力资本的专业知识储备足够深时，企业对复杂的技术和创新的理解与运用能力就会很高。曹红军等（2011）认为只有在具备扎实的相关知识储备的前提下，通过将网络知识资源与原有知识整合，集群企业才能将这些

知识资源转化为创新的原动力，并实现企业自主创新绩效的提升。West 和 Noel（2009）在研究新创企业的先前工作经验中就发现，若创业者的先前工作经验与现在所从事的企业的行业相关度较低，那么创业者很难将原有的知识复制并运用于现有的管理工作中，这些知识对现有的企业来说并不能起到推动自主创新绩效提升的作用，反而有时会适得其反；相反，当集群企业的领导者的先前工作经验与本行业高度相关时，他往往能敏感地把握客户需求变化的趋势、行业相关的运作技巧及先进的管理经验等方面的隐性知识，这些隐性知识能够很快地被复制到现有的企业中，在此基础之上，企业也能进行进一步的创新和改进，创造更为优越的绩效。杨俊等（2011）的研究也表明，具有丰富相关产业经验的创业者往往能更好地把握产业内运作知识与运作诀窍，并实现企业创新绩效的明显提升。基于以上分析提出以下假设：

H5b：先验知识的深度正向调节资源识别对集群企业自主创新绩效的影响，即当集群企业先验知识的深度较高时，集群企业的资源利用能力越强，企业的自主创新绩效越高

第三节 网络资源异质性、资源识别、先验知识对集群企业自主创新的影响：实证分析

一 样本与数据收集

（一）样本的选择和概况

浙江产业集群是我国产业集群的一大集中点，无论从数量、规模还是发展状况来说都具有非常强的代表性；同时，鉴于笔者单位都临近浙江产业集群，数据采集具有一定的优势，因此，本部分仍然选择浙江产业集群作为重点调查对象。浙江产业集群主要是传统制造产业集群，同时也具有高新技术产业集群。本部分再选择杭州软件产业集群作为高新技术产业集群的代表，同时选择湖州织里童装产业集群作为传统制造产业集群的代表进行研究。

1）高新技术产业集群——以杭州软件产业集群为例

杭州地处长江三角洲的中心地带，是浙江省的省会城市，具备地理位置的优越性。杭州软件产业集群起步于20世纪90年代，近年来发展迅速，规模也不断壮大，进驻软件园区的软件企业的数量、质量、经营效益等均有明显提升。建区以来，杭州高新区（滨江）政府坚持科学发展观和"发展高科技、实现产业化"的指导方针，发挥区位和管理优势，优化区域设施环境，不断向外吸引资本和创

新资源，加快了杭州软件产业集群的发展。2009年杭州软件产业集群被评为全国唯一的"电子商务之都"；2011年成为国家电子商务示范城市之一；2014年4月被工业和信息化部授予"中国软件名城"荣誉称号；2014年7月在科学技术部所公布的国家级高新区名单中杭州国家级高新区排第五，这些成绩充分印证了杭州软件产业集群巨大的发展潜力。

如第五章所述，目前杭州市软件产业园区主要有四个：杭州高新软件园、东部软件园、北部软件园和西湖数源科技软件园。目前产业园区共有高新技术企业近800多家，占整个杭州同类型企业总数的85%，可见，杭州大部分软件企业都聚集于产业园区内。杭州高新软件园成立于1997年，其技术优势和定位主要是安防产业、电商及集成电路等，园区内有8家企业入围2013年全国软件百强企业，如海康威视、恒生电子、大华技术股份等。该园区发展迅速，2013年荣获2项国家科技进步奖。东部软件园于2001年成立，处于杭州市东部，是天堂硅谷的重要组成部分，园区周边配有许多高校、科研院所，聚集了大批优秀人才。园区主要涉及的产业有电子商务产业、无线传感器网络产业、电子通信产业等产业，园区内代表企业有阿里巴巴、华为杭州研究所、中兴等国内外著名企业。这一批优秀的企业的快速成长为社会就业及信息技术快速发展做出了巨大贡献，整个园区呈现出科技企业集聚、科技氛围浓厚、创业环境优良、创新活力强盛、中小企业快速成长、创新服务显著的生动局面。北部软件园成立于2008年，位于杭州市的北部，目前聚集的企业超过500多家，代表性的企业有磐石科技、连连科技、阿拉伯亚洲商务卫视等。该软件园涉及的产业领域主要有动漫软件、游戏、网络及服务外包等，随着产业集群的发展，北部软件园也在不断向产业升级的方向发展。

在集群企业发展方面，目前杭州市主营业务为计算机软硬件服务和信息安全服务的上市企业总共有33家，其中26家企业属于2011~2012年度国家规划布局中的重点集成电路设计和软件企业。而在杭州市的所有企业中，营业收入超过百亿元的企业有2家，营业收入超过亿元的企业超过100家，且中国软件业务收入前百家企业中杭州就有近10家软件类企业，包括阿里巴巴、恒生电子、海康威视、中控科技、浙江大华等。而在这10家企业中，阿里巴巴的表现尤为突出，其旗下的阿里巴巴（中国）网络技术有限公司、支付宝（中国）网络技术有限公司等公司在2014年的前5个月共创造253.8亿元的营业收入，获得100多亿元的利润，在所有同规模及以上的高新技术企业中分别占比22.4%和47.1%；同时，其人均创造利润8.5万元，是所有同规模及以上高新技术企业的2.8倍。目前，全省的软件企业在杭州呈现出了一定的集群效应：据统计，浙江省从事软件开发、培训、服务和销售等行业的企业总数约为1000家，其中杭州市的软件企业500多家，在浙江省范围内占比超过50%，在全国范围内占比超过10%；而浙江省从事软件行业的员工人数约为4万人，其中杭州市从事软件行业的员工人数约为2万人，在浙江省范围内占比也超过50%；同时，杭州市软件产业的营业收入在浙江省范围内占比超过80%。集群中的122家软件企业通过了国家"双软认证"，其中，阿里巴巴、海康威视、浙江中控等企业已经成为全国相关行业中的佼佼者。本书对杭州软件产业集群的发展进行深入分析，得出了我国高新技术产业集群的主要特征，并深入地剖析了其内部创新的过程和模式。

在财富资源积累方面，杭州市软件产业的业绩非常突出，其2013年的总营业收入为1650.6亿元，其中海外业务营业收入为11.47亿美元，在浙江省全行业营业收入中占比8%，而其利润则为534.6亿元，此外，杭州软件产业集群也正处于快速发展阶段。

在人力资源方面，杭州市软件产业集群始终以创新能力建设为主旨，以引进和培养创新人才为核心。2009年，杭州高新区荣获国家级"海外高层次人才创新创业基地"称号，通过引进高级海外软件人才，掌握了众多国际领先的高新前沿技术。2012年，杭州高新区，一方面为全球顶尖科学家倾斜项目设立了扶持资金以加快这些项目的孵化，另一方面创建了孵化高新产业的滨江海创基地。

同时，杭州市也积极实施高新技术人才的培养和引进政策。2013年，在"千人计划"人才方面，杭州市国家人才增至33人，省级人才增至71人；在企业博士后科研工作站方面，杭州市国家级工作站增至15家，区级工作站增至22家；在人才引进方面，杭州市留学人才引进数量增至1016人，其中留学人才创办企业数目增至561家；在人才培养方面，杭州市入选国家"百千万工程"培养人才69人；在大学生创业培养方面，杭州市新增的大学生创业企业达到320家。

2）传统制造产业集群——以湖州织里童装集群为例

湖州织里童装城素有"童装之都""童装名镇"的美誉，经过近30年的发展，已成为全国三大童装产业基地之一。织里童装产业规模最大，是全国百强市场和中国商品专业市场最具竞争力的产业集群之一。20世纪80年代中期织里童装城还只是一个由多个家庭作坊组成的一个组织，处于起步阶段。到了90年代中后期，织里童装发展逐步扩大，分散的家庭作坊也逐渐集中起来，配套的各类专业市场也相继发展起来。进入21世纪，童装逐步成为织里的一大支柱产业，织里童装也逐渐规模化，许多龙头企业也开始将童装品牌化，金童王、塞洛菲等一些品牌进驻织里。随着经济的发展，织里童装产业也逐渐形成较为成熟的集群。织里童装产业主要以童装为主，只进行童装的生产和加工，主要集中生产和销售大童服装和冬装。

从研发水平和创新能力来看，织里童装产业总体上创新研发设计能力较弱，大部分童装企业拥有专利数量非常少，专利的范围主要局限于外观专利，而真正具有技术差异的发明专利和实用新型专利却很少。创新能力的客观指标主要体现在集群技术研发机构、研发投入、专利、集群名牌等项目上。从童装创新设计能力来看，织里童装产业集群中大部分企业并没有自己的专业设计队伍，也不注重童装的设计开发投入，多数集群企业都是通过买入最新的样板然后稍微进行改良。此外，对集群企业的童装产品的创新意识也较为缺乏，大部分企业还没有足够重视创新能力的培养，欠缺对这方面的投入。

从集群品牌影响力来看，目前织里童装企业的品牌意识和影响力还不强，除了"今童王""布衣草人"等有限的几个知名品牌外，整体水平不高，缺乏一批在行业内获得广泛认可、具有广泛影响力的品牌。2012年织里童装产业企业共有1万多家，但其拥有的省级集群品牌却只有18个，而国家级集群品牌只有1个，非外观专利数几乎为0。此外，集群的公共研发机构个数到2012年才出现2个，而之前一直是一片空白，企业的研发机构虽有提升但提升幅度不大。大部分中小企业没有研发机构，而一些龙头企业的研发机构大部分是在集群外的地区，所以对集群的创新能力影响不大。

从人才梯队的层面来说，大部分童装企业并没有自己专业的研发设计队伍，中小企业甚至没有设计部门，中等规模的企业只有少数设计师，而较大的公司虽然有设计部门，但是也不设在织里童装产业集群内。织里童装产业集群的知识基础从整体上看处于比较低的水平，在大中型企业，企业人员素质构成比普通工人：技术研发人员：管理人员为13：4：3。员工学历也普遍较低，集群内本科学历水平的企业员工仅占10%~20%，硕士学历在中小型企业中几乎为0，大部分员工的学历水平为大专学历和大专以下学历。在实地调研中发现，目前产业集群最缺少的就是专业的设计师及专业的管理人才。由于产业集群的知识基础比较薄弱，往往缺乏对外界知识的搜索、获取和接收能力，这也是目前该产业集群潜在知识吸收能力较低的原因之一。

从集群的学习机制来看，织里童装产业集群目前缺乏一个良好的内部学习机制，这在一定程度上影响了企业对网络知识资源的消化和吸收。目前该产业集群采用的主要是政府主导型的创新平台治理模式，政府组织的对外学习交流培训还比较局限，主要是针对安全培训、企业家和技术工人培训，缺乏对核心研发设计人员的相关拓展培训。对企业内部来说，大部分企业并未形成良好的培训机制，一般主要是局限于操作工人的普通培训，而忽视了企业创新意识的培养和新知识的学习交流等。

从整体情况来看，目前织里童装产业集群的创新模式主要是以模仿性创新为主，采用引进设计模板再加工而成，因此，在整个世界也是处于产业链的低端，生产的产品也多数是中低档产品，企业的主要盈利方式就是靠大规模的生产来降低成本获取利润。可见，织里童装产业集群急需整合网络内外部的资源，并通过资源识别来进一步实现自主创新，而并非只是模仿层面的。

（二）问卷设计和数据收集

1）问卷设计

由于目前我国产业集群还没有比较系统完善的统计数据资料，所以本项研究继续采取问卷调查方法获取第一手数据资料。为了保证数据资料的可靠性，本部分继续借鉴国内外大量文献中较为成熟的测量量表及进行集群的实地访谈调研，以增强数据资料的可信度，具体步骤如下：

第一，结合本部分研究主题，在阅读大量国内外相关文献资料的基础上，初步确定相关变量的测量题项。本部分所有的变量均采用李克特 7 点量表法进行测量。

第二，积极参加各种相关的主题研讨会、讲座和征询专家意见，对问卷的题项进行修改和完善。

第三，选取部分集群企业对问卷进行小范围的测试，联系相关企业进行现场访谈和实地调研，并就近选择集群企业进行一对一的访谈，对问卷进行一个小型的测试和修改，确保问卷的可行性。

2）数据收集

数据收集方式主要有三种，一是与当地的集群企业进行联系并进行实地考察，与集群企业的高管进行访谈交流并完成问卷的发放；二是通过产业集群当地举办的专场招聘会，有针对性地向前来参加招聘的企业高管或人力资源主管发放问卷；三是通过联系笔者在产业集群企业中就职的同学和朋友对其所在的公司进行问卷调查，主要方式是通过问卷星的平台完成网络问卷的发放和收集。本研究总共发出问卷（附录 5）282 份，回收问卷 210 份（回收率达 74%），其中有效问卷 143 份（有效率达 68%）。

3）样本特征

从回收的有效问卷来看，本研究涵盖的集群范围包括传统制造型和高科技型两类。其中，传统制造业集群共回收有效问卷 72 份，主要采集于中国规模较大的织里童装城；高科技产业集群共回收问卷 71 份，主要采集于杭州的滨江高新技术软件开发园。从本次调查企业的性质来看，如表 6.1 所示，民营企业和外商独资企业所占比重较大，国有企业、合资及合作企业所占比重较小。从企业经营的年限来看，大部分企业都经营了 5 年以上。从企业营业状况来看，近两年年均销售额在 5000 万元以下的企业约占 31.4%，销售额在 5000 万元至 10 亿元之间的企业约占 42.6%，超过 10 亿元的企业约占 26%。从员工总人数来看，500 人以下的企业约占 28.1%，人数在 500~1000 人的企业约占 39.6%，超过 1000 人的企业约占 32.3%。问卷主要由企业的中层及中层以上的管理者来填写。总体来看，本研究样本覆盖的范围较广，具有良好的代表性。

表 6.1　样本企业所有制分布

企业性质	样本数	百分比/%
国有	12	8.39
民营	76	53.15
合资	11	7.69
外商独资	39	27.27
合作	5	3.50
合计	143	100.00

二 变量设置

本研究各变量的测量题项均采用李克特 7 点量表法进行测量，其中 1 代表"非常不符合"，7 代表"非常符合"，具体测量指标如下。

（一）网络资源异质性

对于网络资源异质性的测量，学者们还没有形成一个较为一致的测量体系。本部分基于现有的研究将网络资源异质性分为两个维度，包括关系资源异质性和知识资源异质性。关于关系资源异质性，梁靓（2014）用网络中合作伙伴的差异化和多样化两个维度来进行测量，其中差异化主要是指网络中异质性的合作伙伴所占的比重，多样化指的是网络中与集群企业合作的企业或组织类型的数量。具体的测量公式为：$H = 1 - \sum P_j \times \sum P_i^2$，其中，$P_i$ 是指每一类合作伙伴所占的比重，P_j 表示每一类同质性合作伙伴所占的比重，H 代表合作伙伴的异质性指数，取值范围为 0~1，数值越接近 1 代表异质性程度越高。关于知识资源异质性，曹红军等（2011）主要是从资源是否具有价值、稀缺性和难以替代性三个角度来考量。

综合现有学者的量表，本研究共用了 8 个题项来测量（表 6.2）。其中，关系资源异质性（5 个题项）包括与集群网络建立关系的企业或组织的行业类别、地域分布、组织结构、供应商规模差异程度及客户规模差异程度 5 个方面；知识资源异质性（3 个题项）包括集群网络知识资源与企业已有知识在价值性、稀缺性和难以替代性三个方面上的差异程度。

表 6.2　网络资源异质性测度项目

变量	编号	测度项目
关系资源异质性	RD1	集群企业有不同行业的合作伙伴
	RD2	集群企业的合作伙伴的地域分布较广

续表

变量	编号	测度项目
关系资源异质性	RD3	集群企业有许多不同组织结构类型的合作伙伴
	RD4	集群企业最大的供应商和最小的供应商规模差距较大
	RD5	集群企业最大的客户和最小的客户规模差距较大
知识资源异质性	KD1	其他集群企业或组织提供的知识资源非常有价值
	KD2	其他集群企业或组织提供的知识资源非常稀缺
	KD3	其他集群企业或组织提供的知识资源难以替代

(二) 资源识别

赵观兵等（2010）在研究创业企业的过程中采用了 5 个题项来测量，包括企业在创业时期自身所拥有的知识技能、创业所需的知识技能、自身拥有的创业所需的知识技能资源、供应商提供的资源及客户所能提供的资源。Sirmon 和 Hitt（2003）研究了家族企业的资源管理问题，其中他们是通过测量企业是否了解自身拥有的资源、哪些资源是有利于企业发展的、目前拥有的资源与所求资源的差距来进行研究的。

本部分的量表参考了现有的研究并结合集群企业的特性，共用了 3 个题项来测量资源识别这个变量（表 6.3），具体包括：①集群企业很清楚自己已拥有的资源；②集群企业很清楚哪些资源是创新所必备的；③集群企业很清楚创新所需的资源与自身资源之间的差距。

表 6.3 资源识别测度项目

变量	编号	测度项目
资源识别	RI1	集群企业很清楚自己已拥有的资源
	RI2	集群企业很清楚哪些资源是创新所必备的
	RI3	集群企业很清楚创新所需的资源与自身资源之间的差距

(三) 先验知识

张玉利等（2008）将创业者的先验知识分为工作经验与创业经历两个部分，具体的测量题项是创业者工作经验的年限及创业经历的次数。这种测量方式的优点是操作比较简单，容易获得较为准确的数据，但是测量的题项过于简单，精确度有所欠缺。张婷（2012）在此基础上将先验知识的类型分为三种，分别是创业经验、职能经验和行业经验，并从多样性和相关性两个维度来进行测量。这种测量方式增强了测量的准确性，但其研究对象主要局限于企业家个体层面，而忽略了企业整体层面，将此作为研究创业企业的测量指标较为合适，但放在产业集群中用来研究发展较为成熟的企业就显得有些片面及不恰当。

因此，本部分综合了现有的研究成果，在此基础上结合产业集群的特点将集群企业人力资本所拥有的先验知识分为两个维度，包括先验知识的广度和深度。本部分参考了前人对先验知识的研究及产业集群的实际情况，共用了 8 个题项来测量（表 6.4）。其中，先验知识的深度（3 个题项）包括行业经验和知识储备、职能管理人才、行业相关人才三方面，先验知识的广度包括高管和企业整体两个层面，其中高管层面（2 个题项）主要是针对企业的领导者在先前创立企业的过程中是否有过对其他行业的兴趣和从业经历，企业层面（3 个题项）主要是是否有过不同行业的探索、不顺利的经验及多元化人才策略。

表 6.4　先验知识测度项目

变量	编号	测度项目
先验知识的广度	PD1	集群企业领导者先前对其他领域产生过好奇和兴趣
	PD2	集群企业领导者先前有过其他行业的从业经历
	PD3	集群企业先前涉及过其他行业的探索和经验
	PD4	集群企业过去不顺利的经验对公司的发展产生较大影响
	PD5	集群企业一贯奉行的是多元化的人才策略
先验知识的深度	PR1	集群企业人力资本具有丰富的相关行业经验和知识储备
	PR2	集群企业有很多具有丰富的相关职能管理经验的人才
	PR3	集群企业有许多具有丰富的相关行业经验的人才

（四）集群企业自主创新绩效

本部分参考 Calantone 等（2002）的量表并结合我国产业集群的特性，共用了 4 个题项来测量集群企业自主创新绩效（表 6.5），包括：①集群企业过去 5 年开发的新产品或服务有较好的市场反应；②集群企业开发新产品或完善服务的速度很快；③与集群内其他企业相比，本企业拥有更多的专利和著作权；④企业的主要获利来源于新产品或服务的开发。

表 6.5　自主创新绩效的测度项目

变量	编号	测度项目
自主创新绩效	BI1	集群企业过去 5 年开发的新产品或服务有较好的市场反应
	BI2	集群企业开发新产品或完善服务的速度很快
	BI3	与集群内其他企业相比，本企业拥有更多的专利和著作权
	BI4	集群企业的主要获利来源于新产品或服务的开发

三、数据分析流程和方法

（一）数据分析流程

在此采用 SPSS21.0 和 AMOS 21.0 进行数据分析。具体统计分析流程包括：

（1）通过信度分析和验证性因子分析检验调查问卷的信度和效度；

（2）对主要研究变量进行相关性分析；

（3）通过构建结构方程模型来对网络资源异质性、资源识别与集群企业自主创新能力提升的理论模型和假设进行验证。

（4）采用层级回归分析方法，检验资源识别在网络资源异质性和自主创新绩效之间的中介作用；

（5）采用调节回归分析方法，来检验先验知识的广度和深度的调节作用。

（二）结构方程模型概述

1）结构方程模型的内涵

结构方程模型是通过路径分析来检验观测变量与潜在变量之间假设关系的一种理论驱动式方法。传统的统计方法一般采用回归方程，但以此只能检验一个因变量和多个自变量之间的关系，在多因子分析中存在较大的局限性，而结构方程模型却能弥补这方面的缺陷，而且它没有严格的限制条件，可以允许自变量和因变量同时存在误差。结构方程模型分为测量模型和结构模型两种。测量模型由潜在变量和观测变量组成，它反映了潜变量和显变量之间的关系。

2）结构方程模型拟合的步骤

一个好的结构方程模型必须依赖于正确的建模步骤，首先，根据已有的文献研究和成果，提出合理的模型假设；其次，在理论假设的基础上，检验数据与理论假设的相符性，从而来验证假设的合理性；最后，通过模型检验的合理化结果，对分析结果进行解释，从而发展和补充新理论。具体步骤如图 6.2 所示。

第一步，理论研究。任何一个结构方程模型都必须建立在严谨的理论研究基础上，没有理论研究，模型的说服力也会大大削弱，之后

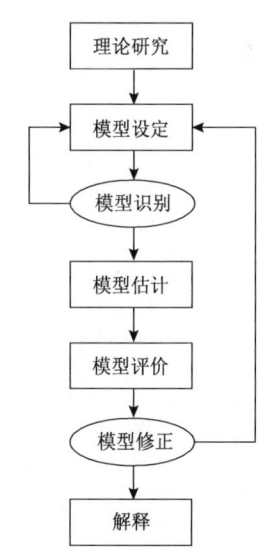

图 6.2 结构方程建模步骤

用数据进行检验的通过率也会相对较低。理论研究的方法包括查阅书籍、上网搜索相关的国内外的文献资料等。

第二步，模型设定，即在前面所得的理论研究的基础上提出一系列理论假设和路径假设。根据这些假设建立具有因果关系的模型。

第三步，模型识别，即判断模型能够被识别。根据待估参数与方程内变量数之间的关系可以将模型识别的结果分为三种：恰好识别、不可识别和过度识别。识别结构方程模型主要采用 t 法则，模型要求 t 个待估计的参数，总体的个数要不大于 $(p+q)(p+q+1)/2$，其中，p 代表内因潜在变量的观察变量数，q 代表外因潜在变量的观察变量数。t 法则用数学表达为

$$t \leqslant (p+q)(p+q+1)/2$$

当上式成立时，表明模型为过度识别模型；若 $T=(p+q)(p+q+1)/2$，则说明模型是恰好被识别，也就是说，理论上模型中的每一个参数都可以导出一个估计值；若 $T>(p+q)(p+q+1)/2$，则表明该模型不能被识别，也就无法对模型进行准确的估计。此时，我们需要检查模型的理论是否合理，如果合理无误，可以考虑减少自由参数的数目。

第四步，模型估计。

在统计分析中，结构方程模型估计的目的是缩小模型估计的协方差阵和样本协方差阵之间的差异。常用的参数估计方法有很多，如极大似然法（ML 法）、一般化最小二乘法（GLS 法）、未加权最小平方法和尺度自由最小平方法（ULS 法）、渐进分布自由法（ADF 法），其中 ML 法和 GLS 法都要求观测变量的总体服从多元正态分布，是目前应用最广泛的参数估计方法。

第五步，模型评价。

模型运行得到估计值之后，需要对模型与数据适配度进行检验和评估，这里采用适配度指标来检验，即评价假设的模型与实际的数据是否相互适配。具体的衡量指标分为两种：一是绝对拟合指数；二是相对拟合指数。表 6.6 是具体的指标及衡量标准。

表 6.6 统计指标与衡量标准

衡量指标	统计指标	临界值	备注
绝对拟合指数	卡方自由度比（χ^2/df）	$\chi^2/df<2$	越接近 2，拟合度越高
	适配指数（GFI）	GFI>0.9	越接近 1，说明模型具有越好的适配度
	调整后的适配指数（AGFI）	AGFI>0.9	越接近 1，说明模型的适配度越好
	渐进残差均方和平方根（RMSEA）	<0.05（适配良好）；0.05~0.08（适配合理）；0.08~0.1（适配一般）	最重要的适配指标信息，每个自由度的协方差矩阵与假设模型隐含的协方差矩阵之间的差值

第六章　网络资源异质性、资源识别、先验知识对集群企业自主创新的影响 \ 165

续表

衡量指标	统计指标	临界值	备注
相对拟合指数	规准适配指数（NFI）	NFI>0.9	NFI 值用来比较理论模型与虚无模型之间的卡方值差距，是相对于该虚无模型卡方值的一种比值
	非规准适配指数（TLI）	TLI>0.9	TLI 是修正了的 NFI
	比较适配指数（CFI）	CFI>0.9	越接近1，适配度越高

第六步，模型修正。若模型检验的结果没有达到可接受的程度，那么对模型进行修正。根据本书提出的理论假设的合理性来对模型增列或删除某些不合理的参数，再重新估计模型。

第七步，解释，即对模型的统计结果进行说明。

四　实证分析

（一）变量的信度和效度检验

1）信度检验

在此采用了 Cronbach's α 系数和建构信度（CR）来检验问卷的信度，从表6.7可以看出各个变量的 Cronbach's α 系数都是大于 0.7 的，删除该项后 α 值都有一定幅度的降低，这表明本项研究所采用的样本数据稳定可靠。从建构信度来看，每个变量的 CR 值都大于 0.7，符合最低值 0.7 的检验，说明测量变量的题目具有较高的一致性。总体上，指标的检验都通过了信度检验，说明整个问卷的可靠性较高。

表 6.7　各变量的信度

变量	编号	CR	删除该项后 α 值	Cronbach's α
网络关系资源异质性	RD1	0.890	0.711	0.776
	RD2		0.753	
	RD3		0.742	
	RD4		0.714	
	RD5		0.748	
网络知识资源异质性	KD1	0.755	0.869	0.897
	KD2		0.853	
	KD3		0.841	

续表

变量	编号	CR	删除该项后 α 值	Cronbach's α
资源识别	RI1	0.794	0.973	0.979
	RI2		0.965	
	RI3		0.970	
先验知识广度	PD1	0.933	0.927	0.941
	PD2		0.924	
	PD3		0.921	
	PD4		0.928	
	PD5		0.937	
先验知识深度	PR1	0.906	0.838	0.862
	PR2		0.791	
	PR3		0.789	
自主创新绩效	BI1	0.863	0.823	0.839
	BI2		0.777	
	BI3		0.807	
	BI4		0.774	

2）效度检验

本研究主要通过探索性因子分析法来检验问卷的有效性。首先，采用SPSS21.0对数据进行 KMO 检验和 Bartlett's 球形检验，观察数据是否适合因子分析，一般情况下，KMO 值越接近 1，越适合进行因子分析，KMO 过小则不适合。理论上也通常根据如下标准判断数据是否适合作因子分析：KMO 在 0.9 以上表示非常适合；0.8～0.9 表示很适合；0.7～0.8 表示比较适合；0.6～0.7 表示不适合；0.5～0.6 表示很勉强；0.5 以下表示不适合。另外，Bartlett's 球形检验显著性 $p=0.000<0.05$。通过将整体数据放入可得 KMO 值为 0.861，Bartlett's 球形检验值为 3108.691，自由度 df 为 253，检验的显著性概率 $p=0.000$，表明适合进行因子分析。

其次，主要通过方差最大法进行正交旋转获得各因子的载荷值，通过计算平均提炼方差（AVE）可以得到所有模型中的 6 个结构变量的 AVE 值都处于 0.501～0.763，超过了 0.5 的可接受水平，说明各变量具有良好的聚合效度。

接下来将对各个变量分别进行效度分析和检验，结果如下。

1）网络资源异质性的效度分析

网络资源异质性由 8 个题项构成，其中包括网络关系资源异质性和网络知识资源异质性 2 个维度。经检验，网络资源异质性的 KMO 值为 0.722，大于 0.7；Bartlett's 球形检验的近似卡方值为 824.831，自由度 df 为 28，检验的显著性概率 $p=0.000$，表明适合进行因子分析，见表 6.8。

第六章 网络资源异质性、资源识别、先验知识对集群企业自主创新的影响 \ 167

表 6.8 网络资源异质性的 KMO 和 Bartlett's 球形检验

项目		数值
取样足够度的 KMO 度量		0.722
Bartlett's 球形检验	近似卡方	824.831
	df	28
	p	0.000

通过了因子分析的检验之后,运用主成分分析法来提取因子后运用方差最大法进行正交旋转,得到 2 个因子,这与本书之前在理论分析中所提到的一致。通过计算平均提炼方差(AVE)值都超过了 0.5 的可接受水平,说明通过了检验,聚合效度良好,见表 6.9。

表 6.9 网络资源异质性的因子分析

因子	编号	因子载荷 F1	因子载荷 F2	AVE
网络关系资源异质性	RD1	0.808		
	RD2	0.638		
	RD3	0.785		0.620
	RD4	0.807		
	RD5	0.880		
网络知识资源异质性	KD1		0.666	
	KD2		0.699	0.501
	KD3		0.769	

2)资源识别的效度分析

资源识别共由 3 个题项构成,经检验,资源识别的 KMO 值为 0.731,大于 0.7;Bartlett's 球形检验的近似卡方值为 199.035,自由度 df 为 3,检验的显著性概率 p=0.000,表明适合进行因子分析,见表 6.10。

表 6.10 资源识别的 KMO 和 Bartlett's 球形检验

项目		数值
取样足够度的 KMO 度量		0.731
Bartlett's 球形检验	近似卡方	199.035
	df	3
	p	0.000

运用主成分分析法提取因子后用方差最大法进行正交旋转,通过计算平均提炼方差(AVE)值为 0.562,超过了 0.5 的可接受水平,说明通过了检验,聚合效度良好,见表 6.11。

表 6.11 资源识别的因子分析

因子	编号	因子载荷	AVE
资源识别	RI1	0.808	0.562
	RI2	0.638	
	RI3	0.785	

3）先验知识的效度分析

先验知识共由 8 个题项构成，其中包括先验知识的广度和深度 2 个维度。经检验，先验知识的 KMO 值为 0.936，大于 0.7；Bartlett's 球形检验的近似卡方值为 1495.130，自由度 df 为 28，检验的显著性概率 p=0.000，表明适合进行因子分析，见表 6.12。

表 6.12 先验知识的 KMO 和 Bartlett's 球形检验

项目		数值
取样足够度的 KMO 度量		0.936
Bartlett's 球形检验	近似卡方	1495.130
	df	28
	p	0.000

通过了因子分析的检验之后，运用主成分分析法来提取因子后运用方差最大法进行正交旋转，得到 2 个因子，这与本书之前在理论分析中所提到的一致。通过计算平均提炼方差（AVE）值分别为 0.736 和 0.763，都超过了 0.5 的可接受水平，说明通过了检验，聚合效度良好，见表 6.13。

表 6.13 先验知识的因子分析

因子	编号	因子载荷 F1	因子载荷 F2	AVE
先验知识广度	PD1	0.868		0.736
	PD2	0.887		
	PD3	0.901		
	PD4	0.842		
	PD5	0.788		
先验知识深度	PR1		0.865	0.763
	PR2		0.881	
	PR3		0.875	

4）自主创新绩效的效度分析

自主创新绩效由 4 个题项构成，经检验，自主创新绩效的 KMO 值为 0.760，大于 0.7；Bartlett's 球形检验的近似卡方值为 242.483，自由度 df 为 6，检验的显著性概率 p=0.000，表明适合进行因子分析，见表 6.14。

第六章　网络资源异质性、资源识别、先验知识对集群企业自主创新的影响 \ 169

表 6.14　自主创新绩效的 KMO 和 Bartlett's 球形检验

项目		数值
取样足够度的 KMO 度量		0.760
Bartlett's 球形检验	近似卡方	242.483
	df	6
	p	0.000

用主成分分析法提取因子后用方差最大法进行正交旋转，经计算平均提炼方差（AVE）值为 0.612，超过 0.5 的可接受水平，说明通过检验，聚合效度良好，见表 6.15。

表 6.15　自主创新绩效的因子分析

因子	编号	因子载荷	AVE
自主创新绩效	BI1	0.765	0.612
	BI2	0.830	
	BI3	0.729	
	BI4	0.801	

总体来看，从表 6.8～表 6.15 可以看出各个变量均通过了 KMO 检验，并且各变量的标准化因子载荷系数基本都达到了临界值 0.7，说明该表及其数据具有较好的效度。综上所述，本书所设计的问卷具有较高的收敛效度。

（二）相关分析

从表 6.16 中可以看出，网络资源异质性和自主创新绩效显著正相关，验证了假设 H1（$\beta=0.361$，$p<0.01$）；网络关系资源异质性和自主创新绩效显著正相关，验证了假设 H1a（$\beta=0.334$，$p<0.01$）；网络知识资源异质性和自主创新绩效显著正相关，验证了假设 H1b（$\beta=0.374$，$p<0.01$）；说明集群企业网络资源异质性越强，自主创新绩效也就越强，而其中网络关系资源和网络知识资源异质性越强，自主创新绩效也就越强。资源识别和自主创新绩效显著正相关，验证了假设 H2（$\beta=0.452$，$p<0.01$），说明资源识别能力越强，集群企业自主创新绩效也就越强。网络资源异质性和资源识别显著正相关，验证了假设 H3（$\beta=0.796$，$p<0.01$），说明网络资源异质性越强，集群企业的资源识别能力也就越强。

表 6.16　研究变量的描述性统计和相关分析结果

变量	1	2	3	4	5	6	7
网络资源异质性	1						
网络关系资源异质性	0.981[**]	1					
网络知识资源异质性	0.946[**]	0.865[**]	1				

续表

变量	1	2	3	4	5	6	7
资源识别	0.796**	0.766**	0.778**	1			
先验知识广度	0.535**	0.502**	0.545**	0.878**	1		
先验知识深度	0.034	0.072	−0.032	0.092	0.098	1	
自主创新绩效	0.361**	0.334**	0.374**	0.452**	0.434**	0.263**	1
M	5.05	5.10	4.96	4.37	4.61	5.81	4.97
SD	1.04	1.07	1.07	1.51	1.22	0.81	1.13

注：表中横表头中的数字1、2、3、4、5、6、7分别代表网络资源异质性、网络关系资源异质性、网络知识资源异质性、资源识别、先验知识广度、先验知识深度、自主创新绩效

**表示$p<0.01$；*表示$p<0.05$；表中除M与SD值外，其他值均为标准化回归系数β

（三）结构方程模型

1）结构方程模型的构建

通过运用前述关于网络资源异质性、资源识别对集群企业自主创新影响的研究，构建结构方程模型，通过模型检验来验证集群企业自主创新能力提升的理论模型。运用AMOS21.0软件绘制结构方程模型，如图6.3所示。该模型通过设置

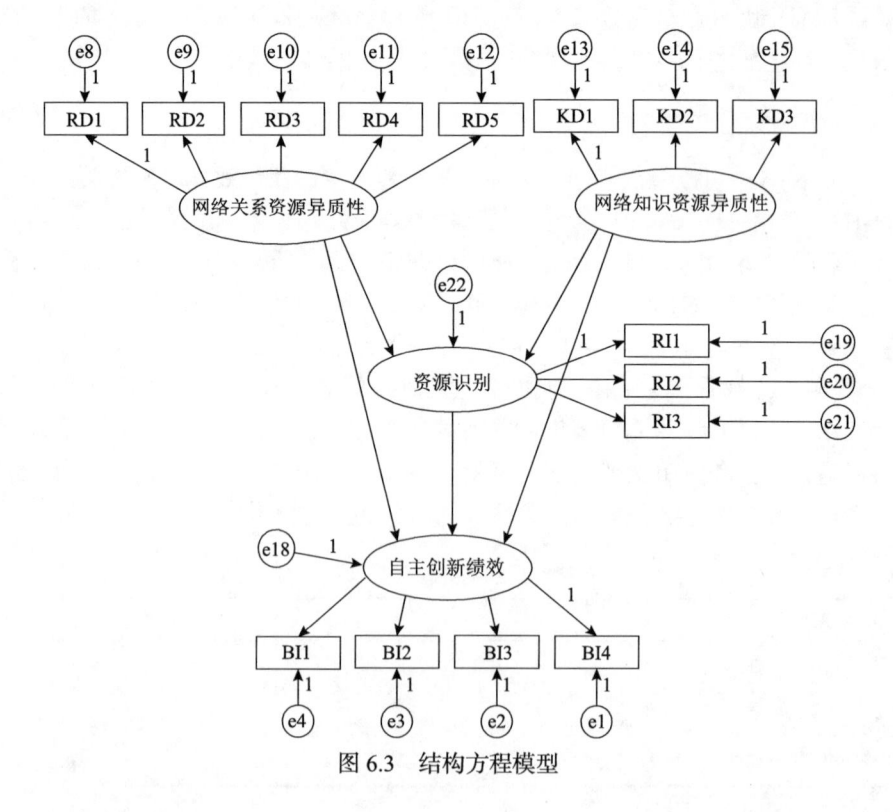

图6.3 结构方程模型

第六章　网络资源异质性、资源识别、先验知识对集群企业自主创新的影响 \ 171

8个外生显变量（RD1、RD2、RD3、RD4、RD5、KD1、KD2、KD3）来对2个外生潜变量（网络关系资源异质性、网络知识资源异质性）进行测量，设置7个内生显变量（RI1、RI2、RI3、BI1、BI2、BI3、BI4）来对2个内生潜变量（资源识别、自主创新绩效）进行测量。

本部分主要采用 χ^2/df、GFI、AGFI、RMSEA、NFI、CFI、IFI、TLI 几个指标来检验模型的拟合状况。其中，RMSEA 反映了模型产生的协方差矩阵对原协方差矩阵的拟合优度；GFI、AGFI 反映了整体模型的绝对适合度；NFI、CFI 反映了模型的相对拟合度。各个指标及其理想值如表6.17所示。

表6.17　模型指标

指标	χ^2/df	GFI	AGFI	RMSEA	NFI	CFI	IFI	TLI
理想值	<2	>0.85	>0.8	<0.1	>0.85	>0.9	>0.8	>0.8

2）结构方程模型的修正及评价

将数据放入模型中，模型的识别度不高，运用 AMOS 软件对模型进行修正，模型需要增加个别误差项之间的协方差、增加或删除部分路径。修正结果显示，需要增加e11和e12、e14和e15，以及网络关系资源异质性和网络知识资源异质性之间的路径，修正后的模型如图6.4所示。

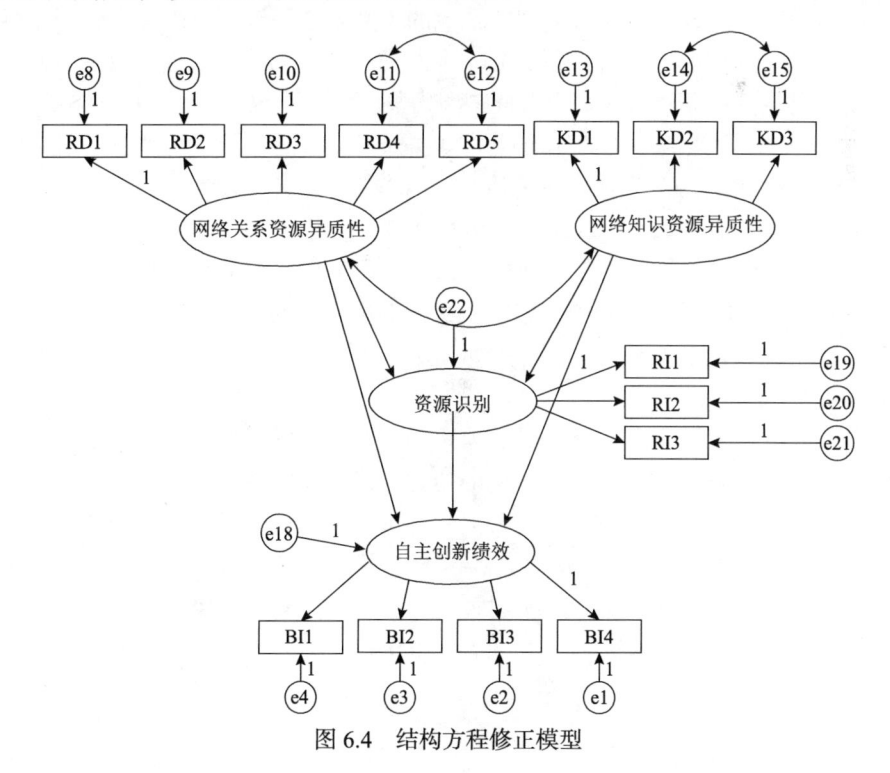

图6.4　结构方程修正模型

模型修正后，再将数据导入模型中进行检验，所得各项指标如表 6.18 所示。$\chi^2/df <2$；GFI 和 AGFI 都达到了 0.8 的临界值；RMSEA=0.076<0.1；NFI、CFI、IFI 和 TLI 均大于 0.9，各项指标达到可接受的范围，模型适配度良好。

表 6.18　模型指标检验

拟合指标	指标值	拟合情况
χ^2/df	1.811	小于 2，拟合度良好
GFI	0.876	良好
AGFI	0.819	基本可以接受
RMSEA	0.076	小于 0.1，适配度良好
NFI	0.926	大于 0.8，非常好
CFI	0.965	大于 0.9，非常好
IFI	0.965	大于 0.8，非常好
TLI	0.955	大于 0.8，非常好

3）模型假设结果检验

将数据放入模型之后，得到路径系数，如下。

（1）网络资源异质性与自主创新绩效的关系：本研究假设网络资源异质性对自主创新绩效具有正向影响，从表 6.19 中的理论模型的路径系数可以得出网络资源异质性对自主创新绩效的路径系数达到了显著水平（$\beta=0.210$，$p<0.05$），假设 H1 通过检验；网络关系资源异质性对自主创新绩效的路径系数达到了显著水平（$\beta=0.414$，$p<0.05$），假设 H1a 通过检验；网络知识资源异质性对自主创新绩效的路径系数达到了显著水平（$\beta=0.480$，$p<0.05$），假设 H1b 通过检验。

（2）资源识别与自主创新绩效的关系：本研究假设资源识别对集群企业自主创新绩效具有正向影响（H2），从表 6.19 的理论模型的路径系数可以看出资源识别对集群企业自主创新绩效的路径系数达到了显著水平（$\beta=0.399$，$p<0.05$），假设 H2 通过检验。

（3）网络资源异质性与资源识别的关系：本研究假设网络资源异质性对资源识别具有正向影响（H3），从表 6.19 中的理论模型路径系数来看达到了显著水平（$\beta=0.950$，$p<0.05$），假设 H3 通过了检验。本研究假设网络关系资源异质性对资源识别具有正向影响（H3a），从表 6.19 中的理论模型路径系数来看达到了显著水平（$\beta=0.491$，$p<0.05$），假设 H3a 通过了检验；网络知识资源异质性对资源识别的路径系数达到了显著水平（$\beta=0.666$，$p<0.05$），假设 H3b 通过检验。

表 6.19 模型路径系数检验

假设	路径	标准化路径系数（β）	路径系数	临界比	p	检验结果
H1	网络资源异质性→自主创新绩效	0.210	0.056	3.746	***	通过
H1a	网络关系资源异质性→自主创新绩效	0.414	0.107	3.880	***	通过
H1b	网络知识资源异质性→自主创新绩效	0.480	0.107	4.509	***	通过
H2	资源识别→自主创新绩效	0.399	0.149	2.673	***	通过
H3	网络资源异质性→资源识别	0.950	0.830	11.398	***	通过
H3a	网络关系资源异质性→资源识别	0.491	0.078	6.317	0.003	通过
H3b	网络知识资源异质性→资源识别	0.666	0.082	8.178	0.027	通过

注：***表示 $p<0.001$

（四）回归分析

1）中介效应

为了检验资源识别在网络资源异质性和集群企业自主创新绩效之间的中介效应，本研究参照 Baron 和 Kenny（1986）检验中介效应的步骤分别对 H4a 和 H4b 进行检验。检验过程按照三个步骤进行：第一步，将网络关系资源异质性和网络知识资源异质性分别与集群企业自主创新绩效进行回归，检验解释变量与因变量的相关关系；第二步，将网络关系资源异质性和网络知识资源异质性分别与资源识别进行回归，检验解释变量与中介变量的相关关系；第三步，将解释变量、中介变量和因变量同时放入进行回归，检验中介变量的中介效应。检验结果如表 6.20 和表 6.21 所示。

表 6.20 资源识别的中介效应检验结果 1

步骤	资源识别 模型 1	自主创新绩效 模型 2	自主创新绩效 模型 3
第一步 网络关系资源异质性		0.334**	
第二步 网络关系资源异质性	0.766**		
第三步 网络关系资源异质性 资源识别			−0.028 0.473**
R^2	0.586	0.112	0.205
ΔR^2	0.583	0.106	0.193
f	199.751**	17.761**	18.002**

**表示 $p<0.01$；*表示 $p<0.05$；表中除 R^2、ΔR^2、f 值外，其他值均为标准化回归系数 β

首先如表 6.20 中模型 2 所示，网络关系资源异质性与自主创新绩效显著相关（$\beta=0.334$，$p<0.01$），通过第一步的检验；其次，如模型 1 所示，网络关系资源异质性与资源识别显著相关（$\beta=0.766$，$p<0.01$），通过第二步的检验；最后，如模型 3 所示，中介变量（资源识别）与自主创新绩效显著相关（$\beta=0.473$，$p<0.01$），且自变量网络关系资源异质性对自主创新绩效的回归系数由显著变为不显著，通过第三步的检验，表明资源识别在网络关系资源异质性和自主创新绩效之间起着完全中介作用，假设 H4a 得到验证。

表 6.21 资源识别的中介效应检验结果 2

步骤	资源识别	创新绩效	
	模型 1	模型 2	模型 3
第一步 网络知识资源异质性		0.374**	
第二步 网络知识资源异质性	0.778**		
第三步 网络知识资源异质性 资源识别			0.058 0.407**
R^2	0.605	0.140	0.206
ΔR^2	0.602	0.134	0.194
f	215.771**	22.974**	18.113**

**表示 $p<0.01$；*表示 $p<0.05$；表中除 R^2、ΔR^2、f 值外，其他值均为标准化回归系数 β

同样，首先如表 6.21 中模型 2 所示，网络知识资源异质性与自主创新绩效显著相关（$\beta=0.374$，$p<0.01$），通过第一步的检验；其次，如模型 1 所示，网络知识资源异质性与资源识别显著相关（$\beta=0.778$，$p<0.01$），通过第二步的检验；最后，如模型 3 所示，中介变量（资源识别）与自主创新绩效显著相关（$\beta=0.407$，$p<0.01$），且自变量网络知识资源异质性对自主创新绩效的回归系数由显著变为不显著，通过第三步的检验，表明资源识别在网络知识资源异质性和自主创新绩效之间起着完全中介作用，假设 H4b 得到验证。

2）调节效应

本书假设 H5a、H5b，提出企业先验知识的广度越高，网络资源异质性对企业资源识别的影响程度会相应增强；企业先验知识的深度越高，资源识别对企业自主创新绩效的影响程度也会相应增强。本书采用阶层式调节回归（HMR）对调节变量进行如下检验：以资源识别为因变量，第一步将网络资源异质性和先验知识的广度放入回归方程进行检验，得到模型 1；第二步将交互项（网络资源异质性×先验知识广度）一起放入回归方程进行检验，得到模型 2。同样地，以企业自主创新绩效为因变量,第一步将资源识别和先验知识的深度放入回归方程,得到模型 3;第二步将交互项(资源识别×先验知识深度)一起放入回归方程进行检验,得到模型 4。如果当加入交互项的时候,ΔR^2 上升,那么就表明相关性的调节效应存在(表 6.22)。

表 6.22 先验知识的调节效应

项目	模型 1	模型 2	模型 3	模型 4
自变量				
网络资源异质性	0.456**	0.497**		
资源识别			0.431**	0.257**
调节变量				
先验知识广度	0.634**	0.661**		
先验知识深度			0.223**	0.026
网络资源异质性×广度		0.179**		
资源识别×深度				0.758**
R^2	0.920	0.949	0.253	0.752
ΔR^2	0.919	0.947	0.243	0.747
f	805.860**	76.766**	23.767**	279.936**

**表示 $p<0.01$;*表示 $p<0.05$;表中除 R^2、ΔR^2、f 值外,其他值均为标准化回归系数 β

根据表 6.22 中的模型 1、模型 2 可以发现,先验知识的广度对网络资源异质性和资源识别起到正向调节作用($\beta=0.179$,$p<0.01$,且 ΔR^2 从 0.919 上升到 0.947),假设 H5a 成立;从模型 3、模型 4 中可以看出,先验知识的深度对资源识别和自主创新绩效起到正向调节作用($\beta=0.758$,$p<0.01$,且 ΔR^2 从 0.243 上升到 0.747),假设 H5b 成立。

为了更清晰地展示先验知识广度和深度两个变量的调节效应,绘制了以下调节效应图(图 6.5、图 6.6)。首先按照百分位数分为两组,以先验知识广度得分高于 73%位数的为高广度组,以先验知识广度得分低于 27%位数的为低广度组。如图 6.5 所示,在高先验知识广度的情况下,网络资源异质性对资源识别所起到的正向影响的斜率大于广度较低情况下的斜率。因此,先验知识的广度具有正调节作用,从而进一步支持了假设 H5a。同样地,将先验知识的深度分为两组,由图 6.6 可以看出,在高先验知识深度的情况下,资源识别对企业自主创新绩效所起到的正向影响的斜率大于深度较低情况下的斜率。因此,先验知识的深度具有正调节作用,从而进一步支持了假设 H5b。

图 6.5　先验知识广度的调节图

图 6.6　先验知识深度的调节图

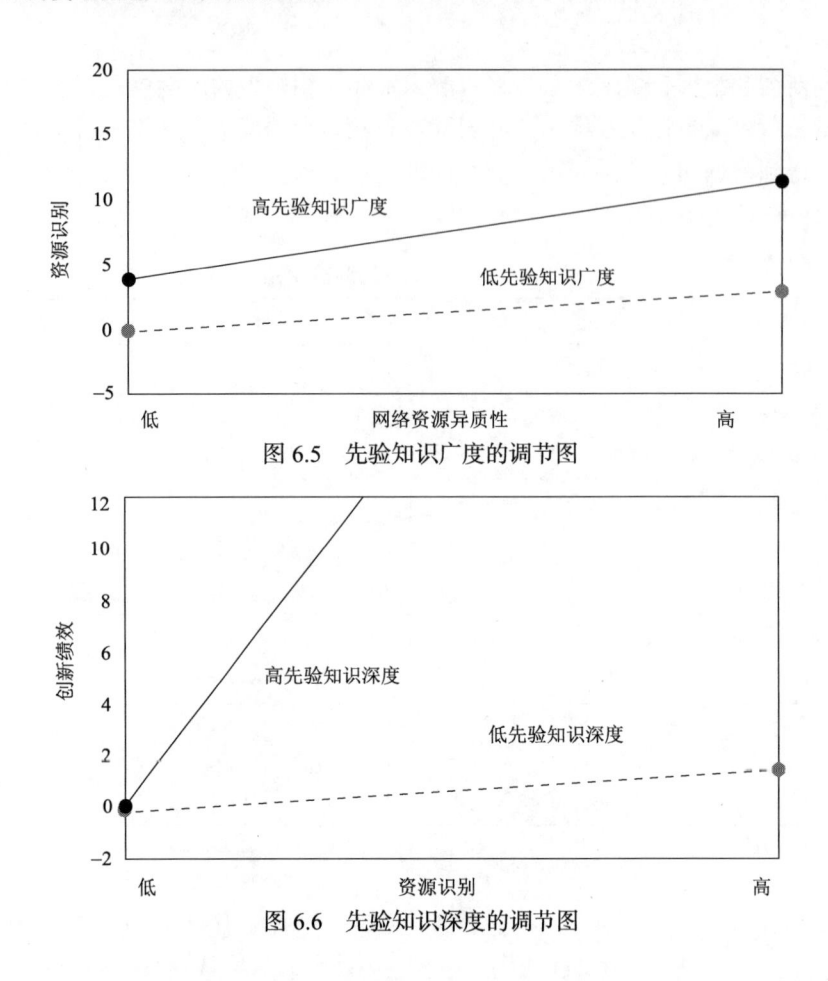

（五）实证结果讨论

实证研究结果表明本部分的模型拟合较好，根据理论模型所提出的假设均得到了实证的支持，下面将对假设的结果进行讨论。

1）网络资源异质性与集群企业自主创新绩效的关系的讨论

假设 H1 探讨的是网络资源异质性与集群企业自主创新绩效的关系。网络资源异质性与集群企业自主创新绩效的路径系数为 0.210，临界比为 3.746，p=0.000，各项检验值均符合标准，假设 H1 通过检验。说明网络资源异质性对集群企业自主创新绩效具有显著的推动作用。集群企业网络资源异质性的提高，意味着集群企业网络从关系资源和知识资源两个角度上都提到了提升，这些资源的合理利用有助于集群企业自主创新绩效的实现。

假设 H1a 探讨的是网络关系资源异质性与集群企业自主创新绩效的关系。网络关系资源异质性对集群企业自主创新绩效的路径系数为 0.414，临界比为 3.880，

p=0.000，各项检验值均符合标准，假设 H1a 通过检验。说明网络关系资源异质性对集群企业自主创新绩效具有显著的推动作用。集群企业网络关系资源异质性体现在很多方面，如关系网络中组织结构的类型、规模大小、行业类型及地域分布存在异质性。当网络中的关系资源异质性较高时，集群企业能够频繁地接触到网络中与自身在组织结构和规模上都有差异的组织或企业，与不同关系资源的接触随之给集群企业带来许多市场上最新的技术资源信息、前沿产品知识及先进的管理理念等，这些都有助于集群企业改变目前技术被动的状况，化被动为主动，实现自主创新。

假设 H1b 探讨的是网络知识资源异质性与集群企业自主创新绩效的关系。网络知识资源异质性对集群企业自主创新绩效的路径系数为 0.480，临界比为 4.509，p=0.000，各项检验值均符合标准，假设 H1b 通过检验。说明网络知识资源异质性对集群企业自主创新绩效具有显著的推动作用。集群企业的网络知识资源异质性体现在很多方面，如知识资源的稀缺性、价值性及难以替代性。当集群企业网络知识资源异质性较高时，意味着其所接触和吸收到的知识资源多种多样，这些新颖的知识能够帮助集群企业更好地进行自主创新。

2）资源识别与集群企业自主创新绩效的关系的讨论

假设 H2 探讨的是集群企业资源识别与自主创新绩效的关系。资源识别对集群企业自主创新绩效的路径系数为 0.399，临界比为 2.673，p=0.000，各项检验值均符合标准，假设 H2 通过检验。集群企业资源识别能力越强，就意味着其越能够识别出更多有益于自主创新的技术资源、信息资源及知识资源。这些有用的资源如果加强利用就是集群企业自主创新最好的原材料。

3）集群企业网络资源异质性与资源识别的关系的讨论

假设 H3 探讨的是集群企业网络资源异质性与资源识别的关系。集群网络资源异质性对资源识别的路径系数为 0.950，临界比为 11.398，p=0.000，各项检验值均符合标准，假设 H3 通过检验。集群企业网络资源异质性越高，意味着集群企业就有着各种各样的资源来源，这些资源有助于集群企业更好地识别创新资源。

假设 H3a 探讨的是集群企业网络关系资源异质性与资源识别的关系。集群网络关系资源异质性对资源识别的路径系数为 0.491，临界比为 6.317，p=0.003，各项检验值均符合标准，假设 H3a 通过检验。集群企业网络关系资源异质性越高，意味着集群企业所建立的网络拥有越丰富的关系来源，与不同类型或不同规模的关系资源相接触，集群企业就可以扩大资源认识范畴，从而增强集群企业对创新资源的辨识能力。

假设 H3b 探讨的是集群企业网络知识资源异质性与资源识别的关系。集群网络知识资源异质性对资源识别的路径系数为 0.666，临界比为 8.178，p=0.027，各项检验值均符合标准，假设 H3b 通过检验。集群企业网络知识资源异质性越高，意味着集群企业所建立的网络拥有越丰富的知识来源，与不同类型的知识来源相接触，集群企业就可以增大自身知识储备的异质性，进而增强集群企业对创新知识的辨识能力。

4) 先验知识的调节作用的讨论

假设 H5a 探讨的是集群企业人力资本所拥有的先验知识的广度对网络资源异质性和资源识别关系的调节作用。通过回归得出 $\beta=0.179$，$p<0.01$，各项检验值均符合标准，假设 H5a 通过检验。集群企业人力资本所拥有的先验知识的广度越高，说明集群企业人力资本的知识储备不局限于本行业的专业知识，也包括了许多其他行业和领域的知识背景，同时集群企业的人力资本梯队也拥有多元化的知识背景。这些多种多样的知识认知可以帮助集群企业在一个异质性极高的网络中识别出对集群企业有益的资源。

假设 H5b 探讨的是集群企业人力资本所拥有的先验知识的深度对资源识别和集群企业自主创新的调节作用。通过回归得出 $\beta=0.758$，$p<0.01$，各项检验值均符合标准，假设 H5b 通过检验。集群企业人力资本所拥有的先验知识的深度越高，说明集群企业人力资本对自己所从事行业的知识拥有极高的专业度和很深的认知基础，同时集群企业也吸纳了一批拥有扎实专业底子的人力资本队伍。这些专业化的知识有助于集群企业人力资本更好地将所识别的资源转化为自主创新的原材料。比如，集群企业若拥有一批专业的研发团队人力资本，那么对企业在集群网络中所识别和吸收的知识就能很快地加以利用，从而研发出更具有创造力的产品。

第四节 结论与启示

本章在参阅国内外大量相关文献的基础上，全面系统地分析了网络资源异质性、资源识别和先验知识对集群企业自主创新的影响，提出了网络资源异质性、资源识别和先验知识对集群企业自主创新影响的理论框架，并以浙江产业集群为研究对象，通过对集群内 143 家企业的问卷调查，借助 SPSS21.0 和 AMOS21.0 软件对提出的假设进行了实证检验，得出了以下主要结论。

（1）网络资源异质性正向促进集群企业自主创新绩效，即企业通过集群网络建立关系的成员及获得的资源越多样，企业自主创新绩效就越高。这说明，集群企业自主创新光靠自身的知识资源是不够的，还应当在集群网络中通过与其他成员的沟通、交流来得到资源。市场环境是不断变化的，集群企业无法在封闭的网络中生存，必须依赖于集群网络资源才能增强企业对市场的敏感度。反之，集群企业盲目闭塞，不能很好地开放集群网络并利用网络资源，企业就很快会从市场

"领先者"变成"依附者",甚至有可能被市场所抛弃。因此,只有不断提高网络资源的异质性,吸收异质性资源,才能有效促进集群企业实现自主创新,在激烈的市场竞争中始终立于不败之地。

(2)资源识别在网络资源异质性对集群企业自主创新绩效的影响中起完全中介作用。网络资源异质性可以通过两种方式对集群企业自主创新产生促进作用:一是网络资源异质性直接对集群企业自主创新绩效产生正向促进作用;二是网络资源异质性通过资源识别对集群企业自主创新绩效产生间接作用,资源识别起到完全中介的作用。可见,光有网络资源异质性是不够的,如果这些有益于自主创新的资源没有被集群企业所识别,那就无法对资源进行合理有效的利用,也就无法从根本上提升集群企业自主创新能力。

(3)先验知识的广度可以正向调节网络资源异质性对资源识别的影响,也就是说,在集群企业人力资本所拥有的先验知识种类较多的情况下,网络资源异质性对资源识别的正向影响会增强;先验知识的深度正向调节资源识别对集群企业自主创新绩效的影响,也就是说,在集群企业人力资本所拥有的先验知识深度较高的情况下,资源识别对集群企业自主创新绩效的正向影响会增强。

(4)集群企业先验知识的广度和深度分别说明了集群企业人力资本存量所含内容的广泛程度和集群企业人力资本存量的丰裕度。因此,本章从集群企业人力资本所承载的知识角度,也证明了人力资本在促进产业集群创新和升级中的重要性。

参考文献

曹红军, 卢长宝, 王以华. 2011.资源异质性如何影响企业绩效:资源管理能力调节效应的检验和分析. 南开管理评论, (4): 25-31.

陈寒松, 朱晓红. 2012. 新创企业异质性资源、资源获取与创业绩效关系研究——基于创业机会的视角. 经济与管理评论, (3): 76-80.

陈浩然, 李垣, 谢恩. 2007. 不同技术差异条件下组织间学习过程的模型分析. 系统工程, 25(4): 53-58.

陈钮芬, 陈劲. 2009. 开放度对企业技术创新绩效的影响. 科学学研究, 30(4): 1-9.

陈双双, 丁轩. 2008. 龙头企业知识溢出及集群竞争力的提升效应. 企业技术开发, (9): 55-57.

党兴华, 刘景东. 2013.技术异质性及技术强度对突变创新的影响研究——基于资源整合能力的调节作用. 科学学研究, (1): 131-140.

董保宝, 葛宝山, 王侃. 2011. 资源整合过程、动态能力与竞争优势:机理与路径. 管理世界, (3): 92-101.

傅家骥. 1998. 技术创新学. 北京:清华大学出版社.

顾慧君, 杨忠. 2012.外部资源与企业转型:以高管团队异质性为调节变量的实证研究. 东南大学学报:哲学社会科学版, 14(4): 36-40.

李玲. 2010. 资源异质性、组织间依赖对企业网络能力的影响研究. 科技管理研究, (18): 115-118.

李伟, 聂鸣, 李顺才. 2009. 企业自主创新体系框架及影响因素研究——以华为为例. 科学管理研究, (1): 9-11.

梁靓. 2014. 开放式创新中合作伙伴异质性对创新绩效的影响机制研究. 浙江大学博士学位论文.

刘树森. 2014. 创业环境对新创科技型企业成长影响研究——基于资源整合的中介作用. 吉林大学博士学位论文.

施培公. 1996. 自主创新是中国企业创新的长远战略. 中外科技政策与管理, 1(2): 17-21.

唐玲. 2008. 基于复杂网络的产业集群自主创新力增长模式研究. 电子科技大学硕士学位论文.

王缉慈, 陈平, 马铭波. 2010. 从创新集群的视角略论中国科技园的发展. 北京大学学报: 自然科学版, (1): 147-154.

王黎娜. 2006. 基于创新模式选择的浙江省企业自主创新能力提升研究. 浙江大学硕士学位论文.

熊勇清. 2008. 集群企业持续竞争提升的自主创新模式研究. 中南大学博士学位论文.

杨俊, 薛红志, 牛芳. 2011. 先前工作经验、创业机会与新技术企业绩效——一个交互效应模型及启示. 科学学研究, 8(1): 116-125.

杨瑞龙, 刘刚. 2002. 企业的异质性假设和企业竞争优势的内生性分析. 中国工业经济, (1): 88-95.

杨荧彬. 2010. 产业集群自主创新模式研究——以浙江产业集群为例. 浙江理工大学硕士学位论文.

姚小涛, 张田, 席酉民. 2008. 强关系与弱关系: 企业成长的社会关系依赖研究. 管理科学学报, 11(1): 143-152.

约瑟夫·熊彼特. 1991. 经济发展理论. 何畏, 易家详译. 北京: 商务印书馆.

张华, 郎淳刚. 2013.以往绩效与网络异质性对知识创新的影响研究——网络中心性位置是不够的. 科学学研究, (10): 1581-1589.

张婷. 2012. 创业者先前经验、学习模式对创业能力的影响研究. 浙江财经学院硕士学位论文.

张玉利, 杨俊, 任兵. 2008. 社会资本、先前经验与创业机会——一个交互效应模型及其启示. 管理世界, (7): 91-102.

赵观兵, 梅强, 万武. 2010. 创业环境动态性、创业者特质与创业资源识别关系的实证研究. 科学学与科学技术管理, (8): 90-96.

周强.2011. 创业网络对资源识别的影响研究. 吉林大学硕士学位论文.

周伊莎. 2012. 企业外部创新要素异质性对创新绩效的影响. 浙江大学硕士学位论文.

Ahituv N, Carmi N. 2007. Measuring the power of information in organizations. Human Systems Management, 26(4): 231-246.

Ahuja G. 2000. Collaboration networks, structural holes, and innovation: A longitudinal study. Administrative Science Quarterly, 45 (3): 425-456.

Barney J B. 1991. Firm resources and sustained competitive advantage. Journal of Management, 17(1): 99-120.

Barney J B. 1992. Integrating organizational behavior and strategy formulation research: A resource based analysis. Advances in Strategic Management, 8(1): 39-61.

Baron R M, Kenny D A. 1986. The moderator-mediator variable distinction in social psychological research: Conceptual, strategic, and statistical considerations. Journal of Personality and Social Psychology, 51(6): 1173-1182.

Baum J, Calabrese T, Silverman B S. 2000. Don't go it alone: Alliance network composition and startups, performance in Canadian biotechnology. Strategic Management Journal, 21(3): 267-294.

Birley S. 1985. The role of network in the entrepreneurial process. Journal of Business Venturing, 1(1): 107-117.

Brush C G, Greene P G, Hart M M. 2001. From initial idea to unique advantage: The entrepreneurial challenge of constructing a resource base. Academy of Management Executive, (15): 64-78.

Burt R S. 2001. Corporate Profits and Cooptation: Networks of Market Constraints and Directorate Ties in The American Economy. New York: Academic Press.

Calantone R, Cavusgil S, Zhao Y. 2002. Learning orientation, firm innovation capability, and firm performance. Industrial Marketing Management, 31(6): 515-524.

Cohen W, Levinthal D. 1990. Absorptive capacity: A new perspective on learning and innovation. Administrative Science Quarterly, 35(1): 128-152.

Corey C, Phelps A. 2010. Longitudinal study of the influence of alliance network structure and composition on firm exploratory innovation. Academy of Management Journal, (53): 890-913.

Davis G, Cobb A. 2010. Resource dependence theory: Past and future. Research in the Sociology of Organizations, 28(1): 21-42.

Eisenhardt K M, Schoonhoven C B. 1990. Organizational growth: Linking founding team, strategy, environment and growth among U.S. semiconductor ventures, 1978-1988. Administrative Science Quarterly, 35(3): 504-529.

Freeman C. 1989. The Economics of Industrial Innovation. London: Francis Pinter.

Gemunden H G, Ritter T, Heydebreek P. 1996. Network configuration and innovation success: An empirical analysis in German high-tech industries. The International Journal of Research in Marketing, 13(5): 449-462.

Gereffi G, Humphrey J, Sturgeon T. 2005. The governance of global value chains. Review of International Political Economy, 12(1): 78-104.

Griffith R, Redding S, van Reenen J. 2003. R&D and absorptive capacity: Theory and empirical evidence. Scandinavian Journal of Economics, 105(1): 99-118.

Gulati R. 2000. Alliance and networks. Strategic Management Journal, 19(4): 293-317.

Larsson E, Hedelin L, Garling T. 2003. Influence of expert advice on expansion goals of small businesses in rural Sweden. Journal of Small Business Management, 41(2): 205-212.

Lichtenstein B M B, Brush C G. 2001. How do "resource bundles" develop and change in new ventures? A dynamic model and longitudinal exploration. Entrepreneurship Theory and Practice, 25(3): 37-58.

Liliana P-N. 2008. Effectiveness and efficiency of cross border knowledge transfer: An empirical examination. Journal of Management Studies, 45(4): 699-729.

Penrose E T. 1959. The Theory of the Growth of the Firm. New York: John Wiley.

Peter K, Sabine M, Frances J, et al. 2011. Innovation and network collaboration: An HRM perspective. Technology Management, (56): 138-153.

Peteraf M A. 1993. The cornerstones of competitive advantage, a resource based view. Strategic Management Journal, (14): 179-191.

Rainer A, Franeo N. 2005. Endogenous innovation waves and economic growth. Structural Change and Economic Dynamics, (3): 1-18.

Reuber R A, Fiscber E. 1999. Understanding the consequences of founders' experience. Journal of Small Business Management, 37(2): 30-45.

Ritala P, Hurmelinna-Laukkanen P. 2013. Incremental and radical innovation in coopetition—the role of absorptive capacity and appropriability. Journal of Product Innovation Management, 30(1): 154-169.

Shane S. 2000. Prior knowledge and the discovery of entrepreneurial opportunities. Organizational Science, 11(4): 448-469.

Sirmon D G, Hitt M A. 2003. Managing resources: Linking unique resources, management, and wealth creation in family firms. Entrepreneurship Theory and Practice, 27(4): 339-358.

Uzzi B. 1991. Social structure and competition in interfirm networks: The paradox of embeddedness. Administrative Science Quarterly, 42(1): 35-67.

Vesper K H. 1994. New Venture Experience. Vector Books.

Wernerfelt B. 1984. A resource-based view of the firm. Strategic Management Journal, 5(2): 171-180.

West G P, Noel T W. 2009. The impact of knowledge resources on new venture performance. Journal of Small Business Management, 47(1): 1-22.

第七章 人力资本促进产业集群升级的思路与对策

本章分析目前产业集群升级和集群人力资本的现状与存在的问题，并从人力资本角度提出促进产业集群升级的思路与对策。由于产业集群在我国主要分布于东部沿海一带，浙江又是我国产业集群大省，所以本章的分析结合浙江省的实例来进行。

第一节 产业集群升级、集群人力资本的现状与存在的问题

根据笔者对浙江省许多地市产业集群的调研，目前大部分产业集群仍然属于生产集群，集群中的龙头企业已经开始重视创新，但是集群中占绝大多数的中小企业仍处于以仿制和贴牌为主的低级阶段，创新模式多为模仿创新。就整体而言，集群的创新系统构建并不完善，整体人力资本水平不高，创新人才和知识机构缺乏，知识产权保护重视不够，良好的创新环境和创新平台还未真正形成。

第一，从行为主体及其关系看，笔者先后从金华、温州、台州、宁波、湖州、嘉兴、杭州7个地级市抽取的产业集群调研中发现，集群内部几乎都形成了以龙头企业为主、供应商企业为辅助、较为成熟和完善的配套产业链体系，生产商和供应商、经销商之间存在着稳定的合作关系，并且这种合作关系的建立具有选择性、目的性，多数龙头企业往往通过建立考核制度来筛选供应商。比如，乐清天正集团对300多家配套企业实行绿色供应商评审制度，通过评审建立与配套企业的合作关系，基于龙头企业与配套企业这种有目的、高质量对配套零部件要求的合作关系，龙头企业乐意将自身的先进技术或制度溢出给这些上游企业，以提高零部件质量。

然而，处于竞争关系的企业之间的横向合作却很少，尤其是在纺织、服装、家电行业，由于产品的技术含量低、容易被模仿等原因，企业不愿进行合作，宁愿当鸡头不愿做凤尾，不愿分享技术，导致创新成本高，回报率（负外部性大）低，在很大程度上阻碍着集群的知识溢出，也影响了集群企业创新的积极性。

第二，从实施创新来看，集群龙头企业都拥有自身的技术研发机构或团队，

并与国内相关大专院校、科研机构（多为相关专业技术研究国内领先的院校和研究机构）开展了技术合作与交流，同时国家级、省级企业技术研发机构、国家高新技术企业、博士（后）工作站等也普遍存在于这些集群的龙头企业或与其开展合作，也极力追求参与行业标准或国家标准的制定。例如，步阳集团拥有浙江省唯一一个门业的省级高新技术研发中心；正泰、德力西、天正等成功创建了国家级企业技术中心；利欧是国家级高新技术企业、省级企业技术中心，是水泵行业标准的起草单位之一；先锋集团参与制定2项国家标准、5项行业标准。

但是另一方面，集群中的绝大多数都是中小企业，虽然集群产出很高，然而其内部规模以上企业却很少。比如，温岭泵与电机产业中规模以上企业数量占企业总数的比重仅为12.5%，产值亿元以上企业比重仅为0.5%，规模超10亿元的企业仅有利欧一家。一般来说，被低成本发展模式锁定的中小企业创新意识很淡薄，产业升级很困难，因为这些中小企业组织结构不健全，缺乏相应的技术研发团队。比如，温岭泵与电机产业集群中仍有49.2%的企业未设立专门的技术研发部门，企业之间开展低价竞争，"行业恶性竞争"行为较普遍。如果龙头企业技术创新能力不强，技术分享的意愿也比较低，则集群内部知识溢出效应很难存在，严重阻碍集群创新能力和整体技术水平的提高。

第三，从公共服务机构建设来看，在政府政策的引导和支持下，各个集群都建立了相应的公共服务机构和合作平台，行业协会等组织也积极举办产品博览会、技术交流会等活动。比如，永康五金产业集群具有浙江省五金产品检测中心；乐清电器产业集群具有浙江省低压电器技术创新服务平台；温岭泵与电机产业集群具有温岭先导电机技术研究所；慈溪家电产业集群具有中国家用电器研究院华东分院；织里童装产业集群具有织里科技转移中心和区域创新服务平台；桐乡羊毛衫产业集群具有浙江省羊毛衫质量检验中心等。这些公共服务机构无疑会对集群整体技术水平的提高起到很大的促进作用。然而，另一方面，行业协会、商会等组织的作用发挥还有待进一步提升。

第四，从人力资本存量来看，我们所调研的6个集群中，20家龙头企业的一般员工比例都在60%以上，甚至有2家企业的一般员工比例达到了94%左右。这些企业一般员工的学历85%在高中及以下，其中有3家企业的一般员工学历都在初中及以下。20家龙头企业的专业人员平均比例为20.48%，最高比例为33.75%，最低比例为3.40%，两者相差10倍。因此，不同集群和同一集群龙头企业或主导企业之间的人力资本水平很不均衡。总体来看，集群的人力资本存量比较低，高素质专业人才较为缺乏。

从人力资本投资来看，2010~2012年，20家龙头企业的培训支出占销售收入的比例都在0.9%以下，最高为0.88%，最低的则只有0.01%。受访的企业都会对员工进行企业文化或规章制度等方面的培训，然而一般员工接受专业技能方面的培训的机会几乎没有。企业的培训机会相对集中在中层以上的管理者和专业人员身上。从人力资本引进和配置来看，生产性企业很多属于民营企业，受制于家族式管理，再加上所处的区域地理位置和环境，企业薪酬福利体系对专业人才的吸引力不大，内部员工的配置效率也相对较低。许多企业负责人都反映：许多名校毕业的大学生不愿意到本地，都倾向于去诸如上海、杭州等这些大城市，即使每年从大学中能招到一些大学生，但是这些大学生在企业待不了多久就会辞职。

第五，从人力资本效应的发挥来看，浙江产业集群中人才的共生互动效应不很明显，人才之间存在着相对更为简单的竞合关系。知识溢出效应则主要体现在生产商之间，以及生产商与供应商之间，这两个主体在集群中最为活跃，相互之间的互动关系也较为密切。同时，由于集群中总体人力资本水平低，专业人才人力资本和高级人才人力资本不多，所以参与知识转移和共享的人员较少，知识溢出效应相对较小，也影响了集群人力资本促进集群升级作用的发挥。

第二节　运用人力资本促进产业集群升级的思路与对策

人才强国战略是我国正在实施的重大战略，人力资本是经济发展的关键要素。产业集群化发展是一种新的经济发展方式，促进产业集群升级是我国经济转型升级的核心内容之一。运用人力资本促进产业集群升级既符合经济发展规律，也是当前我国经济发展的客观要求。运用人力资本促进产业集群升级的思路是：将人力资本作为产业集群升级的关键要素，将人力资本驱动作为实施创新驱动发展战略的关键抓手，以强烈的人力资本意识，加强培养和引进人才、集聚和使用人才，破除人才引进、流动、使用、发挥作用中的体制机制障碍，强化人才管理体制机制改革和政策创新，进一步调动各类人才创新创业的积极性，充分发挥人力资本在产业集群升级中的关键性作用，为加快产业集群升级提供坚强的人力资本保证和智力支持。

前述研究分析已经证明，产业集群中的人力资本具有各种效应，各种类型的人力资本在产业集群发展的各个阶段都发挥着重要作用。集群升级和发展离不开各类人力资本，只有不断增强产业集群中的人力资本效应，发挥人力资本在集群升级中的各种作用，才能提升产业集群创新能力，加快产业集群升级。

然而，调研分析表明，许多集群创新系统尚未真正建立，集群整体人力资本水平不高，集群内良好的人才成长环境和合适的创新平台缺乏，集群企业留住人才比较困难，大多数中小企业又忽视对人力资本的投资，过时的管理模式也限制了人力资本效应的最大限度发挥。因此，必须加大人力资本投资，提高集群人力资本存量，优化集群人力资本配置，最大限度地发挥集群各类人力资本在促进产业集群升级中的关键作用。

一 加强人力资本投资和集聚，激发人力资本的各种效应

（一）注重人力资本投资，增强人力资本积累

各级政府要加大对教育的投资，缩小地区之间教育发展的差距；大力发展各级各类教育，尤其是要针对经济社会发展需求，大力发展各层次职业教育，加大对职业教育的投资力度，利用高等院校的资源积极支持集群地开设职业技术院校，加强对产业集群地在人才、技术、培训等方面的对口支持，为产业集群发展提供各类技术人才和适用技术；鼓励集群企业根据自身条件设立人才培养基金，加强对人才的继续教育和培训，及时充实互联网时代的各类最新知识和技术；注重人力资源培养，加强对企业经营者现代管理知识的培训，通过多种途径缓解人才供给瓶颈；切实贯彻"以人为本"的理念，努力满足各类人才的低层次需求（如生理、安全和情感需求）和高层次需求（尊重、自我实现需求），对于有特殊贡献的技术人才和管理人才，给予住房、配偶就业及子女入学等方面的优先安排。

（二）强化人力资本集聚，提高集群人力资本存量

1. 完善市场机制，促进人力资本向产业集群流动

要建立人力资本供给和需求的市场调节机制，使人力资本市场价格处于合理水平；要以市场为导向，并利用适当的优惠政策和措施，促进人力资本向产业集群流动；要进一步打破人才流动中的部门界限、地域界线、所有制界限，冲破户籍、身份、档案的限制，建立统一的人力资本市场，促进人才与企业之间进行自由的双向选择；进一步加强人才流动中的制度建设，设立人才流动的法律咨询和纠纷调解部门，规范集群企业的用人制度和人才的流动行为，保障个人和企业的合法权益，建立相互信任的市场环境。

2. 扩大人才引进来源，创新人才引进方式

要建立集群企业与高校之间的人才成长交流平台，明确高校对人才的培养目标和方式，促进高校毕业生与集群企业之间的顺利对接；要进一步加强对高等院校学生的就业观、择业观的教育，树立"就业先看发展，再看地区"的就业意识；要建立针对不同层次人才的引进制度，注重在人才引进方式上的创新，鼓励集群外部的人才为集群发展服务；要进一步整合集群企业、政府及其他组织的能力和资源，制定吸引人才的多层次优惠制度和政策；要在引进人才的同时，更加重视激发人才身上的知识在集群中的利用，变"人才引进"为"智力引进"；鼓励集群企业建立具有地方特色和自身特色的人才招聘制度和模式，吸引各类专业人才的加入；要优化集群人才管理机制，制定针对不同层次人才的引进管理制度，构建人才引进开发的政策法律法规体系，形成分系统、多层次的政策法律法规框架，

使人才政策和制度既保持连续性,又注重实效性和创新性。

(三)促进人力资本互动,提高集群人力资本效率

1. 构建协作、信任的集群环境,为人力资本创造良好的创新氛围

要建立"以人为本"的人才成长环境,不断改善生活、工作和科研条件,为人才施展才华提供优越的软环境;要加强区域文化娱乐设施的建设,为人才之间的非正式交流提供更多的平台和机会;鼓励企业之间、员工之间成立正式和非正式组织,积极开展区域性的文体活动,如成立行业协会、俱乐部、乒乓球爱好者协会、举办篮球比赛等,丰富人才生活的同时,培养人才之间的信任,促进人才之间的交流和知识流动;建立有效沟通协调机制,了解专业人才的诉求和建议,进一步改善集群环境;在集群内部和企业内部建立双层次的创新激励制度,为各类人才的创新创业提供宽松、开放的环境。

2. 推动集群企业制度建设,促进企业管理创新

积极支持企业家人力资本根据现代市场经济要求,实施产权制度、组织制度和管理制度创新,引导民营企业向建立产权多元、管理科学、运行规范的现代企业制度转型。以提升集群企业管理水平为目标,制定相关引导政策,促进民营企业加强管理制度建设,运用先进的技术和一系列科学的管理制度,如招聘制度、绩效管理制度、薪酬福利制度、晋升制度、技能等级认定制度、社会保障体系等,调动各类人才的积极性和创造性。优化人力资本配置,促进人才之间的竞争和合作,最大限度地激发人力资本的功能。要强化管理培训,推行精细化管理,推广优秀管理经验,搭建管理咨询平台,转变企业对人才的使用观和管理观,积极支持集群企业大力实施企业文化创新,增强企业的凝聚力和发展能力。

(四)完善制度法规建设,激发人力资本功能

建立并不断健全人力资本产权制度,科学合理地界定人力资本产权,尤其是受益权,促使人力资本市场价格趋于合理,不断完善全国统一的人力资本市场建设;进一步完善人力资本投资制度,加快社会保障、户籍、人事管理等制度的改革,为人力资本效应的发挥提供更加富有弹性的制度环境;完善知识产权制度、专利制度,鼓励人才之间、企业之间的技术交易市场化、透明化、法律化,保护创新成果不受侵犯,落实创造性劳动的收益权;积极构建集群内人力资本之间的合作竞争机制,创新人才之间的互动方式,以人才之间的互动推动企业等组织之间的联系与合作;要加强人才信用方面的监督,打击人才之间的不良竞争行为,借助集群文化来培养人才的共同价值观和集群责任感,完善集群内部的人才共生系统,激发集群人力资本的各种效应。

二 加大引导和支持，发挥企业家人力资本促进集群升级的核心作用

（一）鼓励企业家人力资本坚定创新信心、增强创新勇气

鼓励企业家人力资本坚定创新信心、增强创新勇气，带领团队积极开展技术创新、管理创新和制度创新，积极开发符合市场需求和具有市场竞争力的新产品，这样才能促进企业更好更快发展，才能使企业员工增强认同感，激发员工做好本职工作的积极性。企业家人力资本自身富有冒险精神和创新精神，企业乃至集群的创新氛围才能越来越浓厚，企业的创新绩效才会不断提高。如果企业家没有创新意识和创新精神，没有将企业做大做强的想法，这样的企业必定停滞不前乃至倒退。对一个企业和企业家来说，不敢冒险、不敢创新才是最大的风险。企业家要应对瞬息万变的市场，就必须强化创新意识、增强创新能力，大力组织和开展各类创新活动，以创新驱动企业持续、稳定地发展。

（二）加强引导和促进，提高企业家自身的各种能力

提高企业家的持续学习能力非常重要，很多企业家也已经意识到这一点，他们往往会为自己乃至企业高层人员持续学习"充电"。例如，参加MBA或大学总裁班学习，全面提升自己的专业素养和能力，提升企业管理能力。实证结果表明企业家能力与创新绩效正相关但不显著，这也说明了传统产业集群中企业家的能力还有待进一步提升。正如调研所发现的，许多企业的创新程度不高，在产业链中占据着末端的位置，这与企业家自身的知识结构和能力密切相关，并且这些企业家的培训也多处于起步阶段。同时，企业家也可以在企业内部建立学习组织机制，建立良好的企业文化。同时，企业家除了丰富自己的专业知识外，还需要提高自己各方面的实践能力，如市场洞察能力、组织管理能力、社会交往能力等。提升市场洞察能力即企业家需要对客户进行全新的了解，增强对特定市场环境所表现出的文化的理解力，在瞬息万变的市场中去捕捉所需信息，从一些端倪中及时发现消费者需求变化、经销商的异常举动、终端的陈列动向、竞争对手的市场动作等，并及时做出正确判断，随时做出快速反应。组织管理能力是一个人的知识、素质等基础条件的外在综合表现，企业家为了有效地提高企业创新绩效，推动企业转型升级，需要灵活地运用各种方法，把各种力量合理地组织和有效地协调起来，包括提高协调关系的能力和善于用人的能力等。企业家更应提高自身的社会交往能力、妥善处理组织内外关系的能力，包括与周围环境建立广泛联系和对外界信息的吸收、转化能力，以及正确处理上下左右关系，掌握不同情况下与人相处的技巧、沟通的方式、对内对外的不同交往方式、社交场合的礼仪规范等方面的知识，这些对于企业家处理好人际关系会有很大帮助。

（三）高度重视和积极创造条件，加强企业家队伍建设

调研中也发现，许多企业家意识到提升自己各方面知识和能力的必要性，并且渴望政府在这方面能给予足够重视、能积极创造良好条件。政府应该充分利用各类学校及培训机构的教育资源，加强对企业家的培训，采取鼓励与相应政策措施相结合的办法，促进企业家积极参加在职培训和学习，以使他们增加新的知识和提高学历层次，增强企业家各方面的能力。同时，可以定期组织杰出企业家到国内外相应机构和知名企业进行学习，定期邀请国内外企业管理及相关方面的专家对企业家进行培训。公共服务平台可以举办各种相关的研讨会、联谊会等活动，增进企业家之间的交流与合作。积极鼓励企业家走出去，加强新知识、新技术的学习，促进集群内外企业间的知识交流和传播，推动整个集群的创新发展。要尊重老一代企业家对经济社会发展做出的重要贡献，从工作、生活、精神、身体健康等各方面关心和爱护他们，继续发挥他们在经济社会发展中的重要作用。新生代企业家是未来经济社会发展的中坚力量，要大力加强新生代企业家队伍的建设和培养，社会各界都要高度关注和支持新生代企业家群体的成长，加强对新生代企业家先进典型的宣传报道，要在政治上重视、思想上引导、业务上关心新生代企业家成长。要把新生代企业家的教育培训纳入各级政府的工作计划，注重实施素质培训，提升新生代企业家的整体素质；要创新制度，充分调动新生代企业家的积极性；要营造良好环境，为新生代企业家发挥作用创造更好的条件。要高度重视和引导、支持新老民营企业家的交接班，现在已经进入民营企业新老交替、交接班的高峰时期，民营企业代际传承和民营企业新生代企业家成长不仅是民营企业的"家事""私事"，更是关系到整个经济社会发展的"大事""要事"。各级党和政府应高度重视，从公共管理的高度加以认真研究，积极鼓励、引导和支持民营企业的创业者将权力移交给新一代创业者，促使民营企业的传承或交接班能够顺利进行。

（四）加大支持力度，发挥企业家人力资本在促进集群升级中的核心作用

政府要积极支持企业家人力资本组织开展企业技术创新和研发活动，鼓励和支持集群龙头企业成立属于自己的研发中心、企业研究院、博士后流动站等来招揽高技术人才，推动集群龙头企业积极开展创新活动，这不仅可以增强集群核心企业的创新能力和技术水平，提高自身创新绩效，同时也可以带动集群内的中小企业开展一系列创新活动，从而增强整个集群的创新能力，促进产业集群转型升级。集群内的中小企业应根据专业化分工，大力发展专业化生产，做到专而精、精而强，既能增强竞争力，更好地为集群中的核心企业、龙头企业提供配套服务，又可以避免同行业大量中小企业的恶性竞争。要积极支持企业家人力资本根据现

代市场经济要求，实施产权制度、组织制度和管理制度创新。尤其是对民营企业来说，老一代民营企业家凭借市场敏感度和务实创业、艰苦奋斗、敢冒风险的精神，使民营经济获得超常发展。但是，产权封闭和凭经验管理的家族制管理模式与现代市场经济完全不相适应，应引导民营企业向建立产权多元、管理科学、运行规范的现代企业制度转型，为民营企业持续发展奠定坚实的制度基础。要加快转变政府职能，规范政府行为，强化政府为企业服务，积极为各类企业营造公平竞争的市场环境，促进各类资源向优秀企业流动，优化资源配置，提高社会资源的利用效率。

三 优化环境和条件，发挥专业型人力资本在促进集群升级中的重要作用

1. 加强专业人员培训和继续教育，提升企业技术能力和管理能力

重视人力资本投资，提高人力资本水平，推动企业能力提升。创造各种条件，对专业技术人员进行有针对性的技能知识更新的培训，为企业培育更多高素质的技术技能型人才，进而提升企业的技术能力。管理决策型人力资本因其载体具有一定的配置资源的能力，且能对其他人力资本产生影响，所以正如 Haesli 和 Boxall（2005）所建议的，对管理型人力资本应通过共享、交流、转移和扩散隐性知识来实现人力资本的综合提升。提升整个企业根据对外部环境变化的识别和预测来协调整合内部资源的能力，从而提升企业的管理生产能力。通过对企业全体员工进行培训和继续教育，集中传授显性知识和技术，及时增加员工知识，提高员工技能水平，从而可以大幅提高劳动生产率。

2. 加大研发投入，提高集群企业的自主创新能力

目前产业集群内除少数有实力的大企业在研发上投入了大量资金外，绝大部分企业的研发投入占销售收入的比重非常低。即使有资金投入，企业往往引进一流的先进设备，生产出二流的产品，再以极低的价格出售，而不重视产品的开发和设计，在引进技术和产品的基础上进行二次创新，导致集群内企业自主创新能力不强。在经济全球化和知识经济的背景下，企业必须重视和提高自主创新能力，加大研发投入，加强与高校或科研机构创新的合作，力争掌握和运用核心技术，走出依赖低成本、低价格的低端发展路径。

3. 加强产学研合作，强化协同创新

集群实现升级，保持核心竞争优势的关键在于提高自主创新能力。政府不仅要在研究经费、财税优惠、金融服务等方面给予集群企业以支持，还要为企业与企业、企业与高校或科研院所的合作牵线搭桥。鼓励集群企业与高校或科研院所

合建研发中心、技术中心等,通过资金、技术、人员等方面的合作实现资源和成果的共享,降低创新成本,缩短创新时间,并提高创新效率,从而促进企业乃至整个集群升级,提高持续竞争力。同时,大学和科研机构作为培养技术人才的主体,应以集群发展对技术和人才的现实需求为导向,将大学课程体系、教学内容、研究方向等与集群发展和升级有机结合起来,为产业集群升级提供强有力的人才保障。例如,浙江大学软件学院通过与企业合作,共同制订面向企业现实需求的人才培养计划,共同组织并参与对生源的考核,不仅为企业输送了大批优秀人才,同时大大节省了企业培训的成本。另外,大学和科研机构还能作为企业成长的孵化器,为集群升级提供动力。浙江大学的科技人员及其培养出来的学子在杭州地区创建了大批软件企业,正是这些依托高校技术、管理、人才等资源建立起来的软件企业,成了杭州软件产业集群发展的中坚力量。

4. 加强中介服务体系建设,为产业集群升级提供优质服务和保障

发达的中介组织不仅能提供技术扩散的渠道,还能为集群企业提供技术支持,促进技术创新。集群的中介组织包括公证机构、仲裁机构、律师事务所、会计师事务所、人才交易中心、税务代理机构、行业协会和商会等组织,集群升级和发展离不开这些中介组织的服务、协调和监督。其中,行业协会能促进集群企业进行有序的合作和竞争,规范行业技术标准,组织各类有利于知识交流和共享的活动(尤其是隐性知识和技术诀窍的交换),还能在保证集群内企业正常有序发展的同时,积极宣传政府创新举措,引导企业进行合理资源配置和开拓创新市场,这是其他机构无法替代的。协会、商会或行会等第三方机构是考察集群企业组织联系程度的重要指标(王缉慈等,2010),这些机构通过组织各种活动来影响本地企业并促进企业间联系的紧密程度,通过协会活动的知识共享,完成信息的交流和创新思想的碰撞。为了促进集群的发展,政府应制定相关扶持政策来加快中介组织的发展,提高和完善集群内法律、金融、仲裁、人才、技术等方面的综合服务水平。

四 加强集群各种创新平台建设,为研发和技术型人力资本发挥作用创造良好平台

建立集群公共创新和服务平台的目的,就是为集群内企业的公共需求和集群内人力资本作用的发挥提供一个相对快捷和方便有效的平台。作为集知识产权、产学研对接、科技成果转化服务于一体的,围绕产业集群打造的创新服务公共平台,该平台整合集成国内外专利技术、高校、科研院所、各类专家及技术人员人力资本等创新资源于一体,采用线上线下相结合的运作和服务模式,为产业集群创新提供整体解决方案,同时这个平台可以提高资源利用率,减少重复性的投入,

并加强集群内的信息共享。比如，集群公共监测平台可以降低监测费用，严格把关监测过程，提高监测质量水平，让集群内企业都能享受方便快捷又切实有效的公共监测服务，改善金融服务质量；公共研发平台则可以为集群内企业尤其是创新能力不强的中小企业提供技术支持，可以积极推行产学研联合和技术成果推广，让技术创新理念和显隐性知识快速传播，解决信息不对称的问题；教育培训等公共服务平台可以开展专业培训和行业规划引导，为整个产业集群制定行业规划，虽然不是直接为企业服务，但又与每个企业的发展方向和命运息息相关。扎扎实实地推进平台的各项建设，确保每一个创新平台运营好、有实效、可持续发展，进一步提升集群的金融服务质量，为产业集群健康发展提供强有力的支撑和保障，提高整个集群的创新水平和可持续发展能力。

五 强化集群创新网络构建，促进人力资本对知识的创造、识别和利用

1. 实施开放式创新战略，加强集群异质性网络构建

集群企业自主创新，应该多选择与自身资源储备有所差异的合作伙伴，以便进行跨界交流来获取非冗余的知识或信息资源，通过资源共享和互补来实现创新。为此，企业应积极实施开放式创新战略，与集群内外网络的科研机构或技术服务公司建立良好的合作关系，不断向集群内外部网络汲取异质性知识和信息资源。集群企业也可以增强与同行业的竞争对手的联系，尤其是与集群网络外部一些发展较快的创新性竞争公司的联系，吸收对方先进的技术和理念，建立良性的产品创新开发的合作关系，不断提升集群企业的创新能力。总之，集群企业应当通过以上几个途径不断增强集群企业内外部网络关系资源和知识资源的异质性。

同时，集群企业应当积极引进不同文化、教育、工作背景的人力资本，增强企业人力资源和知识储备的异质性。而在人力资本的配置上，企业应鼓励组织中具有异质性背景的人力资本与集群内外部网络中的关系资源多加联系与合作，争取通过这些人力资本之间的相互沟通获取有益于创新的知识和信息资源。加强引进相关的具有深厚专业背景的人力资本，加大对人才和创新投入的力度。在科研团队的组建上，集群企业要重视团队成员背景的多样化，并应当选择具有多年相关经验的技术人才团队，重视专业化经验和知识的积累。

2. 加强政府支持，发挥集群创新网络在促进集群升级中的重要作用

一是要搭建良好的信息网络沟通平台，促进集群内外部网络的各组织间的信息交流。地方政府应该多组织一些以自主创新为主题的技术交流座谈会或学术研

讨会活动，邀请集群内外部的各个不同类型的组织参加，鼓励大家分享目前关于相关技术或产品开发的知识信息，让不同的声音在集群网络中充分流动，帮助集群企业搭建更多的关系联络，提高集群网络资源的异质性。另外，政府也可以邀请国内外的技术专家或知名企业的技术总监来为集群中具有优先创新意识的企业提供一些技术和专业技能培训，让异质性的技术知识资源能第一时间流入集群网络中。

二是要营造良好的人才政策环境，并为集群企业引进优秀技术人才加强网络信息宣传服务。首先，地方政府应当制定良好的人才引进政策，对具有特殊技术技能的人力资本应当给予相关的住房补贴及解决落户问题等优惠政策，并重视当地有潜质的人才培育工作，给予一些人才培训机会和与科研机构合作的机会；另外，除了人才引进和培养两方面，地方政府还应当重视留住人才和充分发挥人才的作用，建立良好的医疗、教育、交通等多个方面的基础设施条件和工作条件，做到不仅能吸引人才，同时也能留住人才，让这些优秀人才能持续为集群企业的自主创新做出贡献。其次，地方政府还应该积极建立良好的各类政策宣传和服务平台及进行网络建设，为促进集群企业引进人才、留住人才和发挥人才作用营造良好的舆论氛围。

三是引导集群企业加大自主创新的投入，积极支持搭建产学研合作网络平台。地方政府应当积极鼓励集群企业加大自主创新的投入，鼓励高校科研机构与集群企业进行产学研合作，并为高校科研机构与集群企业搭建沟通交流网络平台和产学研合作平台。对于一些具有良好的创新意识及创新产出较高的集群企业应当给予适当的研究经费、财税补贴及人才引进方面的优惠政策，不断促进集群企业实现自主创新，降低对集群外部技术的依赖程度，从而提升集群企业的持续竞争力。

3. 地方政府应当为集群企业与高校及科研机构合作搭建良好的合作平台，促进高校人才培养与企业需求相结合

高校和科研机构作为为集群技术创新提供人力资源的重要源泉，是产业集群实现创新升级的重要支撑。一方面，地方政府应当鼓励学校在课程建设和教学内容上不断优化更新，将研究方向及人才培养方向与现实的企业需求相结合，缩小与目前集群企业实际运作之间的差距。并且，对于那些有助于集群企业创新或者与集群企业合作建立的项目政府应当给予一定的政策支持和经费补助。另一方面，地方政府应当积极鼓励大学生创业，尤其是对那些对集群创新发展有帮助的创业创新项目给予资金和场地的支持，为集群创新不断输送人才资源和科技资源。

参考文献

胡蓓. 2009. 产业集群的人才集聚效应——理论与实证研究. 北京: 科学出版社.
李玉江. 2005. 区域人力资本研究. 北京: 科学出版社.
陆根尧. 2008. 人力资本对产业集群竞争力影响的研究. 北京: 经济科学出版社.
陆根尧, 李勇军. 2009. 人力资本增强产业集群创新的途径、机理及对策研究. 浙江理工大学学报, (2): 266-271.
陆根尧, 等. 2011. 产业集群自主创新: 能力、模式与对策. 北京: 经济科学出版社.
马振华. 2009. 我国技能型人力资本的形成与积累. 北京: 中国物资出版社.
牛冲槐, 接民, 张敏, 等. 2006. 人才集聚效应及其评判. 中国软科学, (4): 118-123.
魏江. 2003. 产业集群创新系统与技术学习. 北京: 科学出版社.
尹蔚民. 2015. 大力实施人才强国战略——深入学习习近平总书记关于人才工作的重要论述. 求是, (3): 14-16.
张一力. 2005. 人力资本与区域经济增长. 杭州: 浙江大学出版社.
中共中央组织部. 2002. 2002—2005年全国人才队伍建设规划纲要. 北京: 党建读物出版社.
Haesli A, Boxall P. 2005.When knowledge management meets HR strategy: An exploration of personalization-retention and codification-recruitment configurations. International Journal of Human Resource Management, (11): 1955-1975.

附录1　专家意见征询表

尊敬的先生/女士：

您好！非常感谢您在百忙之中抽空填写本调查表。

此调查问卷的目的在于确定产业集群升级和集群人力资本水平各指标的相对权重。调查问卷根据层次分析法的形式设计，是在同一层次对影响因素的重要性进行两两比较。具体评分标准如下。

本次专家打分，采用1~9标度的标尺，（2、4、6、8表示程度介于两者之间）。

在解释上级指标方面，一个指标（竖）相对于另一个指标（横）的重要程度	绝对重要	十分重要	比较重要	稍微重要	同样重要	稍微不重要	比较不重要	十分不重要	绝对不重要
分值	9	7	5	3	1	1/3	1/5	1/7	1/9

一　产业集群升级评价体系

1. 评价"产业集群升级"下的一级指标的相对重要性

产业集群升级	创新环境	创新投入	创新活动	创新绩效
创新环境	1			
创新投入		1		
创新活动			1	
创新绩效				1

2. 评价"创新环境"下的二级指标的相对重要性

创新环境	动力因素	政府因素	区域基础
动力因素	1		
政府因素		1	
区域基础			1

3. 评价"动力因素"下的三级指标的相对重要性

动力因素	企业创新需求	企业家创新意识
企业创新需求	1	
企业家创新意识		1

4. 评价"政府因素"下的三级指标的相对重要性

政府因素	政策优惠	办事效率	财政支持
政策优惠	1		
办事效率		1	
财政支持			1

5. 评价"区域基础"下的三级指标的相对重要性

区域基础	基础设施	金融服务	信息化水平
基础设施	1		
金融服务		1	
信息化水平			1

6. 评价"创新投入"下的二级指标的相对重要性

创新投入	群内合作机构	经费投入	人才投入
群内合作机构	1		
经费投入		1	
人才投入			1

7. 评价"群内合作机构"下的三级指标的相对重要性

群内合作机构	合作院校机构个数	群内配套企业个数	研发实验室个数
合作院校机构个数	1		
群内配套企业个数		1	
研发实验室个数			1

8. 评价"经费投入"下的三级指标的相对重要性

经费投入	科技活动经费比例	研发经费比例	培训支出比例
科技活动经费比例	1		
研发经费比例		1	
培训支出比例			1

9. 评价"人才投入"下的三级指标的相对重要性

人才投入	研发人员比例	专业人员比例
研发人员比例	1	
专业人员比例		1

10. 评价"创新活动"下的二级指标的相对重要性

创新活动	院校机构合作	与企业合作
院校机构合作	1	
与企业合作		1

11. 评价"与院校机构合作"下的三级指标的相对重要性

与院校机构合作	与大专院校技术合作次数	与集群公共机构技术合作次数	集群研讨会、产品展览会次数
与大专院校技术合作次数	1		
与集群公共机构技术合作次数		1	
集群研讨会、产品展览会次数			1

12. 评价"与企业合作"下的三级指标的相对重要性

与企业合作	研发项目个数（自主和合作）	与相关企业合作次数	从群外引进技术个数
研发项目个数（自主和合作）	1		
与相关企业合作次数		1	
从群外引进技术个数			1

13. 评价"创新绩效"下的二级指标的相对重要性

创新绩效	经济产出	科技产出	新产品产出
经济产出	1		
科技产出		1	
新产品产出			1

14. 评价"经济产出"下的三级指标的相对重要性

经济产出	当年销售收入	当年利润
当年销售收入	1	
当年利润		1

15. 评价"科技产出"下的三级指标的相对重要性

科技产出	当年专利申请数	工艺创新数	当年获得发明专利总数
当年专利申请数	1		
工艺创新数		1	
当年获得发明专利总数			1

16. 评价"新产品产出"下的三级指标的相对重要性

新产品产出	新产品占销售收入比重	新产品个数
新产品占销售收入比重	1	
新产品个数		1

二 集群人力资本水平评价体系

1. 评价"产业集群人力资本水平"下的一级指标的相对重要性

产业集群人力资本水平	人力资本存量	人力资本效率	人力资本投资
人力资本存量	1		
人力资本效率		1	
人力资本投资			1

2. 评价"人力资本存量"下的二级指标的相对重要性

人力资本存量	一般员工	专业人员	企业研发人员	企业家
一般员工	1			
专业人员		1		
企业研发人员			1	
企业家				1

3. 评价"一般员工"下的三级指标的相对重要性

一般员工	员工人数	员工学历
员工人数	1	
员工学历		1

4. 评价"专业人员"下的三级指标的相对重要性

专业人员	技术管理人员人数	专业人员学历	专业技能等级
技术管理人员人数	1		
专业人员学历		1	
专业技能等级			1

5. 评价"企业研发人员"下的三级指标的相对重要性

企业研发人员	研发人员人数	平均年龄	平均工作年限	学历
研发人员人数	1			
平均年龄		1		
平均工作年限				
学历			1	

6. 评价"企业家"下的三级指标的相对重要性

企业家	培训年数	经营企业年数	学历
培训年数	1		
经营企业年数		1	
学历			1

7. 评价"人力资本效率"下的二级指标的相对重要性

人力资本效率	积累效率	产出效率
积累效率	1	
产出效率		1

8. 评价"积累效率"下的三级指标的相对重要性

积累效率	一般员工可获得性	专业员工可获得性
一般员工可获得性	1	
专业员工可获得性		1

9. 评价"产出效率"下的三级指标的相对重要性

产出效率	人均销售收入	人均利润
人均销售收入	1	
人均利润		1

10. 评价"人力资本投资"下的二级指标的相对重要性

人力资本投资	员工薪水支出比例	员工培训支出比例
员工薪水支出比例	1	
员工培训支出比例		1

非常感谢您的支持和配合！

附录 2 浙江产业集群企业调研问卷

附表 1 产业集群企业创新情况调查表

指标			2010年	2011年	2012年	指标说明
创新意识		企业家创新意识				企业家创新意识指标、政府指标和服务机构指标，用定性指标定量化方法表示 1. "企业家创新意识"定性指标分为：非常强（5）、较强（4）、一般（3）、较弱（2）、弱（1） 2. "竞争压力，企业创新需求"定性指标分为：大（5）、较大（4）、一般（3）、较小（2）、小（1） 3. "政府政策优惠"定性指标分为：强（5）、较强（4）、良好（3）、一般（2）、差（1） 4. "政府办事效率"定性指标分为：高（5）、较高（4）、良好（3）、一般（2）、低（1） 5. "政府财政支持"定性指标分为：高（5）、较高（4）、良好（3）、一般（2）、低（1） 6. "区域基础设施"定性指标分为：非常完善（5）、较完善（4）、完善（3）、一般（2）、不完善（1） 7. "区域金融服务"定性指标分为：优（5）、中等（4）、良好（3）、一般（2）、差（1） 8. "区域信息化水平"定性指标分为：高（5）、较高（4）、良好（3）、一般（2）、低（1）
		竞争压力，企业创新需求				
创新活动	科研院所	合作院校科研机构个数				
		与上述机构技术交流（咨询、合作、转让）次数				
	集群公共研发、技术机构	技术交流活动次数				
		技术合作次数				
	与其他企业关系	群内配套企业个数				
		与群内其他企业技术合作次数				
		所在地开展技术研讨会、产品展览会次数				
		研究开发项目个数（自主和合作）				
		企业从集群外引进技术个数				
创新投入		用于科研活动的费用（万元）				
		研发经费（万元）				
		研发人员数（人）				
		研发实验室个数（个）				
创新产出		当年专利申请数（个）				
		当年专利获得数（个）				
		当年获得发明专利总数（个）				
		工艺创新数量（个）				
		新产品个数（个）				
		新产品占销售收入比重				
创新环境	政府	政府政策优惠				
		政府办事效率				
		政府财政支持				
	服务机构	区域基础设施				
		区域金融服务				
		区域信息化水平				

附表2 产业集群企业人力资本水平调查表

指标				2010年	2011年	2012年	
当年销售收入（万元）							
当年利润（万元）							
企业人力资本存量		企业总人数（人）					
	一般员工	一般员工人数（人）					
		学历	初中及以下（人）				
			高中（人）				
			大专（人）				
			本科（人）				
			研究生及以上(人)				
	专业人员	技术、管理等人员人数					指标说明
		学历	初中及以下（人）				1. 一般员工：主要指生产一线的员工
			高中（人）				
			大专（人）				2. 专业人员：具有某种特殊技能的员工，主要指技术、管理、营销、财务人员等
			本科（人）				
			研究生及以上(人)				
		技能等级	一般专业人员数				
			初级人员数				3. 一般/专业员工可获得性指标：容易（5）、较容易（4）、一般（3）、较不容易（2）、不容易（1）
			中级人员数				
			高级人员数				
	企业研发人员	研发人员人数（人）					
		平均年龄（岁）					
		平均工作年限（年）					
		学历	高中及以下（人）				
			大专（人）				
			本科（人）				
			硕士（人）				
			博士（人）				
人力资本配置		一般员工可获得性					
		专业员工可获得性					
人力资本投资		员工培训支出（万元）					
		员工薪水支出（万元）					
		员工福利支出（万元）					
		员工卫生保健支出（万元）					

附表3 产业集群企业家情况调查表

指标			企业	指标说明
企业家精神	冒险精神			1. 冒险精神和创新精神：可以用定性指标定量化方法表示，分为：强（5）、较强（4）、良好（3）、一般（2）、差（1） 2. 资本积累倾向：用投资额占企业利润比重来表示 3. 勤劳坚韧程度：用平均每天工作时间来表示，可以是估计数 4. 职业培训用年数表示 5. 经验积累：用企业家经营企业年数表示 6. 家庭背景：指父辈（祖父）是否从过商，若从过商则写明从商年数 7. 市场洞察能力、组织管理能力、社会交往能力、驾驭风险能力，均分别用定性指标定量化方法表示，分为：强（5）、较强（4）、良好（3）、一般（2）、差（1） 8. 传统文化：指当地对从商活动的认可度，分为：强（5）、较强（4）、良好（3）、一般（2）、差（1） 9. 社会网络：指社会交往情况，分为：广（5）、较广（4）、良好（3）、一般（2）、差（1） 10. 政府态度：政府实际鼓励、支持、引导、规范情况，分为：积极（5）、较积极（4）、良好（3）、一般（2）、差（1）
	创新精神			
	投资额占企业利润比重			
	平均每天工作时间			
企业家文化素养	正规教育	初中及以下		
		高中		
		大专		
		本科		
		研究生及以上		
	职业培训年数			
	经营企业年数			
	父辈（祖父）从商否			
企业家能力（5等）	市场洞察能力			
	组织管理能力			
	社会交往能力			
	驾驭风险能力			
企业家环境	传统文化			
	社会网络			
	政府态度			

附录3　产业集群企业家调查问卷

		企业家人力资本					
	定性指标	1	2	3	4	5	备注
企业家精神	冒险精神						
	创新精神						
企业家能力	市场洞察能力						1代表强度最弱，5代表强度最强，从1到5依次递增（李克特5点量表），打√即可
	组织管理能力						
	社会交往能力						
	驾驭风险能力						
企业家环境	传统文化						
	社会网络						
	政府态度						
		企业总体情况					
新产品占销售收入比重							定量指标
企业人数							定量指标
定性指标		1	2	3	4	5	备注
区域金融服务							1代表强度最弱，5代表强度最强，从1到5依次递增（李克特5点量表），打√即可

附录4　杭州软件产业集群企业调查问卷

尊敬的先生/女士：

　　您好！我们是浙江理工大学区域与城市经济研究所研究人员，非常感谢您在百忙之中支持我们的课题研究。我们承担了一项国家基金项目（人力资本促进"产业集群"向"创新集群"升级研究）的研究，需要对滨江软件产业集群中的企业进行问卷调查，请您花3分钟时间对问卷调查表进行填答。您的意见和答案将为完成本研究提供非常重要的帮助！

　　本问卷仅用于创新与人力资本关系的理论研究，没有任何商业用途，且问卷调查是匿名的，请您放心！衷心感谢您的支持和帮助！

浙江理工大学区域与城市经济研究所
2014年　　月　　日

第一部分　企业基本情况

1. 您所在企业的性质：□国有；□民营；□乡镇；□合资；□外商独资；□合作
2. 您所在企业主营业务及产品：
3. 您的职务：□高层管理人员；□中层管理人员；□基层管理人员；□技术人员；□其他
4. 您的年龄：□20～29岁；□30～39岁；□40～49岁；□50～59岁；□60岁以上
5. 您的文化程度：□高中及以下；□大专；□大学；□硕士；□博士

第二部分　人力资本水平

　　以下问题的答案没有正确与错误之分，请您根据自己的真实看法，在选定的地方打√。

6. 企业员工学历情况：
　　高中及以下占＿＿％；大专＿＿％；大学＿＿％；硕士＿＿％；博士＿＿％
7. 企业现有各部门骨干人员在本行业的平均工作年限：
　　□3年以下；□3～5年；　□5～7年；　□7～9年；　□10年以上

8. 企业每年针对当前岗位技能提高的各种形式的培训次数：
　　□5次以下；　□5～10次；　　□10～15次；　□15～20次；　□20次以上
9. 企业每年投入的针对当前岗位技能提高的培训的费用占工资总额的比例：
　　□0～1%；　　□2%～3%；　　□4%～5%；　　□5%～6%；　　□6%以上
10. 企业员工的人均年脱产培训时间：
　　□10小时以下；□10～20小时；□20～30小时；□30～40小时；□40小时以上
11. 企业管理层成员学历情况：
　　高中及以下占＿＿% 大专＿＿% 大学＿＿% 硕士＿% 博士＿%
12. 企业管理层成员在本行业的平均工作年限：
　　□3年以下；　□3～5年；　　□5～7年；　　□7～9年；　　□10年以上
13. 企业管理层成员在本企业任职的平均年限：
　　□3年以下；　□3～5年；　　□5～7年；　　□7～9年；　　□10年以上
14. 企业管理层成员参加与顾客或供应商等的交流活动的年平均次数：
　　□5次以下；　□5～10次；　　□10～15次；　□15～20次；　□20次以上
15. 企业管理层成员听取一线员工意见或建议变化情况：
　　□大幅度减少；□有所减少；　□没有变化；　□有所增加；　□大幅度增加

第三部分　企业能力与产业集群升级情况

对以上贵企业情况的陈述，请根据您的认可程度，按照所给选项选择相应的分值。

非常不同意—1　　不同意—2　　不确定—3　　同意—4　　非常同意—5

以下指标用来调查集群企业能力情况，请给出您的看法					
集群企业技术能力					
16. 企业能及时、准确评估从外部获取的技术知识的价值	1	2	3	4	5
17. 企业能将外部的技术知识与企业已有知识充分融合	1	2	3	4	5
18. 企业能独立开发出新产品或服务	1	2	3	4	5
19. 企业开发新产品或服务的成功率很高	1	2	3	4	5
集群企业管理能力					
20. 企业管理层能合理有效整合企业现有资源	1	2	3	4	5
21. 企业具有健全的组织机构和完善的治理结构	1	2	3	4	5
22. 企业管理层能及时调整战略目标和经营思路	1	2	3	4	5
23. 企业具有进取、创新的企业文化	1	2	3	4	5

续表

以下指标用来调查产业集群升级情况，请给出您的看法					
产业集群工艺流程升级					
24. 集群对生产工艺或生产组织进行创新和改进的速度快	1	2	3	4	5
25. 与3年前相比，集群现有生产设备和工艺的技术水平更先进	1	2	3	4	5
26. 与3年前相比，集群目前的生产组织更合理	1	2	3	4	5
27. 与3年前相比，集群目前的生产成本更低	1	2	3	4	5
产业集群产品升级					
28. 集群成功推出新产品的种类多	1	2	3	4	5
29. 集群成功推出新产品的速度快	1	2	3	4	5
30. 集群目前产品的技术含量好档次高	1	2	3	4	5
产业集群功能升级					
31. 集群已经从制造环节进入产品营销环节	1	2	3	4	5
32. 集群已经把物流纳入工作范围之内	1	2	3	4	5
33. 集群已经积累部分设计能力，可在一定程度上自行调控产品范围、销售、客户开发与价格	1	2	3	4	5
34. 集群内企业已经开拓自主品牌和终端市场	1	2	3	4	5

附录 5　典型的技术密集与劳动密集两大集群企业调查问卷

尊敬的先生/女士：

　　您好！感谢您在百忙之中抽出 5~6 分钟时间填写这份问卷！我们正在进行一项关于产业集群企业自主创新绩效状况的调查，希望从您那里获得有关信息。答案无所谓好坏，请您根据实际情况填写问卷即可。本问卷中所涉及的一切信息仅限于学术研究使用，在任何情况下都会对企业或被调研人的资料严格保密，不会在研究报告中出现具体企业名称或被访者的个人资料，真诚感谢您的支持与合作！

第一部分　企业基本情况

1. 贵企业目前已成立多长时间：
   A. 0~5 年　　　　B. 5~10 年　　　C. 10~20 年　　　D. 20 年以上
2. 您在贵公司担任的职位是：
   A. 基层管理者　　B. 中层管理者　　C. 高层管理者　　D. 其他
3. 贵公司的企业性质属于：
   A. 国有企业　　　B. 民营企业　　　C. 外商独资企业
   D. 中外合资企业　E. 其他
4. 贵公司的主营业务属于下列哪个行业：
   A. 化工及纺织业　　　B. 投资管理业　　C. 生物制药业
   D. 电子及通信设备业　E. 服装　　　　　F. 其他制造业
   G. 服务业　　　　　　H. 其他＿＿＿＿＿＿＿＿
5. 贵企业现有员工人数：
   A. <100 人　　　B. 100~500 人　　C. 500~1000 人　　D. 1000 人以上
6. 贵公司近两年年均销售总额约为（元人民币）：
   A. <500 万　　　B. 500 万~5000 万　C. 5000 万~1 亿　D. 1 亿~10 亿以上
   E. 10 亿以上

第二部分 核 心 内 容

填写说明：请您根据贵企业的实际情况对下列项目做出选择，每个项目的评分有7个等级，由1至7表示符合程度逐步升高，如下表所示，请在相应的位置打√。

非常不符合	很不符合	有些不符合	难以确定	有些符合	很符合	非常符合
1	2	3	4	5	6	7

网络资源异质性

关系资源异质性	非常不符合	很不符合	有些不符合	难以确定	有些符合	很符合	非常符合
7. 集群企业有许多不同行业的合作伙伴	1	2	3	4	5	6	7
8. 集群企业的合作伙伴的地域分布比较广	1	2	3	4	5	6	7
9. 集群企业有很多不同组织机构类型的合作伙伴（如科研机构、风险投资机构、政府机构等）	1	2	3	4	5	6	7
10. 集群企业主要合作伙伴中最大的供应商和最小的供应商之间规模差距较大	1	2	3	4	5	6	7
11. 集群企业主要合作伙伴中最大的客户和最小的客户之间的规模差距较大	1	2	3	4	5	6	7

知识资源异质性	非常不符合	很不符合	有些不符合	难以确定	有些符合	很符合	非常符合
12. 其他集群企业或组织提供的知识资源非常有价值	1	2	3	4	5	6	7
13. 其他集群企业或组织提供的知识资源非常稀缺	1	2	3	4	5	6	7
14. 其他集群企业或组织提供的知识资源非常难以替代	1	2	3	4	5	6	7

先验知识

先验知识的深度	非常不符合	很不符合	有些不符合	难以确定	有些符合	很符合	非常符合
15. 企业先前具有丰富的相关的行业经验和知识	1	2	3	4	5	6	7
16. 企业有许多具有丰富的相关职能管理经验的人才储备	1	2	3	4	5	6	7

续表

非常不符合	很不符合	有些不符合	难以确定	有些符合	很符合	非常符合
1	2	3	4	5	6	7

17. 企业有许多具有丰富的相关行业经验的人才储备	1	2	3	4	5	6	7

先验知识的广度	非常不符合	很不符合	有些不符合	难以确定	有些符合	很符合	非常符合
18. 企业领导者先前对其他领域产生过好奇和兴趣	1	2	3	4	5	6	7
19. 企业领导者之前有过各行各业的从业经验	1	2	3	4	5	6	7
20. 本企业之前涉及过其他行业的探索和经验	1	2	3	4	5	6	7
21. 集群企业过去不顺利的经验对公司的发展产生较大影响	1	2	3	4	5	6	7
22. 集群企业一贯奉行的是多元化的人才战略	1	2	3	4	5	6	7

资源识别

	非常不符合	很不符合	有些不符合	难以确定	有些符合	很符合	非常符合
23. 集群企业很清楚已拥有的资源	1	2	3	4	5	6	7
24. 集群企业很清楚哪些资源是创新所必备的	1	2	3	4	5	6	7
25. 集群企业很清楚创新所需的资源与自身资源之间的差距	1	2	3	4	5	6	7

自主创新绩效

	非常不符合	很不符合	有些不符合	难以确定	有些符合	很符合	非常符合
26. 本企业在过去5年开发的新产品或服务有较好的市场反应	1	2	3	4	5	6	7
27. 本企业开发新产品及完善服务的速度较快	1	2	3	4	5	6	7
28. 相比其他集群企业，拥有更多的专利权和著作权	1	2	3	4	5	6	7
29. 本企业的主要获利来源于新开发的产品及服务	1	2	3	4	5	6	7